本书出版获得中国社会科学院大学中央高校基本科研业务费资助支持

中国社会科学院大学文库

数字贸易的国际规则、中国实践与发展研究

王微微　著

30

社会科学文献出版社
SSAP
SOCIAL SCIENCES ACADEMIC PRESS (CHINA)

总 序

恩格斯说："一个民族要想站在科学的最高峰，就一刻也不能没有理论思维。"人类社会每一次重大跃进，人类文明每一次重大发展，都离不开哲学社会科学的知识变革和思想先导。中国特色社会主义进入新时代，党中央提出"加快构建中国特色哲学社会科学学科体系、学术体系、话语体系"的重大论断与战略任务。可以说，新时代对哲学社会科学知识和优秀人才的需要比以往任何时候都更为迫切，建设中国特色社会主义一流文科大学的愿望也比以往任何时候都更为强烈。身处这样一个伟大时代，因应这样一种战略机遇，2017 年 5 月，中国社会科学院大学以中国社会科学院研究生院为基础正式创建。学校依托中国社会科学院建设发展，基础雄厚、实力斐然。中国社会科学院是党中央直接领导、国务院直属的中国哲学社会科学研究的最高学术机构和综合研究中心，新时期党中央对其定位是马克思主义的坚强阵地、党中央国务院重要的思想库和智囊团、中国哲学社会科学研究的最高殿堂。使命召唤担当，方向引领未来。建校以来，中国社会科学院大学聚焦"为党育人、为国育才"这一党之大计、国之大计，坚持党对高校的全面领导，坚持社会主义办学方向，坚持扎根中国大地办大学，依托社科院强大的学科优势和学术队伍优势，以大院制改革为抓手，实施研究所全面支持大学建设发展的融合战略，优进优出、一池活水，优势互补、使命共担，形成中国社会科学院办学优势与特色。学校始终把立德树人作为立身之本，把思想政治工作摆在突出位置，坚持科教融合、强化内涵发展，在人才培养、科学研究、社会服务、文化传承创新、国际交流合作等方面不断开拓创新，为争创"双一流"大学打下坚实基础，积淀了先进的发展经验，呈现出蓬勃的发展态势，成就了今天享誉国内的"社科大"品牌。"中国社会科学院大学文库"就是学校倾力打造的学术品牌，如果将学校之前的学术研究、学术出版比作一道道清澈的溪流，"中国社会科学院大学文库"的推出可谓厚积薄发、百川归海，恰逢其时、意义深远。为其作序，我深感荣幸和骄傲。

高校处于科技第一生产力、人才第一资源、创新第一动力的结合点，是新时代繁荣发展哲学社会科学，建设中国特色哲学社会科学创新体系的重要组成部分。我校建校基础中国社会科学院研究生院是我国第一所人文社会科学研究生院，是我国最高层次的哲学社会科学人才培养基地。周扬、温济泽、胡绳、江流、浦山、方克立、李铁映等一大批曾经在研究生院任职任教的名家大师，坚持运用马克思主义开展哲学社会科学的教学与研究，产出了一大批对文化积累和学科建设具有重大意义、在国内外产生重大影响、能够代表国家水准的重大研究成果，培养了一大批政治可靠、作风过硬、理论深厚、学术精湛的哲学社会科学高端人才，为我国哲学社会科学发展进行了开拓性努力。秉承这一传统，依托中国社会科学院哲学社会科学人才资源丰富、学科门类齐全、基础研究优势明显、国际学术交流活跃的优势，我校把积极推进哲学社会科学基础理论研究和创新，努力建设既体现时代精神又具有鲜明中国特色的哲学社会科学学科体系、学术体系、话语体系作为矢志不渝的追求和义不容辞的责任。以"双一流"和"新文科"建设为抓手，启动实施重大学术创新平台支持计划、创新研究项目支持计划、教育管理科学研究支持计划、科研奖励支持计划等一系列教学科研战略支持计划，全力抓好"大平台、大团队、大项目、大成果"等"四大"建设，坚持正确的政治方向、学术导向和价值取向，把政治要求、意识形态纪律作为首要标准，贯穿选题设计、科研立项、项目研究、成果运用全过程，以高度的文化自觉和坚定的文化自信，围绕重大理论和实践问题展开深入研究，不断推进知识创新、理论创新、方法创新，不断推出有思想含量、理论分量和话语质量的学术、教材和思政研究成果。"中国社会科学院大学文库"正是对这种历史底蕴和学术精神的传承与发展，更是新时代我校"双一流"建设、科学研究、教育教学改革和思政工作创新发展的集中展示与推介，是学校打造学术精品、彰显中国气派的生动实践。

　　"中国社会科学院大学文库"按照成果性质分为"学术研究系列"、"教材系列""思政研究系列"三大系列，并在此分类下根据学科建设和人才培养的需求建立相应的引导主题。"学术研究系列"旨在以理论研究创新为基础，在学术命题、学术思想、学术观点、学术话语上聚焦聚力，推出集大成的引领性、时代性和原创性的高层次成果。"教材系列"旨在服务国家教材建设重大战略，推出适应中国特色社会主义发展要求、立足学术和教学前沿、体现社科院和社科大优势与特色、辐射本硕博各个层次，涵盖纸质和数字化等多种载体的系列课程教材。"思政研究系列"旨在聚焦重大理论问题、工作探索、实践经验等领域，推出一批思想政治教育领域具有影响力的理论和实践研究成果。文库将借助与社会科学文献出版社的战略合作，加大高层次成果的产出与传播。既突出学术研究的理论性、学术性和创新性，推出新时代哲学社会科学研究、教材编写和思政研究的最新理论成果；又注重引导围绕国家重大战略需求开展前瞻性、针对性、储备性政策研究，推出既通"天线"、又接"地气"，能有效发挥思想库、智囊团作用的智库研究成果。文库坚持"方向性、开放式、高水平"的建设理念，以马克思主义为领航，严把学术出版的政治方向关、价值取向关、学术安全关和学术质量关。入选文库的作者，既有德高望重的学部委员、著名学者，又有成果丰硕、担当中坚的学术带头人，更有崭露头角的"青椒"新秀；既以我校专职教师为主体，也包括受聘学校特聘教授、岗位教师的社科院研究人员。我们力争通过文库的分批、分类持续推出，打通全方位、全领域、全要素的高水平哲学社会科学创新成果的转化与输出渠道，集中展示、持续推广、广泛传播学校科学研究、教材建设和思政工作创新发展的最新成果与精品力作，力争高原之上起高峰，以高水平的科研成果支撑高质量人才培养，服务新时代中国特色哲学社会科学"三大体系"建设。

　　历史表明，社会大变革的时代，一定是哲学社会科学大发展的时代。当代中国正经历着我国历史上最为广泛而深刻的社会变革，也正在进行着人类历史上最为宏大而独特的实践创新。这种前无古人的伟大实践，必将给理论创造、学术繁荣提供强大动力和广阔空间。我们深知，科学研究是永无止境的事业，学科建设与发展、理论探索和创新、人才培养及教育绝非朝夕之事，需要在接续奋斗中担当新作为、创造新辉煌。未来已来，将至已至。我校将以"中国社会科学院大学文库"建设为契机，充分发挥中国特色社会主义教育的育人优势，实施以育人育才为中心的哲学社会科学教学与研究整体发展战略，传承中国社会科学院深厚的哲学社会科学研究底蕴和40多年的研究生高端人才培养经验，秉承"笃学慎思明辨尚行"的校训精神，积极推动社科大教育与社科院科研深度融合，坚持以马克思主义为指导，坚持把论文写在大地上，坚持不忘本来、吸收外来、面向未来，深入研究和回答新时代面临的重大理论问题、重大现实问题和重大实践问题，立志做大学问、做真学问，以清醒的理论自觉、坚定的学术自信、科学的思维方法，积极为党和人民述学立论、育人育才，致力于产出高显示度、集大成的引领性、标志性原创成果，倾心于培养又红又专、德才兼备、全面发展的哲学社会科学高精尖人才，自觉担负起历史赋予的光荣使命，为推进新时代哲学社会科学教学与研究，创新中国特色、中国风骨、中国气派的哲学社会科学学科体系、学术体系、话语体系贡献社科大的一份力量。

（张政文　中国社会科学院大学党委常务副书记、校长、中国社会科学院研究生院副院长、教授、博士生导师）

前　言

经济发展是一个连续的、螺旋式上升的演变进程，不同阶段有不同的发展特征、发展要求、发展格局和发展重点。在以互联网为代表的信息通信技术的引领下，数字技术飞跃式创新发展，数字经济这一新的发展形态诞生。

1996 年，Tapscott 在《数字经济：网络智能时代的希望与风险》一书中首次提出了"数字经济"（The Digital Economy）这一概念。[①] 在当时的全球经济发展背景下，Tapscott 所界定的"数字经济"，实质上是指互联网与经济融合而生的"互联网经济"。这一时期，与"数字经济"相近的概念还有"知识经济""网络经济""信息经济"。21 世纪初，在互联网持续发展的同时，人工智能、区块链、云计算、大数据和物联网（按英文单词[②]，统称"ABCDI"）等新一代数字技术纷纷进入商业化应用阶段并创造了巨大的经济价值。学界和业界逐渐将互联网和 ABCDI 等新一代数字技术与经济深度融合的产物称为"数字经济"。2016 年，G20 杭州峰会将"数字经济"界定为"以使用数字化的知识和信息作为关键生产要素、以现代信息网络作为重要载体、以信息与通信技术的有效使用作为效率提升和经济结构优化的重要推动力的一系列经济活动"。[③] 2021 年，中国国家统计局发布的《数字经济及其核心产业统计分类（2021）》中将数字经济定义为"以数据资源作为关键生产要素、以现代信息网络作为重要载体、以信息通信技术的有效使

---

① Don Tapscott, *The Digital Economy：Promise and Peril in the Age of Networked Intelligence*, McGraw Hill, 1995.

② 对应的英文单词为 "Artificial Intelligence" "Blockchain" "Cloud Computing" "Big Data" "The Internet of Things"。

③ 《二十国集团数字经济发展与合作倡议》，中国网信网，2016 年 9 月 29 日。

用作为效率提升和经济结构优化的重要推动力的一系列经济活动"。① 2022年，国务院印发的《"十四五"数字经济发展规划》指出，"数字经济是继农业经济、工业经济之后的主要经济形态，是以数据资源为关键要素，以现代信息网络为主要载体，以信息通信技术融合应用、全要素数字化转型为重要推动力，促进公平与效率更加统一的新经济形态"。

从国内的发展历程看，数字经济是一部在互联网兴起、数字技术发展背景下新经济形态不断跃上新台阶的发展史。1994 年 4 月 20 日，中国正式接入国际互联网，从此在国际上被承认为真正拥有全功能 Internet 的国家。② 自此，互联网在中国迅速兴起，用户规模持续扩大。1997～2000 年，中国诞生了网易（1997 年）、腾讯（1998 年）、京东（1998 年）、新浪（1998 年）、搜狐（1998 年）、阿里巴巴（1999 年）、百度（2000 年）等互联网公司。2000 年网络泡沫破灭，国内电子商务发展面临较大阻碍，2002 年形势开始逐步好转，中国上网用户数量居世界第二位（5190 万），宽带用户数量达到 660 万，中国电子商务的网络技术基础初步形成。③ 2004 年 2 月，新浪、搜狐和网易先后公布了 2003 年度业绩报告，均首次实现全年度盈利。④ 由此，依托互联网的电子商业发展模式逐步发展起来，以互联网为驱动力的数字经济时代大幕拉开。2012 年 9 月，科技部公布《中国云科技发展"十二五"专项规划》，加快推进云计算技术创新和产业发展，标志着大数据时代的到来。2015 年，人工智能技术取得重大突破，以人工智能为驱动力的数字经济时代也随之到来。2015 年 12 月，习近平总书记在第二届世界互联网大会上发表演讲，提出建设"数字中国"，成为在全球范围内关于数字经济发展的重要论述。2016 年，一系

---

① 谢康、肖静华：《面向国家需求的数字经济新问题、新特征与新规律》，《改革》2022 年第 1 期。

② 《中国接入互联网二十年：一根网线改写中国》，http://www.cac.gov.cn/2014-04/18/c_126407251.htm，2014 年 4 月 18 日。

③ 中华人民共和国商务部电子商务和信息化司：《中国电子商务白皮书（2003 年）》，2005 年 5 月 11 日。

④ 《2004 年中国互联网发展大事记》，http://www.cnnic.net.cn/n4/2022/0401/c87-916.html，2022 年 4 月 1 日。

列推动"数字中国"建设的配套政策应运而生，如《机器人产业发展规划（2016—2020 年）》《"互联网+"人工智能三年行动实施方案》《"十四五"信息化和工业化深度融合发展规划》《"十四五"大数据产业发展规划》等。中国数字经济发展驶入快车道的同时，积极参与世界经济数字化治理。2016 年 9 月，在 G20 峰会上中国作为主办国首次将"数字经济"列为重要议题，并通过了《二十国集团数字经济发展与合作倡议》。建设"数字中国"、发展数字经济成为中国重要的发展战略，2017 年数字经济首次被写入政府工作报告，此后的政府工作报告中，数字经济相关内容共 5 次被提及："促进数字经济加快成长"（2017 年）、"壮大数字经济"（2019 年）、"打造数字经济新优势"（2020 年）、"协同推进数字产业化、产业数字化转型"（2021 年）、"促进数字经济发展、完善数字经济治理"（2022 年）。2021 年，《中华人民共和国国民经济和社会发展第十四个五年规划和 2035 年远景目标纲要》将"加快数字发展　建设数字中国"作为独立篇章纳入，指出要"培育壮大人工智能、大数据、区块链、云计算、网络安全等新兴数字产业"，"提升产业链供应链现代化水平"，"推动数据赋能全产业链协同转型"。同年，国家统计局公布《数字经济及其核心产业统计分类（2021）》，明确将供应链管理服务、智慧物流、互联网生产服务平台、数字商贸等产业链供应链的核心内容纳入统计分类。2022 年 1 月，国务院印发了我国首部国家级数字经济专项规划《"十四五"数字经济发展规划》，明确了"十四五"时期推动数字经济健康发展的八大目标、8 项任务和 11 个专项工程。2022 年 10 月，党的二十大报告提出要"加快发展数字经济，促进数字经济和实体经济深度融合，打造具有国际竞争力的数字产业集群"。可以看出，数字经济已成为国家经济发展的重点，不仅广泛影响着人们生产生活的方方面面，也是当前和未来阶段影响中国乃至全球经济发展的重要因素，随着相关制度的逐渐完善，中国数字经济正向着高质量的健康发展新阶段迈进。

当前，数字经济已经成为全球经济新一轮增长的重要引擎，全球范围内传统产业领域掀起重塑全球经济版图的"数字革命"，"互联网+传统产业"的跨界融合推动了数字经济发展壮大。预计 2025 年全球数字经济规模将达到 23 万亿美元，已经成为促进全球经济复苏和增长的核心动力，[①] 以及各国经济稳定增长的主要动力。受疫情影响，2020 年全球服务出口同比下降了 20%，但数字可交付服务（即可以通过互联网等信息和通信技术网络远程提供的服务）的出口却相对富有弹性，仅下降了 1.8%。[②] 中国信息通信研究院于 2022 年 7 月发布的《全球数字经济白皮书（2022 年）》显示，2021 年全球 47 个主要国家数字经济规模为 38.1 万亿美元，中国数字经济规模达到 7.1 万亿美元，占比 18.6%，位居全球第二，仅次于美国，是驱动全球数字经济发展的重要力量。如表 0-1 所示，2016～2021 年，我国数字经济规模总体增长率达到 101.3%。[③] 2021 年，中国数字经济占 GDP 的 39.8%。可见，数字经济对中国经济增长的重要性日趋显著。

表 0-1　2016～2021 年我国数字经济规模

单位：万亿元，%

年份	我国数字经济规模	同比增长	数字经济占 GDP 比重
2016	22.6	—	30.3
2017	27.2	20.35	32.9
2018	31.3	15.07	34.8
2019	35.8	14.38	36.2
2020	39.2	9.50	38.6
2021	45.5	16.07	39.8

注：此处为增加值口径，按当年价计算。

数据来源：根据历年中国信息通信研究院《中国数字经济发展报告》中的数据整理计算得出。

从数字经济增速来看，2020 年中国数字经济增长速度比同期 GDP 名义增速高 6.7 个百分点，约为同期 GDP 名义增速的 3.2 倍。[④] 这说明受疫情、经济下行压力较大等影响，中国数字经济依然保持加速发展态势，成为我国

[①] 蓝庆新、窦凯：《美欧日数字贸易的内涵演变、发展趋势及中国策略》，《国际贸易》2019 年第 6 期。

[②] 张正怡、蔡思柳：《数字贸易规则的演进路径及因应》，《岭南学刊》2022 年第 5 期。

[③] 中国信息通信研究院：《中国数字经济发展报告（2022 年）》，2022 年 7 月。

[④] 中国信息通信研究院：《中国数字经济发展白皮书（2021 年）》，2021 年 4 日。

经济增长的新动能。从数字经济的区域发展情况来看，2016 年广东、江苏、山东、浙江、上海、北京 6 个省份的数字经济规模均超过 1 万亿元，① 2020 年，共有 13 个省份的数字经济总体规模超过了 1 万亿元，还有 8 个省份的数字经济总体规模超过了 5000 亿元。②

数字贸易在数字经济背景下应运而生。随着互联网技术、数字技术的发展，传统国际贸易转型升级，催生了数字贸易这一新型贸易模式，成为当前贸易发展的新趋势，为国际贸易发展注入了新动能、开辟了新空间，在重塑全球价值链、降低贸易成本、提高贸易效率、提升国际竞争力方面具备显著的竞争优势，从规模和成本驱动的传统贸易发展到创新和效率驱动的数字贸易，极大地提升了全球贸易便利化水平，成为全球经济发展的重要驱动力，积极发展数字经济和数字贸易成为全球共识。2013 年以来，美国、欧盟、日本等发达国家和地区先后提出促进数字贸易发展的相关战略，如《数字经济议程》（美国，2015 年）、《数据科学战略计划》（美国，2018 年）、《欧盟人工智能战略》（欧盟，2018 年）等。2020 年，全球数字贸易额达到 3.2 万亿美元，约占全球服务贸易额的 52%、全球贸易额的 12.9%。③

我国一直非常重视数字经济和数字贸易的发展，密集出台相关政策措施。尤其是在受新冠肺炎疫情影响的背景下，全球贸易遭遇重创，我国对外贸易也面临市场与需求萎缩、贸易保护主义抬头等风险和挑战，建立在要素成本基础上的传统外贸发展模式已不能适应形势变化的需要。④ 2020 年，习近平主席在中国国际服务贸易交易会全球服务贸易峰会上致辞，提出"我们要顺应数字化、网络化、智能化发展趋势，共同致力于消除'数字鸿沟'，助推贸易数字化进程"。⑤ 这表明新形势下加快发展数字贸易是大势所

---

① 2018 年 3 月中国信息化百人会联合中国信息通信研究院等多家机构共同发布的《2017 中国数字经济发展报告》。
② 中国信息通信研究院：《中国数字经济发展白皮书（2021 年）》，2021 年 4 月。
③ 马述忠、孙睿、熊立春：《数字贸易背景下新一轮电子商务谈判的中国方案：机制与策略》，《华南师范大学学报》（社会科学版）2022 年第 1 期。
④ 薛啸岩：《优化贸易方式 培育贸易新业态的思路与对策》，《中国经贸导刊》2019 年第 17 期。
⑤ 《习近平在 2020 年中国国际服务贸易交易会全球服务贸易峰会上致辞》，http://www.gov.cn/xinwen/2020-091041content_5540728.htm，2020 年 9 月 4 日。

趋。同年，国务院办公厅印发的《关于推进对外贸易创新发展的实施意见》提出，我国要"大力发展数字贸易"，"提升贸易数字化水平"。① 2021 年 6 月，商务部印发《"十四五"商务发展规划》，提出"提升贸易数字化水平，营造良好的贸易数字化政策环境，推动数字强贸"。2021 年 11 月，商务部印发《"十四五"对外贸易高质量发展规划》，明确提出要"紧紧抓住全球数字经济快速发展机遇，依托我国丰富的应用场景优势，激活数据要素潜能，促进数字技术与贸易发展深度融合，不断壮大外贸发展新引擎"。习近平总书记在党的二十大报告中指出，推动货物贸易优化升级，创新服务贸易发展机制，发展数字贸易，加快建设贸易强国。这就要求对外贸易以高质量发展为主线，注重发展数字贸易新业态、新模式，推动对外贸易的质量变革、效率变革和动力变革。

目前随着中国数字基础设施的互联互通以及网络通信服务能力的快速提升，数字贸易正面临着前所未有的发展机遇，也取得了前所未有的发展成就。根据联合国贸易和发展会议公布的口径测算，中国数字贸易额由 2015 年的 2000 亿美元增至 2020 年的约 3000 亿美元，增长 47.7%，② 占世界数字贸易总额的 10%。2021 年，我国数字服务贸易总值 2.33 万亿元，同比增长 14.4%。③ 在全球贸易受到新冠疫情冲击时，数字贸易逆势而上，规模持续扩大，这表明数字贸易有为现阶段我国对外贸易发展提供增量的巨大潜力。

但也要看到，我国发展数字贸易面临着来自国内外的双重挑战。在国外方面，全球数字贸易近年来发展成就显著，随着信息技术与全球价值链的深度融合，数字贸易已成为全球市场竞争中的重点领域，其发展能够重构全球价值链、改变全球价值链运行模式，乃至改变全球价值链的利益分配格局，影响各国和地区在全球价值链中所处位置。但是，现有的国际数字贸易规则、监管制度远远滞后于国际贸易发展形势，也滞后于各参与国的利益诉

---

① 《关于推进对外贸易创新发展的实施意见》（国办发〔2020〕40 号），http：//www. gov. cn / xinwen / 2020-11 / 09 / content_ 5559818. htm，2020 年 11 月 9 日。

② 陈海波、张琳琳、刘洁：《数字贸易是否驱动了外贸高质量发展——兼论科技创新的中介效应》，《价格月刊》2022 年第 10 期。

③ https：//m. gmw. cn / baijia / 2022-12 / 15 / 36235501. html。

求。因此，重构全球贸易规则、为数字贸易发展创造良好的国际环境、建立国际经济贸易新秩序成为当务之急，制定数字贸易国际规则也成为各国博弈的焦点。在此背景下，美欧等发达国家高度重视数字贸易发展，且力争主导数字贸易发展规则制定，出现了美式模板、欧式模板等不同的数字贸易规则。在国内方面，得益于国家战略规划以及庞大的市场体量，中国已成为规模最大、发展最快的跨境电商市场，但是整体上仍处于发展初期，虽然数字贸易的国际市场份额增长快、潜力大，但国际竞争力却相对较弱，面临着与发达国家之间的"数字鸿沟"日益加深、数字贸易壁垒增加等问题，严重阻碍了数字贸易发展。此外，数字贸易关联产业因缺乏核心数字技术的支持而发展相对滞后，制造企业的数字化之路依然漫长，数字化产品和服务缺乏竞争力，数字化观念转型存在困难。迄今尚未建立起完备的数字贸易法律法规体系，对国际数字贸易议题的参与程度尚待提升，数字贸易规则研究工作也亟待加强，这制约了中国数字贸易的整体发展，导致发展水平不高且不平衡。因此，正确客观地认识数字贸易规则的内涵与发展规律，促进数字贸易快速发展，是中国面临的现实且紧迫的课题。

本书共分为 9 章，在厘清数字贸易的概念和内涵的基础上，梳理数字贸易发展与数字贸易规则的相关文献，并基于多边、区域和中国视角探讨数字贸易国际规则的最新进展与分歧，对比主要经济体数字贸易发展状况，结合美欧日数字贸易规则模板，探索我国数字贸易重点发展领域，评价数字贸易发展水平，就数字贸易发展对经济增长的影响的异质性进行分析，测度我国数字贸易国际竞争力，并就进一步推进数字贸易国际规则制定、加强全球数字贸易治理、促进我国数字贸易发展与开放合作提出建议。希望能够为中国参与数字贸易领域的国际规则和标准制定、打造符合自身国情的数字贸易"中式模板"提供政策支撑，推动中国数字贸易发展、把握中国数字贸易发展方向，促进构建新发展格局下的数字贸易强国，以便在推动全球经济治理机制变革中更好地发挥引领作用。

目 录

第一章
数字贸易的内涵特征与产生背景

自电子商务贸易模式在国际贸易领域出现以来，数字贸易的概念内涵和外延一直在不断拓展。目前国际社会尚未形成数字贸易的标准定义，为厘清数字贸易的概念内涵与演变历程，本章从数字贸易的广义和狭义概念出发，梳理数字贸易发展的三个阶段，针对数字贸易所涉范畴进行分类，并与传统货物贸易和服务贸易进行比较分析。

第一节　数字贸易的概念

至今为止，世界各国、机构和组织对数字贸易尚无统一的界定标准，世界贸易组织将数字贸易的交易对象定义为"数字产品"或"数字传输内容"。Sacha Wunsch-Vincent 定义的数字贸易包括以下四类：电影和图片；声音和音乐；软件；视频、计算机及娱乐节目。[①] 2003 年签署的《美国—智利自由贸易协定》中，首次把数字产品定义为"以数字形式编码且可采用电子方式传输的计算机程序、文本、视频、图像、录音或其他产品"。[②] 总的来看，经济合作与发展组织（OECD）、世界贸易组织

[①] Sacha Wunsch - Vincent, *The WTO, the Internet and Trade in Digital Products : EC - US Perspectives*, Oxford: Hartpublishing, 2006.

[②] World Trade Organization, "Work Programme on Electronic Commerce," WT/L/274, 25 September 1998.

（WTO）、联合国贸易和发展会议（UNCTAD）、国际货币基金组织（IMF）等国际组织基于统计需要，主张数字贸易的广义定义，认为数字贸易是以数字方式订购和/或以数字方式交付的所有贸易。[①] 而美国国际贸易委员会（USITC）和欧盟则主张数字贸易的狭义定义，如 USITC 主张将货物和服务分开，强调数字贸易的在线服务特性，认为数字贸易是依托互联网及互联网技术，以数字交换技术为主要手段，提供数字化数据信息为贸易标的的新型贸易模式；而欧盟则将数字贸易定义为通过电子手段实现的商品或服务贸易。

一 广义的数字贸易概念

2017 年，OECD 从贸易的属性、交易的对象和涉及的参与者三个维度界定数字贸易的内涵[②]：从贸易属性来看，广义的数字贸易可分为数字订购型、平台支持型和数字交付型；从贸易的交易对象来看，广义的数字贸易包括货物、服务和信息；从涉及的参与者角度来看，广义的数字贸易对象主要包括企业、消费者和政府。2019 年 3 月 OECD、WTO、IMF 共同发布的《数字贸易测度手册》（Handbook on Measuring Digital Trade）中提出数字贸易是由"以数字方式订购"和"以数字方式交付"两大模式组成，并强调了这两个概念下数字中介平台（DIP）的重要性。

OECD 和 IMF 共列举了 16 种数字贸易类型。从数字贸易的属性来看，大部分数字贸易是通过互联网中介平台（9 种）以数字方式订购（14 种）发生的国际贸易；从数字贸易的标的来看，以服务为载体（11 种）发生的数字贸易多于以货物为载体（5 种）发生的数字贸易，尽管信息流未作为数字贸易发生的直接标的物，但却是支撑并贯穿于 16 种数字贸易的重要元素。[③] 从数字贸易的参与者来看，企业之间的 B2B 和企业与消费者之间的

---

① 刘杰：《发达经济体数字贸易发展趋势及我国发展路径研究》，《国际贸易》2022 年第 3 期。
② OECD，"Digital Economy Outlook 2017，"http：//www.oecd‑ilibrary.org/science‑and‑technology/oecd‑digital‑economy‑outlook‑2017_ 9789264276284‑en.
③ 盛斌、高疆：《超越传统贸易：数字贸易的内涵、特征与影响》，《国外社会科学》2020 年第 4 期。

B2C（均为 7 种）是数字贸易的主要商业模式。此外，消费者之间的 C2C（2 种）成为国际贸易的新型商业模式。①

二　狭义的数字贸易概念

美国是最早正式对数字贸易作出定义的国家。2013 年 7 月，USITC 将数字贸易定义为通过互联网传输货物或服务的商业活动，主要包括数字内容、社交媒介、搜索引擎、其他产品和服务四大类。② 基于这一定义，由于数字贸易是通过互联网进行的，其贸易对象多为与技术密切相关的知识产权密集型产品和服务。2017 年 8 月，USITC 对"数字贸易"进一步做出界定，即"通过互联网及智能手机、网络连接传感器等相关设备交付的产品和服务"，涉及互联网基础设施及网络、云计算服务、数字内容、电子商务、工业应用及通信服务等六种类型的数字产品和服务。③ 这一定义限定了数字贸易的交付方式为"数字交付"，大多数实物商品贸易被排除在外，因此严格来说，该定义属于狭义的数字贸易定义。

在我国，普遍接受的观点是根据 2022 年 1 月 1 日起正式实施的《数字贸易　通用术语》④（ZADT 0001-2021）团体标准做出的界定，即数字贸易是针对实物商品、数据、数字产品、数字化服务等贸易对象，采用数字技术进行研发、设计、生产，并通过互联网等信息通信技术手段，为用户交付产品和服务的贸易新形态。

需要说明的是，数字贸易不包括物理货物的在线订单形式。通过互联网进行交易、最终贸易标的为物理货物的贸易属于货物贸易范畴，不属于数字

---

① OECD, "Measuring Digital Tade: Towards a Conceptual Framework," STD/CSSP/WPTGS, March 2017.

② U. S. International Trade Commission, "Digital Trade in the U. S. and Global Economies," Part 1, Investigation No. 332-531, USITC Publication 4415, Washington: USITC, July 2013.

③ U. S. International Trade Commission, "Global Digital Trade 1: Market Opportunities and Key Foreign Trade Restrictions," 2017.

④ 《数字贸易　通用术语》团体标准分为综合基础、数字商品与服务、数字平台相关、数字支撑技术四个模块，涵盖 76 个数字贸易领域通用术语，对术语概念、概念特征、概念间的关系、概念定义、概念体系等内容均有精准描述。

贸易范畴。① 例如光盘、U 盘、移动硬盘等载体属于货物贸易范畴，但是其存储的数字内容产品则属于数字贸易范畴。

可见，由于尚未形成国际公认的数字贸易定义，迄今为止全球尚未形成关于数字贸易的统一测量方法和统计数据，部分研究使用联合国贸易和发展会议统计的可数字化交付国际贸易数据以及美国经济分析局统计的信息与通信技术（ICT）服务贸易和其他潜在基于 ICT 的服务贸易数据，替代数字贸易统计数据进行分析。综上所述，数字贸易是依托互联网，利用数字交换技术手段，实现传统实体货物、数字化产品与服务、数字化知识和信息的高效交换的商业活动，是数字货物贸易和数字服务贸易的有机统一。

三　数字贸易的发展历史

（一）第一阶段：1998~2012 年

这一阶段尚未形成数字贸易的具体概念。在实践中，随着跨境电子商务的发展，传统贸易的内涵和外延在数字经济时代得到拓展，逐渐形成数字贸易的具体形态。

1998 年 WTO 第二次部长级会议上通过了关于电子商务的《全球电子商务宣言》，发起了第一项规范电子商务倡议，首次提出"电子商务"这一概念，并将电子商务定义为利用电子方式生产、分销、营销或交付货物和服务的过程。1998~2003 年，电子商务主要是网上展示和线下交易的外贸信息服务模式，为企业信息和产品提供网络展示平台，并不涉及网络交易。2010年，电子商务发展达到新高度，数字经济也受到世界各国的高度关注，一些国家也开始出台相关政策。英国国会于 2010 年通过《数字经济法案》（Digital Economy Act 2010，DEA），将数字化的音乐、游戏、电视、广播、移动通信、电子出版物等纳入数字经济范畴。2011 年 OECD 将"电子商务"定义为"通过计算机网络进行的专门用于接收或下订单货物和服务的销售

---

① 郑伟、钊阳：《数字贸易：国际趋势及我国发展路径研究》，《国际贸易》2020 年第 4 期。

或采购"。① 2004～2012 年，电子商务不再只是纯信息黄页的展示，而是逐步推动线下交易、支付以及物流等环节的电子化，在线交易平台开始形成。②

（二）第二阶段：2013～2016 年

这一阶段数字贸易从仅包含数字产品与服务贸易拓展至涵盖实体货物以及数字产品和服务贸易。2013 年 7 月，USITC 在《美国与全球经济中的数字贸易Ⅰ》中首次提出"数字贸易"概念，认为数字贸易是通过互联网传输产品和服务的商业活动，具体交易标的包括数字内容（如音乐、游戏、视频、书籍）、数字媒介（如社交媒体、用户评论网站）、搜索引擎、其他产品与服务（如软件服务、在云端交付的数据服务）等内容。这一概念的局限性在于将数字贸易理解为通过数字化方式传输的贸易，界定的数字贸易标的范围相当狭隘，并没有把实体商品纳入商业活动范围，没有充分考虑到数字经济发展的现实情况，因而很快被全新的数字贸易概念所替代。2014 年，USITC 在《美国与全球经济中的数字贸易Ⅱ》中进一步完善了数字贸易概念的内涵，将数字贸易界定为基于互联网技术的产品和服务的订购、生产或交付的国内和国际贸易，不再仅仅包含数字化的产品和服务。2015 年，UNCTAD 将电子商务定义为通过计算机网络进行的购买和销售行为，即涉及实物商品及以数字方式提供的无形（数字）产品和服务。

（三）第三阶段：2017 年至今

这一阶段数字经济与实体经济的融合更加深入，数字贸易的概念也得到进一步拓展。2017 年美国贸易代表办公室（USTR）发布《数字贸易的主要障碍》，认为数字贸易应当是一个广泛的概念，不仅包括个人消费品在互联网上的销售以及在线服务的提供，还包括实现全球价值链的数据流、实现智能制造的服务以及大量其他平台和应用。这主要是基于经济社会中数字技术与传统产业融合发展的现实，越来越多的商业活动采取了数字化的形式，企业普

---

① Organization for Economic Cooperation and Development，" OECD Guide to Measuring the Information Society 2011，" Paris：OECD，2011.

② 蓝庆新、窦凯：《美欧日数字贸易的内涵演变、发展趋势及中国策略》，《国际贸易》2019 年第 6 期。

遍运用数字技术参与国际竞争和合作。2018 年日本在《通商白皮书》中提出，数字贸易是基于互联网技术，向消费者提供商品、服务与信息的商务活动。①

四　数字贸易的范畴

关于数字贸易的概念尚未形成统一定义，其范围也一直存在争议。从世界贸易组织（WTO）的发展历程来看，在货物交付形式均为实体交付的时期形成了《关税及贸易总协定》（GATT）和《服务贸易总协定》（GATS），由此对货物贸易与服务贸易区分治理，两种类型的贸易构成全球贸易主体。进入数字贸易时代，数字产品、数字服务、数据信息在国际贸易中占比逐年上升，网络和数据流通对贸易带来巨大影响，且数字贸易催生出新产业、新业态、新商业模式。此外，数据流通壁垒和数据风险等诸多障碍的存在导致原有的贸易治理架构、贸易规则已不适应新的发展趋势。在此背景下，需要在传统产业分类划分的基础上，对数字贸易涉及的范畴进行重新分类。

本书引用郑伟、钊阳②的分类，通过对比《国际标准产业分类》第 4 版（lSIC Rev. 4.0，2008 年出版）以及中国的《国民经济行业分类》（2017版）的产业分类标准，归纳出现有数字贸易所涉及的内容（见表 1-1）。

表 1-1　数字贸易所涉内容及对应行业

内容分类	产业类别	中国《国民经济行业分类》(2017 版)	《国际标准产业分类》(第 4 版)
数字产品	音乐	音像制品出版(8624)；录音制作(877)	录音制作和音乐出版活动(592)
	游戏	互联网游戏服务(6422)；动漫、游戏数字内容服务(6572)	数据处理、储存及有关活动(6311)
	电子出版物	电子出版物出版(8625)	其他出版活动(5819)
	应用软件	数字出版(8626)	软件的发行(582)
	广播、电视、电影及视频	广播(871)；电视(872)；影视节目制作(873)；电影和广播电视节目发行(875)	电台广播(601)；电视广播和节目制作活动(602)；电影、录像和电视节目的制作活动(5911)；电影、录像和电视节目的后期制作活动(5912)；电影、录像和电视节目的发行活动(5913)

① 敬艳辉、李玮：《基于数字经济视角理解加快发展数字贸易》，《全球化》2020 年第 6 期。
② 郑伟、钊阳：《数字贸易：国际趋势及我国发展路径研究》，《国际贸易》2020 年第 4 期。

续表

内容分类	产业类别	中国《国民经济行业分类》（2017版）	《国际标准产业分类》（第4版）
数字产品	依托物理货物产生的上述产品	其他数字内容服务（6579）	数据处理、储存及有关活动（6311）
数字服务	社交网站	互联网生活服务平台（6432）	门户网站（6312）
	搜索引擎	互联网搜索服务（6421）	门户网站（6312）
	软件测试开发	软件开发（651）；集成电路设计（652）	计算机程序设计活动（6201）
	信息技术服务	运行维护服务（654）；信息技术咨询服务（656）；地理遥感信息服务（6571）；其他信息技术服务业（659）	计算机咨询服务和计算机设施管理活动（6202）
	基于互联网的通信服务	电信、广播电视和卫星传输服务（63）；互联网接入及相关服务（641）；互联网信息服务（642）；互联网安全服务（644）；其他互联网服务（649）	电信（61）；数据处理、储存及有关活动（6311）
数字平台	云计算平台	互联网科技创新平台（6433）	数据处理、储存及有关活动（6311）
	电子商务平台	互联网生产服务平台（6431）；互联网生活服务平台（6432）；互联网公共服务平台（6434）	门户网站（6312）
数据服务及贸易	数据存储和处理服务	互联网数据服务（645）；信息处理和存储支持服务（655）	数据处理、储存及有关活动（6311）
	信息集成系统服务	信息系统集成服务（6531）	数据处理、储存及有关活动（6311）
	物联网技术服务	物联网技术服务（6532）	数据处理、储存及有关活动（6311）
	其他数据服务	互联网其他信息服务（6429）	数据处理、储存及有关活动（6311）

资料来源：根据2017年《国民经济行业分类》（GB/T 4754-2017）、《国际标准产业分类》第4版（ISIC Rev. 4.0）整理。

第二节 数字贸易的特征

改革开放以来，我国贸易发展呈现"货物贸易—服务贸易—数字贸易"的演进路径。数字贸易有着传统货物贸易和服务贸易无可比拟的特点与优势。从增长趋势来看，2008~2019 年，全球服务贸易出口额年均复合增长率为 4.3%，而可数字化的服务贸易出口年均复合增长率达到 5.48%。从应对外部冲击的稳定性来看，全球新冠疫情严重冲击传统国际贸易，而数字贸易依托数字技术开展数字订购、数字交付，受到的影响较少，因而成为全球贸易复苏的重要推动力量，疫情期间全球数字贸易发展进一步加速。联合国贸发会议的统计数据显示，2020 年全球服务出口同比下降 18%，而可数字化的服务出口 3.17 万亿美元，同比仅下降 1.8%，数字服务出口在全球服务出口中的占比达到 63.6%，较 2019 年提升 11.8 个百分点。[①] 具体而言，数字贸易的突出特征体现在以下几个方面。

一 数字贸易呈现出新模式和新特点

随着互联网信息技术的普及，贸易方式和贸易对象数字化，数字贸易中出现新模式和新产品。数字贸易新模式即贸易方式数字化，是指信息技术融入传统贸易的各个环节，如电子商务、线上广告、数字海关、智慧物流、单据数字化等新模式和新业态对贸易赋能，从而带来贸易效率的提升和成本的降低，表现为传统贸易方式与各个贸易环节的数字化转型升级。数字贸易新产品，即贸易对象数字化。数据和体现为数据形式的产品和服务贸易主要分为三大类，一是研发、生产和消费等基础数据，二是图书、影音、软件等数字产品，三是通过线上提供的教育、医疗、社交媒体、云计算、人工智能等数字服务，表现为贸易内容的数字化拓展。

与传统贸易相比，数字贸易在提升贸易效率、优化贸易流程、降低贸易

---

① 《上半年我国数字服务出口 6828 亿元增长 13.1%》，光明网，2022 年 9 月 1 日。

成本、催生新兴产业等方面发挥着越来越重要的作用。在数字贸易深入发展的过程中，原有国际贸易的分工和分配模式、规则制度都面临重构，驱动全球价值链重塑，价值链各端企业通过数字化技术整合全球资源，为上下游企业的产品设计、生产、加工、营销、售后等提供多元化支持。数字贸易推动世界经济数字化转型，全球化分工进入更高阶段，贸易开展过程更加便捷高效，中小企业有更多机会便捷地参与全球贸易，从而在更大范围内释放数字化红利，对各国产业发展、人民生活水平产生深远影响。

二　数字贸易与传统货物贸易的本质区别

数字贸易与传统货物贸易既有关联又有不同。在贸易目的、贸易动因、贸易影响方面，数字贸易和传统货物贸易具有相似点，但二者在贸易主体、贸易对象、贸易方式、运输方式、贸易时效性等方面均存在明显差异（见表1-2）。

表1-2　传统货物贸易与数字贸易对比

项目	传统货物贸易	数字贸易
贸易目的	发展本国优势行业，出口具有比较优势的产品	
贸易动因	价值链分工不同	
贸易影响	产业发展、国际分工、价值分配、国家安全	
贸易主体	以大型跨国企业为主，中小企业广泛参与	以互联网平台企业为主，存在大量碎片化的小单货物贸易
贸易对象	有形货物	数字化的产品和服务
贸易方式	一般贸易、补偿贸易、来料加工等	信息服务、电商平台展示、网络传输
运输方式	货物交付方式以海运、陆运、空运等为主	不受传统运输方式制约
贸易单据	从纸质单据发展到无纸化、电子化交单	无纸化、电子化
贸易结算	跨境交易结算系统	线上交易结算
贸易时效性	受到地理因素影响，交易周期长、贸易成本高	地理因素制约作用弱化、贸易时效性强
关键技术	生产制造、交通物流	信息通信技术

项目	传统货物贸易	数字贸易
监管部门	海关、检验检疫、税务、外汇管理部门等	数字内容审核部门、产业安全审核部门、数据流动监管部门
关税制度	由各国关税税则进行规定，关税减免是大势所趋	数字传输、数字内容是否免征关税，各国存在较大争议
贸易政策	双边及区域贸易协定等	数据监管、隐私保护等

为促进数字贸易发展，各国在区域贸易协定谈判中都重视区分数字贸易与传统贸易，协定条款中一般都包括数字贸易相关条款，如《跨太平洋伙伴关系协定》（TPP）、《欧盟—加拿大综合经济与贸易协定》（CETA）、《美国—墨西哥—加拿大协定》（USMCA）等协定条款中都体现了对数字贸易规则的重视，力争构建灵活兼容的数字贸易开放规则，并对限制数据流通、源代码强制获取或转让、计算设施本地化等数字贸易中的数据流通壁垒和风险加以限制，具有示范效应。

三 数字贸易与传统服务贸易的本质区别

WTO 多边贸易协定形成于货物与服务均为实体交付的时代，据此建立了货物与服务区分治理的结构。就服务贸易而言，1995 年 1 月 1 日生效的 WTO《服务贸易总协定》（GATS）将服务贸易（Trade in Service）划分为四种提供方式，即模式一跨境交付（Cross Boarder Supply）、模式二境外消费（Consumption Abroad）、模式三商业存在（Commercial Presence）、模式四自然人流动（Movement of Natural Persons），WTO 成员方对各服务部门的四种提供方式分别做出开放承诺。但是，在数字贸易环境下，生产者交付产品和消费者获得产品的情况变得更为复杂，不同的服务提供方式交织在一起，难以区分。此外，一些交易因数字贸易呈现出供应与消费的同步性而难以确定服务提供模式。例如，服务贸易中的模式一跨境交付体现为服务供应商提供跨境的服务，模式二境外消费则是服务消费者跨境消费并支付。若是 A 国服务供应商提供以数字形式传输的文字、视频、图像、录音、计算机程序等数字产品，B 国服务消费者在 C 国平台上在线支付和消费，即服务提供者和消费者之间的跨境服务和跨境消费均基于网络平台同时发生，无须物理意义上跨境，此时很难区分该交易行为到底属于模式一还是模式二，若成员方在本国"服务贸易具体承诺减让表"中对模式一和模式二承诺的开放程度不同，还会进一步引发该项数字贸易到底应适用何种开放程度的争议。

2001 年《美国—约旦自由贸易协定》首次对数字产品的概念进行界定，认为数字产品是"计算机程序、文本、视频、图像、录音和其他经数字编码并以电子方式传输的产品，无论缔约方本国法将其视为货物还是服务"。[①]此后，美国一直坚持在贸易协定正文或注释中注明数字产品的提法并不反映缔约方对数字贸易构成货物贸易还是服务贸易的观点。

由此可见，从概念界定上，只有货物贸易中通过数字化手段和平台进行的交易、服务贸易中数字化的产品和服务才能被归入数字贸易范畴。而就贸易本质而言，传统贸易在上述形式上的数字化只是数字贸易的基本内容之一，而数字化产品、数字化交付、数据跨境流动等是数字贸易最核心、最具增长潜力的领域。在数字贸易时代，由于数据产品的特性，数字贸易与传统货物贸易、服务贸易均存在本质区别，原有的服务贸易治理架构、贸易部门、贸易模式均不适应数字贸易发展形势。

第三节　数字贸易的产生背景

作为一种新兴的贸易模式，数字贸易随着互联网平台、数字技术和数字经济的发展而兴起，代表着一种全新的贸易方向。在国家政策的大力支持下，数字贸易发展迅速，迎来新的机遇期。

一　互联网平台发展

数字贸易的发展离不开互联网平台的支撑。进入 21 世纪以来，互联网

---

① 王燕：《数字经济对全球贸易治理的挑战及制度回应》，《国际经贸探索》2021 年第 1 期。

经济的爆发式增长造就了世界级的大型互联网企业平台，成为各国数字贸易增长的新动能。互联网平台与互联网产业面向市场，体现出创新性与服务性的发展趋势，极大地促进了数字贸易发展。目前，以大型互联网公司为代表的平台在全球数字贸易中占据着十分重要的地位，其在数字治理中的重要性也不断凸显，围绕互联网平台本身的监管和改革已成为完善全球数字贸易规则的重要抓手之一。

我国的互联网公司在国际上也逐渐崭露头角，联合国贸发会议相关数据显示，2021 年，世界市值前十的互联网公司中，除了 8 家美国公司外，其余两家为中国的阿里巴巴和腾讯，分别排名第 7 和第 8 位。① 总体而言，我国数字贸易是在电子商务的基础上发展起来的，在数字经济持续发展的背景下，国内电商市场的繁荣也带动了淘宝、天猫、京东、拼多多、苏宁易购、唯品会等互联网平台的发展，反过来这些平台又促进了数字贸易规模的扩大，二者相辅相成，成为促进我国数字经济快速发展的重要推动力量。

二　数字技术发展

大数据、云计算、5G 通信技术、人工智能等是数字贸易的重要技术领域与核心驱动力量，这些数字技术的进步不仅促进我国数字产业发展，也大大促进了数字贸易发展。

以云计算和 5G 通信技术为例，云计算使得用户通过付费等方式灵活调动 IT 资源，充分利用算力，为数字贸易相关业务提供服务，催生出一系列"云外包""云平台"等云端经济形式。我国信通院数据显示，2019 年，我国云计算市场规模达 1334 亿元，② 并且，私有云市场规模首次被公有云市场规模超越。2021 年我国云计算市场规模超 2300 亿元，预计 2023 年将突破 3000 亿元。③ 5G 通信技术具有高速率、低延时的特点，不仅可以提升消

---

① http：//www.gaokede.com/gyhlw/60229.html.

② 陈赟、张春玲：《促进我国数字经济健康快速发展》，《通信企业管理》2020 年第 12 期。

③ 《2023 年我国云计算市场规模预计突破 3000 亿元》，http：//tradeinservices.mofcom.gov.cn/article/yanjiu/hangyezk/202204/132456.html，2022 年 4 月 1 日。

费者的全方位生活体验，使得消费更具个性化、实时化、场景化、内容化、互动化特色，还可以与交通工具、工业、医疗等领域融合，如数字孪生技术应用于生产线，不仅大幅提高产品研发效率和创新速度，形成新技术、新产品快速孵化、持续迭代的新局面，对数字贸易也产生了重要影响，催生更多新的数字化服务需求，推动新的数字产业诞生，形成新的全球产业链，带来海量国际数字分工机会。

三 数字经济发展

作为全球新一轮产业变革的核心力量，数字经济不仅推动生产效率迅速提升，还优化了资源配置方式。当前，依托数字产业化、产业数字化，数字经济已成为我国经济持续增长的重要源头。2005~2021 年，我国数字经济规模从 2.6 万亿元增长到 45.5 万亿元，稳居世界第二。① 2012~2018 年，数字经济对我国经济增长的贡献达 75%。② 我国数字经济不仅总量快速增长，其占 GDP 的比重也逐年上升，从 2005 年的 14.2% 上升到 2021 年的 39.8%，③ 说明数字经济发展动能加速释放。

数字经济迅速发展重塑了全球贸易，催生了数字贸易这一新型贸易模式，并且逐渐成为评估各国数字经济国际竞争力的重要指标。④ 数字经济的发展直接带动了数字贸易规模大幅上升，数字贸易在我国经济发展中的地位也逐渐提升。根据商务部数据，2020 年我国可数字化交付的服务贸易额为 2947.6 亿美元，同比增长 8.4%，占服务贸易总额的比重达 44.5%。预计到 2025 年，我国可数字化交付的服务贸易进出口额将超过 4000 亿美元，占服务贸易总额的比重达 50% 左右。⑤ 在全球范围内，我国数字服务出口排名第八，数字服务进口排名第七。按照联合国贸易和发展会议的统计口径测算，作为数字贸易发展的优势领域与重要增长点，2008~2020 年我国跨境电商交

---

① 《我国数字经济规模超 45 万亿元》，《智能建筑与智慧城市》2022 年第 7 期。
② 徐向梅：《推动数字经济和实体经济深度融合》，《经济日报》2022 年 9 月 23 日。
③ 中国信息通信研究院：《中国数字经济发展报告（2022 年）》，2022 年 7 月。
④ 王娟、张蕴洁、宋洁、张平文：《中美欧数字经济与贸易的比较研究》，《西安交通大学学报》（社会科学版）2022 年第 3 期。
⑤ 李勇坚：《数字经济推动我国对外贸易转型升级》，《群言》2022 年第 4 期。

易规模从 0.8 万亿元增长到 12.5 万亿元，年均增幅达 26.23%。跨境电商交易规模占进出口总额的比重也呈现持续上升势头，从 2008 年的 4.4% 上升到 2020 年的 38.9%（见表 1-3）。

表 1-3　2008~2020 年我国进出口贸易总额、跨境电商交易规模及比重

单位：万亿元，%

年份	进出口总额	跨境电商交易规模	跨境电商交易规模增幅	跨境电商交易规模占进出口总额的比重
2008	17.99	0.80	—	4.4
2009	15.06	0.90	12.5	6.0
2010	20.17	1.30	44.4	6.4
2011	23.64	1.70	30.8	7.2
2012	24.42	2.10	23.5	8.6
2013	25.82	3.15	50.0	12.2
2014	26.42	4.20	33.3	15.9
2015	24.55	5.40	28.6	22.0
2016	24.34	6.70	24.1	27.5
2017	27.81	8.06	20.3	29.0
2018	30.50	9.00	11.7	29.5
2019	31.56	10.50	16.7	33.3
2020	32.16	12.50	19.0	38.9

数据来源：董战山、谭伟、刘琳、张婧、展永福：《跨境电商相关税收政策国际比较研究》，《国际税收》2022 年第 7 期。

四　政策保障

除了上述影响因素外，国家政策的支持也是数字贸易迅猛发展的重要推动力量。为促进数字贸易发展，2017 年以来，我国加强顶层设计，出台促进数字贸易发展的一系列政策举措，涵盖完善产业链条、壮大市场主体、打造促进平台、拓展国际合作、探索规则标准、加强监管治理等各个方面，为改善数字贸易环境、提升数字贸易水平、推动数字贸易发展营造了良好的政策环境。

例如，2018 年全国人大常委会通过《电子商务法》，对"消费者保护""电商平台审核"等做了进一步的明确规定。2019 年政府工作报告就跨境电

子商务发展释放了相关政策红利，同时将跨境电商确定为中国外贸发展中的新增长点①。同年，服务贸易领域的五大关键目录修订完成，包括《服务出口重点领域指导目录》《鼓励进口服务目录》《服务外包产业重点发展领域指导目录》《中国禁止进口限制进口技术目录》《中国禁止出口限制出口技术目录》，注重利用新技术、发掘新机遇，有针对性地提升产业附加值。2020 年，商务部会同中央网信办、工业和信息化部联合启动了国家数字服务出口基地创建工作，并认定了中关村软件园等 12 个园区为国家数字服务出口基地。2021 年 11 月，商务部等 10 部门联合印发《关于支持国家数字服务出口基地创新发展若干措施的通知》。随后，商务部服贸司在对该通知的官方解读中表示，这些国家数字服务出口基地将成为我国重点打造的数字贸易示范区。可见，我国促进数字贸易发展的政策导向持续强化，有利于进一步激发数字贸易发展潜力，加快提升数字贸易的核心竞争力。

---

① 谢谦、姚博、刘洪愧：《数字贸易政策国际比较、发展趋势及启示》，《技术经济》2020 年第 7 期。

第二章
数字贸易理论与规则研究进展

近年来，在数字经济发展的大背景下，国内外学者在数字贸易的概念与内涵、数字贸易统计测度、数字贸易规则、数字贸易壁垒，以及数字贸易对价值链、对外贸易和投资的影响等方面利用定性和定量方法进行了深入的研究，尤其是针对贸易规则，在各国的贸易规则分歧、贸易规制融合以及数字贸易规则的影响等方面有较为丰富的研究成果。

第一节　数字贸易的概念与内涵界定

随着数字贸易的发展，越来越多的学者对其开展研究。但是，由于数字贸易发展的时间并不长，学界针对数字贸易的内涵至今仍未达成共识。

一　国际观点

国际上，Weber 提出数字贸易是一种新式商业活动，即采用互联网等电子化手段和方式进行价值产品或服务的传输，其核心是数字产品或数字服务。[①] 2013 年 7 月美国国际贸易委员会（USITC）对数字贸易正式作出界

---

① Weber R. H. , "Internet of Things - new Security and Privacy Challenges," *Computer Law& Security Review*, *The International Journal of Technology & Practice*, 2010, 26（1）.

定，提出数字贸易是指通过互联网传输货物或服务的商业活动。[①] 随着数字技术的发展，2017 年 8 月，USITC 对"数字贸易"作出新的界定，即"通过互联网及智能手机、网络连接传感器等相关设备交付的产品和服务"，涉及互联网基础设施及网络、云计算服务、数字内容、电子商务、工业应用及通信服务等六种类型的数字产品和服务。[②] 这一"数字贸易"的概念与 20 世纪 90 年代兴起的"数字经济"的内涵基本一致。2020 年 OECD 编撰的《数字贸易测度手册（第一版）》进一步细化了数字贸易的内涵和分类，将数字贸易分为三个组成部分：一是数字订购交易活动，引用了跨境电子商务的定义；二是数字交付交易活动，主要指可数字化跨境交付服务；三是通过数字平台赋能的贸易活动，主要指为跨境的买方和卖方提供中介或交易平台服务。[③]

二　国内观点

国内学者近年来对数字贸易的内涵和特征有较多关注。盛斌和高疆认为，与传统贸易相比，数字贸易在贸易动因、贸易模式、贸易结构、贸易对象、贸易主体、贸易与分工组织形式和贸易监管要求等方面表现出新特征。[④] 陈超凡等认为，数字贸易是以现代信息网络作为载体、数字技术创新作为驱动力、互联网作为媒介，实现产品和服务的传输及交易，是互联网技术、知识经济与现代贸易的深度融合，在提高交易效率、降低交易成本和创新贸易模式等方面具有重大优势。[⑤] 马述忠等在梳理美国多个机构发布的"数字贸易"定义的基础上，结合中国数字贸易特别是跨境电子商务实践，赋予数字贸易更高的时代价值，指出数字贸易是利用现代信息网络，通过信

---

① U. S. International Trade Commission, "Digital Trade in the U. S. and Global Economies," Part 1, Investigation No. 332–531, USITC Publication 4415, Washington: USITC, July 2013.

② U. S. International Trade Commission, "Global Digital Trade 1: Market Opportunities and Key Foreign Trade Restrictions," 2017.

③ Handbook on Measuring Digital Trade Version, OECD, WTO, IMF, 2020.

④ 盛斌、高疆：《超越传统贸易：数字贸易的内涵、特征与影响》，《国外社会科学》2020 年第 4 期。

⑤ 陈超凡、刘浩：《全球数字贸易发展态势、限制因素及中国对策》，《理论学刊》2018 年第 5 期。

息通信技术的有效使用实现传统实体货物、数字产品与服务、数字化知识与信息的高效交换，进而推动消费互联网向产业互联网转型并最终实现制造业智能化的新型贸易活动。① 基于此，张群等指出数字贸易是以互联网为基础，以数字技术为手段，对传统贸易升级和创新，从而降低成本、提高效率、促进全球经济发展的新型贸易模式。② 李俊等认为数字贸易的内涵应具有包容性，并根据现实需求和具体目的，对数字贸易形成有针对性、场景化的理解和认识。③

可见，国内外学界对数字贸易的研究日趋全面化，对数字贸易的理解与认知进一步深化，但尚未形成统一的观点。

第二节　数字贸易发展的统计测度

对数字贸易发展水平测度的研究，目前典型的有统一核算框架分析法、结构方程模型、中介效应模型、熵权法等。

一　数字贸易发展测度方法

吕延方等在统一核算框架下从多维层面综合评估中国服务业融入 DVC 的多维定位与路径，发现中国服务业在数字全球价值链中的角色正由"数字化价值输入"逐渐转向"数字化价值输出"，在数字全球价值链中扮演着重要的"枢纽"角色等。④ 方昊炜等基于 2014~2019 年中国 31 个省份数字贸易面板数据，运用中介效应模型，对数字贸易如何作用于产业结构升级、促进地区经

---

① 马述忠、房超、梁银锋：《数字贸易及其时代价值与研究展望》，《国际贸易问题》2018 年第 10 期。

② 张群、周丹、吴石磊：《我国数字贸易发展的态势、问题及对策研究》，《经济纵横》2020 年第 2 期。

③ 李俊、李西林、王拓：《数字贸易概念内涵、发展态势与应对建议》，《国际贸易》2021 年第 5 期。

④ 吕延方、方若楠、王冬：《中国服务贸易融入数字全球价值链的测度构建及特征研究》，《数量经济技术经济研究》2020 年第 12 期。

济高质量发展问题进行研究。结果发现，数字贸易与经济高质量发展之间存在双重影响机制。[1] 克麒等采用熵权法测算数字贸易发展水平，并运用 Dagum 基尼系数、核密度估计和空间 Markov 链，基于 2013~2020 年 31 个省份的面板数据对中国数字贸易发展的区域差异及分布动态进行研究，发现中国数字贸易发展水平整体偏低，呈现沿海地区水平偏高、内陆次之、沿边地区水平较低的非均衡态势，区域间差异是中国数字贸易发展水平差异的主要原因。[2]

二　现有方法的不足

综合已有研究方法来看，统一核算框架分析法不够精细，随着相关数据的进一步细化和完善，该方法能够为测度数字贸易发展水平提供更加可信的参考。通过中介效应检验可以较好地分析数字贸易发展的相关影响，但需要高度关注中介指标选取的客观性和科学性。熵权法及熵值法是根据各个指标标志值的差异程度来进行赋权，从而得出各个指标相应的权重，可以客观地测度数字贸易发展水平，标志值及其确定是该方法有效性的关键。

第三节　数字贸易发展对经济增长的影响

国际贸易正从"全球价值链贸易"阶段进入"数字促进贸易"阶段。数字贸易对经济发展最直观的影响是通过互联网等技术简化交易流程、降低交易成本、提高交易效率。Subirana 认为电子市场的发展具有去中介化的潜力，它可以使生产者和消费者之间建立直接联系（而不需要分销商这一中介角色），最终既降低了客户的成本，也降低了生产商的利润。[3] 现有文献

---

[1]　方昊炜、徐晔、袁琦璟：《数字贸易、产业结构升级与经济高质量发展——基于中介效应模型》，《价格月刊》2021 年第 6 期。

[2]　克麒、韩延玲、蔡青青：《中国数字贸易发展水平测算与动态演进分析》，《统计与决策》2022 年第 20 期。

[3]　Subirana B. , "Zero Entry Barriers in a Computationally Complex World: Transaction Streams and the Complexity of the Digital Trade of Intangible Goods," *Journal of Organizational and End User Computing* (*JOEUC*), 2000, 12 (2).

一般从进出口贸易、消费、产业、福利水平等维度对数字贸易对经济发展的
影响展开研究。

一　数字贸易对进出口贸易的影响

关于数字贸易对进出口贸易的影响，有学者认为数字贸易在交易环节简
化、交易流程优化等方面有着独特的优势，更有利于克服诸多贸易成本因
素。[①] 还有学者通过实证分析方法验证数字贸易对进出口贸易的影响，曲亚
琳基于2015~2021年我国31个省域经验数据，通过建立面板固定效应模型
考察数字贸易发展对我国跨境电商进出口贸易的影响，发现数字贸易会对我
国跨境电商进出口贸易产生显著的正向赋能作用，其中东部地区的赋能效应
最强，中部地区次之，西部地区相对较弱。[②] 高振娟、王智新基于2011~
2019年我国30个省份的面板数据，采用面板固定效用模型和链式多重中介
模型，分析发现数字经济有利于加快实现我国对外贸易动能转换，并且是通
过技术创新和人力资本积累以及"技术创新—人力资本积累"的中介渠道
来促进对外贸易的动能转换。[③] 张国峰等基于2014~2019年中国海关数据库
与OECD网站公布的46国数字服务贸易限制指数以及行业的投入产出表数
据，构造用来衡量数字贸易壁垒程度的合成数字服务贸易限制指数，采用固
定效用模型进行计量回归，发现数字贸易壁垒不利于制造业的出口产品质量
提升。[④]

二　数字贸易对消费的影响

关于数字贸易在消费方面产生的影响，姚战琪基于2013~2020年中国

---

① 鞠雪楠、赵宣凯、孙宝文：《跨境电商平台克服了哪些贸易成本？——来自"敦煌网"数据的经验证据》，《经济研究》2020年第2期；张洪胜、潘钢健：《跨境电子商务与双边贸易成本：基于跨境电商政策的经验研究》，《经济研究》2021年第9期。

② 曲亚琳：《双循环视角下我国数字贸易发展对跨境电商的影响》，《商业经济研究》2022年第21期。

③ 高振娟、王智新：《数字经济对我国对外贸易动能转换的影响测度》，《统计与决策》2022年第23期。

④ 张国峰、蒋灵多、刘双双：《数字贸易壁垒是否抑制了出口产品质量升级》，《财贸经济》2022年第12期。

各地区的微观数据，采用结构方程模型和中介效应检验方法，发现数字贸易能显著促进我国人均消费支出水平提升。① 祝合良等基于 2013~2020 年国内省域数字水平和消费审计水平，通过构建数字贸易发展指标体系和设定面板门槛模型进行实证研究，发现数字贸易能够有效驱动消费升级，并且这一驱动具有门槛效应和非线性特征。②

三　数字贸易对产业的影响

关于数字贸易在产业方面产生的影响，曾小林等以 2010~2020 年为研究区间，构造以影响路径检验为基准的模型，通过实证分析检验数字贸易对我国产业升级的影响及其路径，发现数字贸易的发展不仅有利于促进技术进步、提高资源配置效率、增强行业竞争力从而促进产业转型升级，也有利于产业结构合理化。③

四　数字贸易对福利水平的影响

关于数字贸易在福利水平方面的影响，周丽萍基于 2000~2013 年企业、省份城市和国家层面的数据和 1995~2017 年 CEPII BACI 数据库的贸易数据，采用双边连续差分法，发现与传统进口贸易相比，数字贸易进口会通过减少距离成本、提高进口贸易速度等促进企业间工资趋于均等化。④ 刘洪愧认为由于消费者偏好多元化消费，数字贸易不仅可以通过销售数字产品，以此来直接增加消费品的种类和数量进而提升消费者的福利水平，还能通过降低成本，以此来激励企业开发新产品和降低贸易品的价格进而提升消费者的福利水平。同时，由于数字技术的广泛应用，市场信息将会变得更加丰富，能够在一定程度上缓解贸易壁垒和信息不对称问题，从而提高市场运行效

---

① 姚战琪：《数字贸易对人均消费支出的影响研究》，《学术探索》2021 年第 3 期。
② 祝合良、赵乔、王春娟：《统一大市场建设背景下的数字贸易驱动消费升级研究》，《商业经济与管理》2022 年第 10 期。
③ 曾小林、赵娜、朱耀洪：《数字贸易对加快产业转型升级影响的路径研究》，《价格理论与实践》2022 年第 6 期。
④ 周丽萍：《数字贸易进口与企业间工资均等化》，《当代财经》2021 年第 11 期。

率，有望进一步提高贸易参与者的福利水平。[①] Şerbu 认为更广泛地应用和更有效地使用数字技术将能为欧洲人提供更高质量的生活，即更好的医疗保健服务、更有效的交通解决方案、更清洁的环境、新的通信可能性以及更容易获得公共服务。[②]

综上所述，数字贸易的发展能够对生产、消费和进出口贸易等这些与国民经济息息相关的各个方面产生正向作用，同时作为有效动力，不断驱动着产业和消费的转型升级、对外贸易的动能转化。但这些积极作用往往存在区域异质性，各个地区受到的影响存在差异。对于微观个体而言，数字贸易的发展则实实在在地提升了每一个人的福利水平，也在一定程度上缓解了不平等问题。

第四节　数字贸易发展水平的区域差异

一　中国与其他国家的数字贸易发展水平差异

就中国与其他国家的数字贸易发展水平差异而言，夏杰长研究发现，与西方发达国家相比，中国的差距主要体现在数字基础设施不完善，无法满足数字贸易市场迅速增加的需求，同时还存在监管缺位、司法空白和国际话语权缺失等问题。[③] 马慧莲、康成文基于 2008 ~ 2020 年 10 个国家可数字化交付的服务贸易额等有关统计数据，运用逐步回归法对我国数字贸易的国际竞争力进行研究，发现我国数字贸易的国际竞争力处于微弱优势地位，国际市场占有率并不高，但国际市场份额增速位居世界前列，发展潜力巨大。[④]

---

① 刘洪愧：《数字贸易发展的经济效应与推进方略》，《改革》2020 年第 3 期。

② Şerbu R. S.，" An Interdisciplinary Approach to the Significance of Digital Economy for Competitiveness in Romanian Rural Area Through E-agriculture," *Procedia Economics and Finance*, 2014 (16)。

③ 夏杰长：《数字贸易的缘起、国际经验与发展策略》，《北京工商大学学报》（社会科学版）2018 年第 5 期。

④ 马慧莲、康成文：《我国数字贸易国际竞争力及其影响因素》，《中国流通经济》2022 年第 11 期。

二　中国数字贸易发展区域差异

就中国内部数字贸易发展状况而言，张卫华、梁运文采用熵权法和空间统计方法，通过构建数字贸易发展质量指标体系发现，中国数字贸易发展以"胡焕庸线"为界，呈现"东南强、西北弱"的省域分布格局。[①] 冯宗宪、段丁允使用熵值法评价中国八大经济区和 30 个省份数字贸易发展水平，并采取聚类分析、核密度估计、Dagum 基尼系数、马尔可夫链等方法对数字贸易动态演进和区域差异进行分析，发现中国数字贸易发展水平在 2013～2020年呈现增长趋势，全国数字贸易发展存在分化现象，八大经济区数字贸易发展存在空间异质性，主要是区域间差异，并且有"俱乐部趋同"特征。[②]

第五节　数字贸易规则

一　各国数字贸易规则分歧

当前有关数字贸易的全球规则尚未完全达成共识，首先，体现为 WTO数字贸易多边规则的缺位。Sacha 提出美国要从双边、区域、多边多维度构建数字贸易规则，促进数字贸易自由化。[③] Weber 认为 WTO 未能提供数字贸易规则的完整制度框架，该议题的主张得不到各国的一致认同，导致在多边贸易体制中存在数字贸易规则"缺位"的问题。[④]

其次，表现为各国之间的分歧。现阶段数字贸易规则主要体现为"美

① 张卫华、梁运文：《中国数字贸易发展水平省域分异与空间效应》，《贵州社会科学》2020年第 12 期。
② 冯宗宪、段丁允：《中国数字贸易发展水平、区域差异及分布动态演进》，《现代经济探讨》2022 年第 12 期。
③ Sacha W., "The Digital Trade Agenda of the US: Parallel Tracks of Bilateral Regional and Multilateral Liberalization," Aussenwirtschaft, 2003.
④ Weber R. H., "Digital Trade in WTO-law-taking Stock and Looking Ahead Asian," *Journal of WTO and International Health Law and Policy*, 2010, 5 (1).

式模板"和"欧式模板",分别以美国和欧盟为主导力量,也反映了美欧在数字贸易领域不同的利益诉求。李杨等指出美国一直尝试为数字贸易设定一个具有约束力的全球标准,"美式模板"聚焦两个角度:一是促进数字货物或数字服务的跨境移动并寻求降低贸易壁垒;二是追求实现网络基础设施、信息通信技术设备互联互通和相关技术规范及标准的内在协调。[①] 周念利和陈寰琦探究了区域贸易协定(Regional Trade Agreement,RTA)框架下美式数字贸易规则的贸易效应,贸易双方在签署的 RTAs 中涵盖美式数字贸易规则可显著促进双边数字贸易发展,且贸易双方经济发展水平差距越大,美式数字贸易规则对双边数字贸易流量的提升作用就越大。[②] 这两位学者还提炼了数字贸易规则"欧式模板"的特征,发现近十多年来欧盟的数字贸易规则从"软性语言"逐步过渡为"进攻性条款",在"隐私保护"和"视听例外"两个核心问题上立场坚定。[③]

二 数字贸易规制融合

WTO 在全球数字贸易规则的制定方面几乎没有实质性进展,[④] 原有的国际贸易体系已无法支撑全球数字贸易的发展。因此,数字贸易的全球治理也正在向双边和多边的区域贸易协定层面过渡,[⑤] 签订含有数字贸易条款的 RTA 逐步成为各国推进数字贸易的重要方式。[⑥]

近年来,国内外学者对 RTA 中数字贸易规则的研究逐渐增多。盛斌

[①] 李杨、陈寰琦、周念利:《数字贸易规则"美式模板"对中国的挑战及应对》,《国际贸易》2016 年第 10 期。

[②] 周念利、陈寰琦:《RTAs 框架下美式数字贸易规则的数字贸易效应研究》,《世界经济》2020 年第 10 期。

[③] 周念利、陈寰琦:《数字贸易规则"欧式模板"的典型特征及发展趋向》,《国际经贸探索》2018 年第 3 期。

[④] Gao H. , "Digital or Trade? The Contrasting Approaches of China and US to Digital Trade," *Journal of International Economic Law*, 2018, 21 (2);韩剑、蔡继伟、许亚云:《数字贸易谈判与规则竞争——基于区域贸易协定文本量化的研究》,《中国工业经济》2019 年第 11 期。

[⑤] González J. L. , Ferencz J. , "Digital Trade and Market Openness," *OECD Trade Policy Papers*, No. 217, 2018.

[⑥] 林僖、鲍晓华:《区域服务贸易协定如何影响服务贸易流量?——基于增加值贸易的研究视角》,《经济研究》2018 年第 1 期。

和高疆指出，在电子商务规则多边谈判进展缓慢的背景下，RTA 在电子商务和数字贸易规则的覆盖程度与深度上取得了较为明显的突破，最典型的例子就是 TPP/CPTPP 协定。[①]并且，当前 RTA 中的电子商务条款越来越详细，但仍然高度异质，最常见的电子商务条款类型是促进电子商务合作活动和取消关税。[②] 沈玉良等指出，全球国际贸易规则正在向以数字促进贸易的第三代贸易规则推进，并且不同的 RTA 形成了复杂的网络结构。[③]

随着数字贸易的发展，越来越多的学者开始对数字贸易规则文本进行量化处理，从早期的定性分析转向以实证研究为主的定量分析。González 和 Ferencz 的研究表明，数字化的发展对于复杂的制造业和数字化可交付服务贸易起着重要的作用，有助于缔约方更好地利用贸易协定带来的好处，并且在商品和服务之间产生了新的互补性。[④] 王俊等从 FTA 数字贸易条款异质性的视角，使用 2005~2019 年跨境面板数据，构建双边数字服务贸易出口流量的静态扩展面板引力模型，回归结果表明高水平的自由贸易协定数字贸易规则对数字服务贸易有显著的促进效应，其中争端解决与合作条款、数据管理条款、贸易促进条款带来的贸易促进作用最为显著。[⑤] 刘斌等基于 2000~2014 年世界投入产出表的研究发现，规制融合主要通过降低贸易成本、增强双边网络效应和缩短制度距离促进了数字贸易发展。从模板异质性看，尽管标准更高，但与欧式模板相比，美式模板并没有对数字贸易表现出更强的促进作用。[⑥] 彭羽等根据 RTA 中数字贸易条款的不同类型，对其协定深度进行了量化，证明了 RTA 中数字贸易规则深度越高，越能显著促进贸易伙伴

---

① 盛斌、高疆：《数字贸易：一个分析框架》，《国际贸易问题》2021 年第 8 期。

② Monteiro, Jose-Antonio, Robert Teh, "Provisions on Electronic Commerce in Regional Trade Agreements," Working Paper ERSD-2017-11, Geneva：World Trade Organization, 2017.

③ 沈玉良、彭羽、高疆、陈历幸：《是数字贸易规则，还是数字经济规则？——新一代贸易规则的中国取向》，《管理世界》2022 年第 8 期。

④ González J. L., Ferencz J., "Digital Trade and Market Openness," OECD Trade Policy Papers, No. 217, 2018.

⑤ 王俊、王青松、常鹤丽：《自由贸易协定的数字贸易规则：效应与机制》，《国际贸易问题》2022 年第 11 期。

⑥ 刘斌、甄洋、李小帆：《规制融合对数字贸易的影响：基于 WIOD 数字内容行业的检验》，《世界经济》2021 年第 7 期。

国的数字行业服务出口。①

对美欧日等发达国家和地区倡导的数字贸易规则予以合理地借鉴，是我国学者较为关注的问题。赵旸頔和彭德雷提出，DEPA 协定的相关模块可为中国今后参与数字经贸规则谈判提供新的借鉴。② 部分学者认为可以在"美式模板"等基础上进行"去芜存菁"，通过合理利用和提炼建立适合中国发展的"中式模板"。徐金海、周蓉蓉认为，为推动数字贸易健康可持续发展和应对数字贸易规则下"美式模板"带来的压力，可借鉴"美式模板"中加强数字贸易基础理论研究、推动数字贸易规则制定、完善数字贸易领域相关立法和主导数字贸易规则谈判等方面的经验来尽快打造适应中国数字贸易发展的"中式模板"。③ 但构建"中式模板"的道路必定是曲折的，张正怡认为由于在数字贸易规则构建方面起步较晚，我国在参与数字贸易条款制定方面处于被动应对状态，缺乏自主的规划。④

也有部分学者认为虽然美国和欧盟率先构建了"美式模板"和"欧式模板"数字贸易规则，但是随着东亚地区数字经济的蓬勃发展和外部竞争的加剧，形成"东亚模板"数字贸易规则很有必要，尤其是中日韩作为东亚地区的数字经济大国，更应该进一步谋求深度的合作，共同探索构建以数字贸易高质量发展为目的的"东亚模板"数字贸易规则。⑤

三 数字贸易规则的积极和消极影响

一方面，统一的数字贸易规则能够为各国的经贸活动带来积极影响。Duval 等发现采取数字贸易便利化措施有利于数字贸易成本下降，降低幅度

---

① 彭羽、杨碧舟、沈玉良：《RTA 数字贸易规则如何影响数字服务出口——基于协定条款异质性视角》，《国际贸易问题》2021 年第 4 期。

② 赵旸頔、彭德雷：《全球数字经贸规则的最新发展与比较——基于对〈数字经济伙伴关系协定〉的考察》，《亚太经济》2020 年第 4 期。

③ 徐金海、周蓉蓉：《数字贸易规则制定：发展趋势、国际经验与政策建议》，《国际贸易》2019 年第 6 期。

④ 张正怡：《数字贸易的规范考察及中国方案》，《东岳论丛》2022 年第 9 期。

⑤ 崔岩、杜明威：《"东亚模板"数字贸易规则相关问题探析——基于中日韩合作的视角》，《日本学刊》2021 年第 4 期；施锦芳、隋霄：《日本数字贸易规则构建的动因及路径研究》，《现代日本经济》2022 年第 4 期。

约为 26%；① Ferracane 和 Marel 通过构建数字服务贸易限制指数（DSTRI）对各国跨境数据的管制政策进行统计评估，结果表明严格的数据政策对数据密集型进口产生显著的负面影响，② 可见降低数字贸易壁垒会促进数字贸易发展。Suh 和 Roh 通过实证检验发现，数字贸易规则对贸易流量存在正向影响。③ 赵静媛等基于 42 个经济体 2000～2014 年的数字行业出口数据，研究发现 RTA 数字贸易规则的制定显著提高了参与国家数字行业的出口水平。④ 刘志中、陈迁影基于 2005～2018 年全球 44 个经济体签署的 86 项区域贸易协定，分析区域数字贸易规则对服务出口的二元边际影响，发现区域数字贸易规则对服务出口的二元边际影响表现为显著的促进作用。⑤ 刘斌、甄洋发现数字贸易规则有效促使研发要素跨境流动，主要的途径为削减跨境数据流动成本、增强空间知识溢出的交叉网络外部性以及降低商业心理防备。⑥

　　另一方面，也有学者认为数字贸易规则带来的影响是消极的。罗施福、孟媛媛认为，RCEP 的签署与生效为中国电子商务的跨境发展，以及中国经济转型与产业升级迭代提供了重要契机、创造了更大的有所作为的空间，同时也给中国电子商务经营者带来了更大的竞争压力。⑦ 李佳倩等基于 DEPA 与 RCEP、CPTPP 的差异比较分析，发现中国加入 DEPA 将对我国意识形态、商业秘密和利益、网络信息安全和文化安全构成风险和挑战，同时也会使我国数字贸易领域面临巨额税收损失。⑧

---

① Duval Y., Utoktham C., Kravchenko A., "Impact of Implementation of Digital Trade Facilitation on Trade Costs," ARTNeT Working Paper Series, 2018.

② Ferracane M., Marel E., "Do Data Policy Restrictions Inhibit Trade in Services?" Robert Schuman Centre for Advanced Studies Research Paper, No. RSCAS, 29, 2019.

③ Suh J., Roh J., "The Effects of Digital Trade Policies on Digital Trade," SSRN Working Paper, No. 4073187, 2022.

④ 赵静媛、何树全、张润琪：《RTA 数字贸易规则对数字行业增加值贸易的影响研究》，《世界经济研究》2022 年第 9 期。

⑤ 刘志中、陈迁影：《数字贸易规则与服务出口二元边际：基于 RTA 文本的量化研究》，《世界经济研究》2022 年第 9 期。

⑥ 刘斌、甄洋：《数字贸易规则与研发要素跨境流动》，《中国工业经济》2022 年第 7 期。

⑦ 罗施福、孟媛媛：《RCEP 对电子商务的规制：规则、影响与中国因应》，《中国海商法研究》2022 年第 3 期。

⑧ 李佳倩、叶前林、刘雨辰、陈伟：《DEPA 关键数字贸易规则对中国的挑战与应对——基于 RCEP、CPTPP 的差异比较》，《国际贸易》2022 年第 12 期。

四 数字贸易税收规则

当前关于数字贸易税收的研究也引起了不少学者的关注。针对全球性数字征税改革方案尚未达成共识，数字服务税作为临时性补偿措施，成为国际税收规则改革的焦点。李墨丝认为全球税制跟不上数字时代的发展步伐，数字税收成为贸易战的新爆发点。如何征收数字税，不仅涉及税收利益分配问题，还涉及税收主权问题。① 对于电子传输的免关税问题，石静霞提出，数字税提出的根本问题在于征税规则如何与数字经济商业模式接轨，各国需探索如何改变国际税收框架以反映数字化和全球化对其税基的影响，实现国际税基的合理分配。② 汤霞认为尽管征收数字贸易服务税已成趋势，但基于我国数字贸易的发展特点，中国应结合实际影响慎重决定是否征收数字服务税，以免加重数字企业的税收负担并引发贸易转移效应。③ 谭洪波、夏杰长认为数字贸易发展对税收征管体系提出了三个方面的挑战，分别是数字贸易过程中的税负公平以及不漏不重、如何将新型线上活动纳入征管范围、如何正确评估数字贸易中无形资产和服务的价值。④

---

① 李墨丝：《CPTPP+数字贸易规则、影响及对策》，《国际经贸探索》2020 年第 12 期。
② 石静霞：《数字经济背景下的 WTO 电子商务诸边谈判：最新发展及焦点问题》，《东方法学》2020 年第 2 期。
③ 汤霞：《数据安全与开放之间：数字贸易国际规则构建的中国方案》，《政治与法律》2021 年第 12 期。
④ 谭洪波、夏杰长：《数字贸易重塑产业集聚理论与模式——从地理集聚到线上集聚》，《财经问题研究》2022 年第 6 期。

第三章
数字贸易国际规则的分歧与协调
——基于多边、区域和中国视角

2013 年以来，全球数字技术领域的革命带来数字贸易迅猛发展，对数字贸易发展的国内规则与国际协调、数字贸易监管等方面提出更高要求，由此推动数字贸易规则不断演变，对原有国际经贸规则形成冲击并推动其重构，引起各国尤其是数字经济和数字贸易强国高度关注。从 1998 年 WTO 通过《全球电子商务宣言》和"电子商务工作项目"协调全球电子商务开始，国际数字贸易规则的制定工作不断取得积极进展。从当前和今后一个时期国际经贸发展形势的基本特征和演变趋势来看，各国对数字贸易规则的制定工作已取得一些积极进展，达成相当程度的共识，但也依然存在较大分歧，面临诸多不确定性和新的挑战。

第一节　多边视角

世界贸易组织（WTO）、世界银行（WB）、国际货币基金组织（IMF）是当前多边经济体系的三大国际机构，其中 WTO 是世界上唯一处理国与国之间贸易规则问题的国际组织，其所管理的正是多边贸易体制。为进一步推动制订电子商务和数字贸易领域的国际规则，促进各成员方更好地适应经济全球化和数字化发展，2019 年 1 月在瑞士达沃斯举行的电子商务非正式部长级会议上，中国、澳大利亚、日本、新加坡、美国、欧盟、俄罗斯、巴西、尼日利亚、缅甸等 76 个 WTO 成员方①发起新一轮电子商务诸边谈判，与会国家签署了《关于电子商务的联合声明》，推动数字贸易领域的多边、诸边和区域协定谈判。截至 2022 年 7 月底，包含数字贸易的全面协定已达到 120 个，较上年 4 月增加 11 个，涉及约 70%的世界贸易组织（WTO）成员方。② 从最新进展看，《全面与进步跨太平洋伙伴关系协定》（CPTPP）、《区域全面经济伙伴关系协定》（RCEP）等区域贸易协定中单设电子商务章节、电信附件等内容，体现了高水平国际贸易规则对数字贸易发展的跟进，也凸显了各方共同推进数字贸易发展的共识和决心。在现行的多边贸易体制下，主要有以下三条途径对电子商务进行磋商谈判：一是通过 WTO 的"电子商务工作项目"解释现有多边贸易规则对电子商务的适用程度；二是通过 WTO 的《电子商务联合声明》就与贸易相关的电子商务议题进行谈判；三是通过相关议题的谈判对电子商务及数字贸易的国际规则产生溢出效应。

一　WTO 电子商务工作项目

1998 年 5 月，WTO 在第二次部长级会议上通过了《全球电子商务宣言》，③ 呼吁世贸组织总理事会制定一项全面的工作计划，用以审查与电子商务有关的全球贸易问题，即同年 9 月通过的电子商务工作项目（WTO E-commerce Work Programme）。④ 此外，电子商务工作项目还明确了电子商务的具体内涵，即通过电子手段进行生产、分销、营销、销售以及交付的货物或服务。

电子商务工作项目还规定了由四个机构负责探讨 WTO 框架下协定与电子商务之间的关系：一是服务贸易理事会，负责审查《服务贸易总协定》（GATS）法律框架内对电子商务的处理情况并提交报告；二是货物贸易理事会，负责审查与《1994 年关税及贸易总协定》、《世贸组织协定》附件 1A 所

---

① 这 76 个 WTO 成员方的世界贸易份额为 90%。
② 陈红娜、张琦、罗雨泽：《全球数字贸易规则制定：进展与动向》，《中国经济报告》2022 年第 5 期。
③ 《全球电子商务宣言》呼吁了两个内容：一是制定工作计划，二是暂时暂停对电子传输征收关税，详见 https：//www.wto.org/english/tratop_ e/ecom_ e/ecom_ e.htm。
④ https：//www.wto.org/english/tratop_ e/ecom_ e/ecom_ work_ programme_ e.htm.

涵盖的多边贸易协定和工作方案有关的电子商务方面的规定并提交报告；三是与贸易有关的知识产权理事会负责研究与电子贸易有关的知识产权问题，并就有关问题提交报告；四是贸易与发展委员会需考虑到发展中国家经济、金融发展的需要，负责审查并报告电子商务对发展中国家的影响。

2001 年的卡塔尔部长级会议明确了总理事会在电子商务工作项目中的核心地位，其负责对该项目进行定期审查以确保整体掌控项目的执行情况，并负责组织与贸易有关的交叉性问题谈判。自 2001 年以来，总理事会一直在对跨领域问题进行分组谈判；在 2001 年 6 月第一次谈判之后，WTO 秘书处公布了问题摘要以及各经济体代表团提交的跨领域问题清单。但自 2016 年 10 月举行最后一次谈判后，总理事会改变了跨领域问题的谈判方式，统一改成在总理事会主席召集的向所有成员开放的非正式会议上进行谈判。

然而，受"多哈回合"进展等多方因素的影响，WTO 的电子商务工作项目实际上并未达成当初建立时的愿景，除确定在电子传输方式下的交易暂免关税外，其他议题均未能达成一致的结论，因此，WTO 未能紧跟电子商务的发展形成有约束力的国际规则。但是，数字贸易规则迟迟无法形成完善的国际框架的责任也不能完全归咎于 WTO，因为除成员国利益诉求多样化、难以达成一致观点的原因外，数字贸易规则的国际框架尚未形成的部分原因还在于，从历史经验来看，国际规则的诞生总是会晚于各国法律与监管体制的发展。

二 WTO 框架内与电子商务相关的谈判成果

在 WTO 现行规定中，没有针对数字贸易出台专门的规则。并且，数字贸易在最开始的发展阶段被默认为等同于电子商务，因此，相关规则多以电子商务形式被纳入 WTO 框架下的协定文本及附件中，如《服务贸易总协定》（GATS）、《与贸易有关的知识产权协议》（TRIPS）、《信息技术协定》（ITA）以及《贸易便利化协定》等等。

首先，在市场准入领域，WTO 规定 GATS 服务贸易的市场准入及规制领域的改善将自动适用于电子商务，具体来看，专业服务、金融服务和电信服务这三个均可通过互联网提供服务的部门是做出承诺最多的部门。并且，《关于金融服务的附件》和《关于电信服务的附件》明确指出要以合理、非歧视性的形式进一步促进两个领域的市场开放程度，便利服务行业数字产品和服务的市场准入，推动数字化进程。

其次，在数字产品领域，2015 年 7 月 24 日，世贸组织扩大 ITA 所涉及的产品范围，参加方在日内瓦宣布就产品范围达成协议，决定将信息通信技术产品、半导体及其生产设备、视听产品等共计 201 种新兴信息技术产品纳入 ITA。据世贸组织统计，扩围谈判共有 25 个参加方、54 个世贸组织成员参加，[1] 有关产品的全球贸易额超过 1.3 万亿美元，约占全球贸易总额的 7%[2]。

最后，在规制融合领域，《贸易便利化协定》鼓励各成员方提交电子单证，鼓励以电子结算的方式向海关支付各项进出口的关税、国内税等费用，精减货物放行与结关的流程；同时，要求各成员国在可能且可行的限度内，使用信息技术并建立"单一窗口"，尽力保证信息技术对"单一窗口"使用的支持（见表 3-1）。

表 3-1　WTO 框架内与电子商务议题相关的谈判成果

协定	条款	具体内容
GATS	第 2 条　最惠国待遇 第 16 条　市场准入 第 17 条　国民待遇	规定 MFN 待遇、国民待遇及其他一系列市场准入承诺均适用于成员国作出具体承诺的服务部门。其中，专业服务、金融服务和电信服务是做出承诺最多的三大部门（可通过互联网提供服务的部门）
	关于金融服务的附件	金融服务包括提供和传送其他金融服务提供者提供的金融信息、金融数据处理和相关软件
	关于电信服务的附件	每一成员应保证任何其他成员的任何服务提供者可按照合理和非歧视的条款和条件进入与使用其公共电信传输网络和服务，以提供其减让表中包括的服务

---

① 《〈信息技术协定〉扩围谈判全面结束》，http://www.gov.cn/xinwen/2015-12/17/content_5025000.htm，2015 年 12 月 17 日。

② 《世界组织信息技术协定扩围谈判就产品范围达成协议》，http://www.gov.cn/xinwen/2015-07/26/content_2902726.htm，2015 年 7 月 26 日。

续表

协定	条款	具体内容
TRIPS	第 10 条 计算机程序和数据汇编	数据汇编或其他资料,无论机器可读还是其他形式,只要因对其内容的选择或编排而构成智力创作,即应作为智力创作加以保护。该保护不得延伸至数据或资料本身,并不得损害存在于数据或资料本身的任何版权
	第 14 条 对表演者、录音制品(唱片)制作者和广播组织的保护	广播组织有权禁止下列未经其授权的行为:录制、复制录制品、以无线广播方式转播以及将其电视广播向公众传播
ITA 扩围谈判	《信息技术协定》扩围谈判产品清单	在 1996 年《信息技术协定》所涉及产品的基础上新增 201 种新型信息技术产品,包括信息通信技术产品、半导体及其生产设备、视听产品、医疗设备及仪器仪表等,有关产品的关税将在一段时间的降税期后最终降为零,并在最惠国待遇的基础上对全体世贸组织成员统一实施
《贸易便利化协定》	第 7 条 货物放行与结关	①每一成员应酌情规定以电子格式提交单证,以便在货物抵达前处理此类单证 ②每一成员应在可行的限度内,采用或设立程序,允许选择以电子方式支付海关对进口和出口收取的关税、国内税、规费及费用
	第 10 条 与进口、出口和过境相关的手续	各成员应在可能和可行的限度内,使用信息技术支持"单一窗口"

资料来源：http：//www.caac.gov.cn/XXGK/XXGK/DWZC/201703/P020170330492046115617.pdf；http：//sms.mofcom.gov.cn/article/wtofile/201703/20170302538505.shtml；http：//www.gov.cn/foot/site1/20150726/29931437886507332.pdf；http：//images.mofcom.gov.cn/sms/201510/20151016171326059.pdf；http：//cietac.chinalawinfo.com/fulltext_ form.aspx? Gid = 100670568&Db = eagn。

三 WTO《电子商务联合声明》

2017 年 12 月 13 日,71 个 WTO 成员方在第 11 届布宜诺斯艾利斯部长级会议上发表了《电子商务联合声明》,①各方重申了全球电子商务的重要

① https：//docs.wto.org/dol2fe/Pages/SS/directdoc.aspx? filename = q：/WT/MIN17/60.pdf&Open = True.

性及其为包容性贸易和发展创造的机遇，明确了在世贸组织内推进电子商务工作的共同目标。同时，各成员方不仅认识到发展中国家，尤其是最不发达国家，以及微型、中小型企业在电子商务方面面临的特殊机遇，还认识到世贸组织能够通过促进开放、透明、非歧视和可预测的监管环境来推动电子商务发展（见表3-2）。2019年1月25日，76个成员方再次发表联合声明，①确认各成员方均有意向启动与贸易有关的电子商务议题谈判。同时，各成员方表明将争取在世贸组织现有协议和框架的基础上、在尽可能多的WTO成员方的参与下，达成高标准的电子商务谈判成果。

表3-2 WTO《电子商务联合声明》工作进展

会议日期	会议内容	会议日期	会议内容
2017年12月13日	《电子商务联合声明》提出要推动WTO对电子商务、投资便利化和中小微企业等议题的谈判	2021年6月21日	与会成员讨论了由各国文化差异造成的沟通问题，并提出未来要将谈判结果纳入WTO法律框架下的方案
2018年3月14日	召开关于《电子商务联合声明》的首次会议，指出包容性和透明度是世贸组织工作的指导原则，对增进成员间的信任至关重要	2021年9月13日	与会成员探讨另外两项干净文本：公开政府数据和在线消费者保护
2020年11月17日	与会成员将继续以小组形式缩小差距、加快推进工作，特别是在电子签名和认证、消费者保护等问题上	2022年2月21日	电子商务谈判代表团积极寻求共同点，重新审议文本提案，并就电信服务、在线平台准入和竞争交换意见
2020年12月18日	关于电子商务、投资便利化、服务业国内监管等的讨论已经取得实质性进展	2022年9月15日	毛里求斯加入《电子商务联合声明》，至此倡议成员方数量达到87个
2021年4月20日	各成员方完成电子签名和认证问题的"干净文本"	2022年9月28日	成员指出，必要的新技术可以帮助企业在世界贸易中发挥更大的作用，但需要做更多的工作来解决数字鸿沟问题

资料来源：根据WTO官网资料整理，https：//www.wto.org/english/news_ e/archive_ e/jsec_ arc_ e.htm。

---

① https：//docs.wto.org/dol2fe/Pages/SS/directdoc.aspx？filename ＝ q：/WT/L/1056.pdf&Open ＝ True.

截至 2022 年 10 月 31 日，WTO 成员方累计提交了 45 份与电子商务相关的提案，其中，40 份为公开提案、5 份为不公开提案；26 份为联合提案、19 份为单独提案（见表 3-3）。

向 WTO 提交的电子商务提案共涉及 66 个经济体，其中，有 14 个经济体递交了单独提案，包括 5 个发达经济体和 9 个发展中经济体。从提案总数来看，提案最多的是发达经济体新加坡（10 份），其次是发展中经济体哥伦比亚（9 份）、智利（9 份），此外，美国、欧盟和中国大陆的提案数分别是 6 份、4 份和 1 份。

表 3-3　向 WTO《电子商务联合声明》递交提案的经济体

单位：份

	发达经济体		发展中经济体	
	经济体	提案数	经济体	提案数
单独提案（19）	美国	5	孟加拉国	1
	欧洲共同体	2	巴西	1
	日本	1	乍得	1
	加拿大	1	智利	1
	澳大利亚	1	中国大陆	1
			哥斯达黎加	1
			古巴	1
			印度	1
			俄罗斯	1
联合提案（26）	新加坡(10)、哥伦比亚(9)、智利(8)、中国台湾(8)、中国香港(8)、墨西哥(8)、加拿大(7)、韩国(7)、巴拉圭(7)、南非(7)、哥斯达黎加(6)、印度(6)、以色列(6)、土耳其(6)、澳大利亚(5)、新西兰(5)、挪威(5)、巴拿马(5)、瑞士(5)、巴西(4)、欧盟(4)、冰岛(4)、日本(4)、蒙古(4)、泰国(4)、乌拉圭(4)、埃及(3)、格鲁吉亚(3)、危地马拉(3)、马来西亚(3)、尼日利亚(3)、卡塔尔(3)、乌克兰(3)、文莱(2)、科特迪瓦(2)、印度尼西亚(2)、摩尔多瓦(2)、巴基斯坦(2)、秘鲁(2)、俄罗斯(2)、塞舌尔(2)、阿尔巴尼亚(1)、阿根廷(1)、巴林(1)、多米尼克(1)、多米尼加(1)、厄瓜多尔(1)、萨尔瓦多(1)、洪都拉斯(1)、哈萨克斯坦(1)、科威特(1)、吉尔吉斯斯坦(1)、列支敦士登(1)、北马其顿(1)、菲律宾(1)、沙特阿拉伯(1)、塔吉克斯坦(1)、阿拉伯联合酋长国(1)、英国(1)、美国(1)、也门(1)			

注：联合提案中经济体后面括号内的数字表示该经济体递交的联合提案数量。

数据来源：根据 WTO 官网 "Trade Topics" 文本数据库整理，https://docs.wto.org/dol2fe/Pages/FE_ Browse/FE_ B_ 009. aspx? TopLevel=-1。

值得注意的是，2019 年 11 月 14 日，乍得代表最不发达国家向 WTO 递交了一份与电子商务相关的单独提案。在这份提案中，最不发达国家呼吁电子商务工作项目下的四个负责机构应当更深入地研究电子商务对最不发达国家收益和成本的影响，并借此提案梳理了最不发达国家在发展电子商务时遇到的挑战，包括：①企业、政府机构和监管机构对电子商务的认识有限；②缺乏在电子商务领域开办企业的机制；③对电子商务可能产生的不利影响以及如何减小这影响存在担忧；④信息与通信技术（ICT）相关的基础设施有限（如互联网、宽带覆盖率、电力电信等）；⑤信用卡等在线支付工具的普及度不高，无银行账户的消费者比例高，且缺乏在线支付经验；⑥缺乏配套的物流运作体系；⑦用户对在线交易质量和效率不信任；⑧在线购物的支付设施不足；⑨希望能为最不发达国家电子商务企业提供贸易融资；⑩企业在利用电子商务平台和 ICT 技术进行 B2B、B2C 和 B2G 商品及服务的购买和销售过程中，缺乏相关的技能；⑪缺少最不发达国家进行电子商务的统计数据；⑫缺乏必要的法律和监管框架，如消费者保护法等；⑬电子传输的性质不明确，缺乏对最不发达国家是否具备被征税能力的界定。

此外，表 3-4 对比了美国、欧盟、日本及中国这四个核心经济体在 WTO《电子商务联合声明》中的提案，从基本定义、谈判目的、谈判导向、谈判模式、机制路径、特殊差别待遇、谈判焦点及重点议题等方面进行了归纳总结。具体来看，从美国提交的提案内容来看，美国为全球数字贸易规则的制定与发展主要做出了以下贡献：①对数字产品免征关税；②确保基本不歧视原则；③实现跨境数据流动；④促进自由和开发的互联网；⑤防止本地化障碍；⑥禁止强制技术转让；⑦保护关键源代码；⑧确保企业进行技术选择；⑨电子签名和电子认证；⑩保持网络竞争；⑪保障创新型加密产品；⑫为数字贸易建立可适应的框架；⑬保障市场驱动的标准化和全球互操作性；⑭确保更快、更透明的海关办事程序；⑮促进法规和标准制定的透明度，推动利益相关方的积极参与；⑯确认合格评定程序。相比于美国更加注重数据和信息的保护，欧盟的谈判焦点则是电信服务，从两大模板不同的关注点就能看出，美式模板与欧式模板存在较大差异。

表 3-4　主要经济体电子商务提案的对比

项目	美国	欧盟	日本	中国
基本定义	美式数字贸易	数字贸易	数字贸易	货物贸易的数字化
谈判目的	确保开放、公平、竞争性的数字经济商业环境,所有参与方均可受益	加强规则的可预测性,提高市场准入门槛,将其纳入各成员的承诺表	增强 WTO 义务、规则和承诺与数字经济的相关性;促进中小微企业和发展中国家参与全球价值链,促进包容性增长	释放电子商务潜力、帮助发展中国家融入全球价值链、弥合数字鸿沟,实现包容性发展
谈判导向	达成全面、具有雄心水平的最高标准贸易规则	达成全面、具有雄心水平的 WTO 规则和承诺;使尽可能多的成员方接受	发展导向	发展导向
谈判模式	开放、公平、竞争	开放、透明、包容	—	开放、包容、透明
机制路径	多边协定或诸边模式(TISA 模式)	多边协定	在多边框架内达成协定	多边协定
特殊差别待遇	否	是	是	是
谈判焦点	数据和信息	电信服务	—	数字订购型货物贸易
重点议题	信息的自由流动;数字产品的公平待遇;个人数据和隐私保护;源代码和算法等专有信息保护;促进互联网服务;竞争性的电信市场;贸易便利化	数据的跨境流动;数字传输免征关税;个人数据和隐私保护;源代码和算法等专有信息保护;电子合同、数字签名和认证;互联网的开放和可接入性;消费者保护;贸易便利化;修订 WTO《关于电信服务的附件》;扩大信息技术产品、计算机服务和电信服务的市场准入范围;能力建设援助和支持	电子商务和数字贸易的监管框架,包括数字签名和认证、消费者保护、无纸化贸易、隐私保护、电子支付、标准和互操作;开放和公平的贸易环境,包括关税、数字产品的非歧视待遇、信息的跨境传输、数据本地化、开放网络等;保护知识产权,包括源代码和算法、数字加密产品;透明度;发展与合作	澄清电子商务的定义、WTO 现有规则的适用范围;构建良好的电子商务营商环境,包括跨境电子商务便利化、无纸化贸易、数字签名和认证、电子合同、数字传输免征关税;创造安全、可靠的市场环境,包括消费者保护、个人信息保护、网络安全、透明度;促进包容性发展合作,包括基础设施建设和技术支持、研究和培训交流、电子商务发展项目

　　资料来源:根据《全球数字贸易促进指数报告(2020)》中第七章"全球数字贸易规则发展"整理。

第二节　区域视角

目前全球尚未形成统一的国际数字贸易规则和治理体系，"数字鸿沟""数字孤岛"等问题依然突出。WTO 在推进数字经贸规则完善方面进展相对滞后，各成员方纷纷转而采用更加灵活的签署区域贸易协定的方式，大国在数字贸易规则领域竞争博弈、建立规则同盟的趋势日益激烈。

一　数字贸易领域的规制融合现状

据 RTA 数据库统计，截至 2022 年 12 月，已向 WTO 通报且生效的区域贸易协定数量（不含加入）已达 355 个，其中，明确含有电子商务章节的 RTA 数量为 111 个，占全部生效 RTA 总数的 31.26%，表明已超过三成的 RTA 中包含数字贸易条款。

图 3-1 整理了 2001~2021 年含电子商务章节的 RTA 数量及其各占比情况。可知，自 2008 年爆发了全球性金融危机之后，不管是 WTO 还是欧盟等其他重要的组织都加强了对电子商务等数字贸易规则的讨论与研究，规制融合速度加快。2008 年，涉及电子商务章节的 RTA 数量占比约 1/4，而到了 2020 年，当年生效的 6 个 RTA 中竟有 5 个涉及电子商务章节，占比超过了 80%，由此可见，各国对数字贸易规则的重视程度与日俱增。

数字贸易领域的规制融合最早可以追溯到 1996 年，加拿大和以色列是最早签署含电子商务章节的 RTA 的国家，1996 年 7 月 31 日其便将电子商务章节写入了两国的 RTA 之中，该协定已于 1997 年初生效。在此后的发展中，新加坡、欧盟、澳大利亚、加拿大、美国等对数字贸易规制融合的重视度较高，尤其是美国主导的 TPP 协定更是展现了高标准的"美式模板"，与之相比，中国在这方面显然要保守很多，目前仅在与智利、澳大利亚、韩国、格鲁吉亚以及毛里求斯签订的 RTA 中涉及电子商务章节。

图例:
- □ 当年生效的含电子商务章节的RTA数量（左轴）
- ▨ 当年生效的RTA总数（左轴）
- — 含电子商务章节的RTA数量占比（右轴）

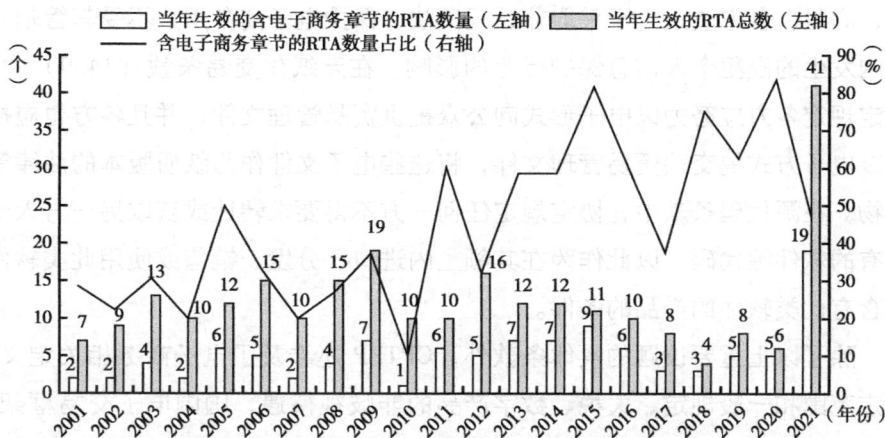

图 3-1 2001~2021 年含电子商务章节的区域贸易协定（RTA）数量及其占比情况

数据来源：根据世界贸易组织（WTO）官网 Regional Trade Agreements Database（RTA）数据库整理得出，http://rtais.wto.org/UI/PublicMaintainRTAHome.aspx。

二 区域贸易协定与数字贸易规则的最新进展（CPTPP）

(一)《全面与进步跨太平洋伙伴关系协定》

2018 年 12 月 30 日，《全面与进步跨太平洋伙伴关系协定》（CPTPP）正式生效，这是由亚太国家组成的自由贸易区，也是美国退出《跨太平洋伙伴关系协定》（TPP）后取的新名字。签署 CPTPP 的国家包括日本、加拿大、澳大利亚、智利、新西兰、新加坡、文莱、马来西亚、越南、墨西哥和秘鲁。该协定涵盖了 18 项与电子商务规则相关的条款，是目前数字贸易规则的高水平标准。

具体来看，在电子认证和电子签名条款（14.6）中，协定规定除本国法律另有规定的情况外，一方当事人不得仅以电子签名为理由而否认该签名的法律效力。在网上消费者保护条款（14.7）中，协定规定成员国各方应通过或维持《消费者保护法》，禁止对从事在线商业活动的消费者造成损害或潜在损害的欺诈和欺骗性商业活动。在个人信息保护条款（14.8）中，协定规定各成员方应采用或维持规定保护电子商务用户个人信息的法律框架，在制定法律框架时，各缔约方还应考虑到相关国际机构的原则和指导方针，同时，各方应致力于采取非歧视做法，保护电子商务用户不受其管辖范围内发生的侵犯个人信息保护行为的影响。在无纸化交易条款（14.9）中，协定规定各方应努力以电子形式向公众提供贸易管理文件，并且各方也应接受以电子方式提交的贸易管理文件，将这些电子文件作为纸质版本的法律等价物。在源代码条款中，协定规定任何一方不得要求转让或获取另一方人士拥有的软件源代码，以此作为在其领土内进口、分发、销售或使用此类软件或含有此类软件的产品的条件。

除了以上重要议题的具体条款外，CPTPP 还涉及了电子商务相关定义、协定范围和一般规定、关税、数字产品的非歧视待遇、国内电子交易框架、关于电子商务接入和使用互联网的原则、通过电子手段跨境传递信息、互联网费用分摊、计算设施的位置、未经请求的商业电子信息、合作、网络安全事务合作以及争端解决等条款。

总之，通过对 CPTPP 条款的梳理，可以归纳出以下特征。

第一，强调贸易的数字性质。CPTPP 将数字产品明确界定为计算机程序、文本、视频、图像、录音或其他经过数字编码、为商业销售或分发而制作，并且可以通过电子方式传输的产品，但不包括货币在内的金融工具的数字化表示。同时，协定还将数字产品的定义进行了拓展，明确指出不应简单将数字产品贸易归类为服务贸易或货物贸易。

第二，强化对数据信息的保护。一方面，CPTPP 第 14.13 条对计算设施的位置进行了规定，其要求任何一方不得要求被覆盖人员在其领土内使用或设置计算设施，这将作为在该领土内开展业务的前提条件，这一条款通常也被视为"禁止数据本地化条款"；另一方面，CPTPP 第 14.16 条和 14.17 条分别对网络安全事务合作和源代码进行了规定，其要求各缔约方需认识到识别和减少影响成员方电子网络的恶意入侵或恶意代码传播的重要性，并且大众市场软件或包含此类软件的产品要在一方领土内进口、分发、销售或使用，必须以该方不得要求转让或获取另一方拥有的软件源代码为前提条件，但用于关键基础设施的软件可以除外。

（二）《欧盟—日本经济伙伴关系协定》（EPA）

2019 年 2 月 1 日，基于对电子商务不仅能够促进经济增长，还能显著增加贸易机会等观点的一致认同，也为了给各方电子商务的发展创造一个可信任的环境，欧盟与日本签署的《欧盟—日本经济伙伴关系协定》正式生效，这是由欧盟主导的第 13 个包含电子商务章节的自由贸易协定。该协定将电子商务写入了第八章"服务贸易、投资自由化和电子商务"，共涉及 12 个与电子商务相关的条款。并且，这也是欧盟首次将源代码、不事先授权原则、以电子方式订立合同、电子认证和电子签名、未经请求的商业电子信息、数据的自由流动条款纳入电子商务规则。

具体来看，在源代码条款（8.73）中，协定规定一方不得要求转让或访问另一方个人所拥有的软件源代码。在不事先授权原则条款（8.75）中，协定规定各缔约方应尽可能不对电子方式提供的服务施加具有同等效力的事先授权或任何其他规定。在以电子方式订立合同条款（8.76）中，协定规定除非法律法规另有规定，否则缔约方不得采取或维持下面两种管制电子交易的措施：一是仅以合同是通过电子手段订立的为理由，否认合同的法律效力、有效性或可执行性；二是以其他方式阻碍使用以电子方式订立的合同。在电子认证和电子签名条款（8.77）中，协定规定一方当事人不得仅以签字是电子形式为理由而否认签字的法律效力，并且不得采取管制措施以禁止电子交易各方相互确定适合其交易的电子认证方法。在未经请求的商业电子信息条款（8.79）中，协定规定每一方应要求非应邀商业电子信息的供应商为收件人组织持续接收这些信息的能力提供便利，并且要求收件人事先同意接收商业电子信息。在数据的自由流动条款（8.81）中，协定规定欧盟与日本需在 2022 年 2 月 1 日之前重新权衡将关于数据自由流动的规定纳入本协定的必要性。

总体来看，与 CPTPP 相比，EPA 的条款广度虽不及 CPTPP，但深度能与之匹敌。在广度方面，虽然《欧盟—日本经济伙伴关系协定》是当时欧盟签订的含有最多电子商务条款的自由贸易协定，但是与 CPTPP 相比，其并未涉及数字产品的非歧视待遇、个人信息保护、关于电子商务接入和使用互联网的原则、通过电子手段跨境传递信息、互联网费用分摊以及计算设施的位置等 6 项内容；在深度方面，虽然 CPTPP 将电子商务独立成章节（第 14 章）编入协定，而 EPA 仅将电子商务条款与服务贸易、投资自由化共同编为一个章节（第 8 章）写入协定，但是，二者电子商务条款的单词数却不相上下，CPTPP 为 2655 个单词，EPA 为 2712 个单词。

（三）《美国—墨西哥—加拿大协定》（USMCA）

2020 年 7 月 1 日，《美国—墨西哥—加拿大协定》正式生效。其前身是美国、墨西哥及加拿大于 1992 年 8 月 12 日签署的关于三国间全面贸易的《北美自由贸易协议》（NAFTA），直至 2018 年 11 月 30 日，美墨加三国领导人在阿根廷首都布宜诺斯艾利斯签署 USMCA 用以替代 NAFTA。

USMCA 继承并升级了美式模板中的相关电子商务条款，共计 18 项条款、3226 个单词数，USMCA 还是首个用"数字贸易"（Digtal Trade）章节代替"电子商务"（Electronic Commerce）章节的自由贸易协定。通过将 CPTPP 与 USMCA 中数字贸易规则条款一一对比，可以发现《美国—墨西哥—加拿大协定》在以下相同条款中使具体内容进一步深化（见表 3-5）。

第一，在数字产品的非歧视待遇条款（19.4）中，USMCA 删掉了 CPTPP 中"本条不适用于广播"的内容，即将非歧视待遇条款拓展至广播领域的相关产品。

第二，在国内电子交易框架条款（19.5）中，USMCA 仅规定各缔约方应维持与《1996 年贸易法委员会电子商务示范法》原则相一致的管理电子交易的法律框架，不再考虑《联合国国际合同使用电子通信公约》的原则。

第三，在个人信息保护条款（19.8）中，USMCA 明确指出，在制定个人信息保护法律框架时，各缔约方应考虑相关国际原则和指导方针，如《亚太经合组织隐私框架》以及《经合组织理事会关于保护隐私和个人数据跨境流动指导方针的建议》（2013），且相较于 CPTPP，USMCA 还给出了具体的参考原则，包括限制收款、选择、数据质量、规范目的、使用限制、安全保障措施、透明度、个人参与以及问责制。

第四，在电子方式的跨境信息传输条款（19.11）中，USMCA 删掉了 CPTPP 中"每一缔约方在以电子方式传递信息方面都有可能有自己的监管要求"这一规定。

第五，在计算设施的位置条款（19.12）中，USMCA 仅保留了"任何一方不得将要求被涉及人在其领土内使用或设置计算设施作为在该领土内开展业务的条件"这一条款，而删除了 CPTPP 中"缔约方可能有旨在确保通信安全和保密的监管要求"这一条款。

第六，在合作条款（19.14）中，CPTPP 不仅强调了各缔约方应努力帮助中小企业消除使用电子商务技术的障碍，还强调了要保护在线消费者，包括建立消费者信心；但是，USMCA 并未将以上两点写入条款，而是强调了身份验证、促进残疾人获得信息和通信技术，同时，各缔约方要就包括《亚太经合组织跨境隐私规则》在内的机制开展合作并保持对话，并响应国际跨境合作倡议，协助用户提交有关个人信息保护的跨境投诉。

第七，在网络安全事务合作条款（19.15）中，USMCA 强调了在应对网络安全威胁时，基于风险的方法可能比规范性监管更有效，因此，各方应努力采用并鼓励其管辖范围内的企业采用基于共识的标准和风险管理的方法，以识别和防范网络安全风险。

第八，在源代码条款（19.16）中，一方面，CPTPP 仅规定"任何一方不得要求转让或获取另一方人士拥有的软件源代码"，而 USMCA 在此基础上，还规定了"任何一方不得要求转让或获取另一方人士拥有的软件源代码以及该源代码中表示的算法"，强化了对算法的保护；另一方面，CPTPP 指出只对大众市场软件以及包含此类软件的产品进行保护，不对用于关键基础设施的软件进行保护，而 USMCA 则取消了这一限制。

表 3-5 USMCA 对 CPTPP "美式模板"的条款深化

条款名称	CPTPP	USMCA	USMCA 对"美式模板"的深化
数字产品的非歧视待遇	第 14.4 条	第 19.4 条	扩展了本条适用于广播
国内电子交易框架	第 14.5 条	第 19.5 条	仅限制要遵循《1996 年贸易法委员会电子商务示范法》中的原则构建法律框架
个人信息保护	第 14.8 条	第 19.8 条	具体指出在制定法律框架时，要考虑《亚太经合组织隐私框架》和《经合组织理事会关于保护隐私和个人数据跨境流动指导方针的建议》（2013）
电子方式的跨境信息传输	第 14.11 条	第 19.11 条	不再考虑各缔约方可能有自己的监管要求
计算设施的位置	第 14.13 条	第 19.12 条	不再考虑确保通信安全和保密的要求

条款名称	CPTPP	USMCA	USMCA 对"美式模板"的深化
合作	第 14.15 条	第 19.14 条	删除帮助中小企业和在线消费者保护方面的合作，新增身份验证、跨境隐私保护以及促进残疾人获得 ICT 方面的合作
网络安全事务合作	第 14.16 条	第 19.15 条	强调风险防范方法比规范性监管更有效
源代码	第 14.17 条	第 19.16 条	加强对算法的保护，并且不再区分大众市场软件和用于关键基础设施的软件

资料来源：根据 CPTPP 和 USMCA 协定文本整理。

三 区域贸易协定中数字贸易规则的未来展望

第一，基于区域贸易协定、自由贸易协定的电子商务及数字贸易规则日益完善，这将成为未来多边电子商务议题谈判的重要内容。

区域贸易协定中的数字贸易主要议题可以分为以下三类：一是广泛被纳入 RTA 的数字贸易条款，即超过 75% 的 WTO《电子商务联合声明》成员方在其签署的 RTA 中包含的议题，包括消费者保护、未经请求的商业电子信息、电子传输免关税、无纸化贸易、电子认证和电子签名、电子交易框架；二是近年来被纳入 RTA 的数字贸易条款，即超过一半的 WTO《电子商务联合声明》成员方在其签署的 RTA 中包含的议题，包括为电子商务而接入和使用互联网的原则、个人信息和隐私保护、以电子方式跨境传输信息、源代码、网络安全事务合作；三是未被广泛纳入 RTA 的数字贸易条款，即少于一半的 WTO《电子商务联合声明》成员方在其签署的 RTA 中包含的议题，包括设施本地化、公开政府数据、交互式计算机服务、数字产品的非歧视性待遇。如表3-6所示，CPTPP 与 USMCA 均体现出了美国在数字贸易规则方面的核心诉求，是最具典型的美式模板，与欧式模板（EPA）相比，美式模板更加注重贸易便利化（如无纸化交易）、市场准入（如数字产品的非歧视待遇）、跨境数据流动（如以电子方式跨境传输信息）、数字营商环境

（如交互式计算机服务），而欧式模板的条款适用广度远不及美式模板，更注重不事先授权原则、数据的自由流动和以电子方式订立合同。

表 3-6 CPTPP、USMCA、EPA 数字贸易相关条款对比

具体议题	CPTPP	USMCA	EPA	具体议题	CPTPP	USMCA	EPA
关税	√	√	√	计算设施的位置	√	√	×
数字产品的非歧视待遇	√	√	×	未经请求的商业电子信息	√	√	√
国内电子交易框架/国内监管	√	√	√	电子商务合作	√	√	√
电子认证和电子签名	√	√	√	网络安全事务合作	√	√	√
网上消费者保护	√	√	√	源代码	√	√	√
个人信息保护	√	√	×	交互式计算机服务	×	√	×
无纸化交易	√	√	×	公开政府数据	×	√	×
关于接入和使用互联网原则	√	√	×	不事先授权原则	×	×	√
以电子方式跨境传输信息	√	√	×	数据的自由流动	×	×	√
互联网互联费用分摊	√	×	×	以电子方式订立合同	×	×	√

资料来源：笔者根据 CPTPP、USMCA 和 EPA 协定文本整理。

第二，数字贸易规则逐步独立化，专门就数字贸易做出制度性安排的数字贸易协定不断增加。

近年来，随着数字贸易的加速发展，不少国家开始采取签订数字贸易协定的方式，加快数字贸易便利化进程、推动数字贸易规则的制定。如 2019 年 10 月签署的《美国—日本数字贸易协定》（UJDTA）、2020 年 6 月签署的《新加坡—新西兰—智利数字经济伙伴关系协定》（DEPA）、2020 年 8 月签署的《新加坡—澳大利亚数字经济协定》（SADEA）都采用了上述方式。需要指出的是，与 WTO 电子商务谈判相比，DEPA 涉及内容广泛且更具可操作性，是目前最高标准的数字贸易协定，其对跨境数据流动、网络空间开放等方面提出了较高要求，并且在数字贸易合作方面已取得重要进展。

第三，美国和欧盟作为数字贸易国际规则的主要推动者、制定者，也在努力通过多方谈判等方式消除双方在电子商务和数字贸易领域的分歧。

2019 年 5 月 23 日，美欧日三方共同发表了第六份贸易部长级别的联合声明，内容涵盖世贸组织改革、产业补贴、国有企业、数字贸易和电子商务等问题。其中，关于数字贸易与电子商务，三方会谈主要涉及深化 WTO 成员方对未来数字贸易协议重大经济效益的认知，努力在尽可能多的成员参与下达成高标准协议，通过促进数据安全来改善商业环境等。欧盟等经济体已经开始推动数据安全和数据流动的相关法案落地落实，各国针对数据安全的双边和多边谈判也已开启。

第三节 中国视角

党的二十大报告提出，要推进高水平对外开放，提升贸易投资合作质量和水平，稳步扩大规则、规制、管理、标准等制度型开放，发展数字贸易，加快建设贸易强国。维护多元稳定的国际经济格局和经贸关系。在实践中，作为世界上最大的发展中国家，中国高度重视数字经济贸易领域的国际合作，一直积极推动和参与数字贸易全球治理。在多边层面，中国不仅是 WTO 常任理事国之一，更是 WTO 框架下《电子商务联合声明》等磋商的重要成员方。在 G20、APEC 等多边机制下，中国是数字贸易议题谈判的重要推动者。在双边协定和区域安排方面，中国积极参与签署含有电子商务章节的区域贸易协定，分别有：2005 年 11 月签署的《中国—智利自由贸易协定》，2015 年 6 月签署的《中国—韩国自由贸易协定》和《中国—澳大利亚自由贸易协定》，2017 年 5 月签署的《中国—格鲁吉亚自由贸易协定》，2019 年 10 月签署的《中国—毛里求斯自由贸易协定》以及 2020 年 11 月签署的《区域全面经济伙伴关系协定》（RCEP）。除已正式生效的 RCEP 之外，我国 2021 年 9 月申请加入 CPTPP，2021 年 11 月申请加入《数字经济伙伴关系协定》（Digital Economy Partnership Agreement，DEPA），彰显了我国进一步加速数字贸易发展、对接高水平规则、提高对外开放程度的信心和决心。

一 《中国—韩国自由贸易协定》

2015 年 6 月 1 日，中国与韩国签署了《中国—韩国自由贸易协定》。该协定于 2015 年 12 月 20 日正式生效，对于双方贸易规模的进一步扩大以及东北亚自贸区的推进，具有十分重要的作用，其中，电子商务章节独立作为第十三章被纳入协定，共有 9 项条款 1100 余字。中韩双方均认识到电子商务带来的经济增长和机会，有必要促进电子商务应用与发展，并且，还认识到 WTO 框架对影响电子商务措施的适用性。

从具体条款来看，《中国—韩国自由贸易协定》主要在以下四个方面达成了共识。第一，在海关关税方面，双方沿用世界贸易组织的做法，不对电子传输征收关税；第二，在电子认证和电子签名方面，任何一方采纳或实施的电子签名法律，不得仅基于签名是电子形式而否认其法律效力，双方不仅要努力使数字证书和电子签名互认，还要鼓励数字证书在商业部门中的应用；第三，在电子商务中的个人信息保护方面，中韩双方应采纳或实施措施以保证电子商务用户的信息得到保护，并就电子商务中的个人信息保护交流经验；第四，在无纸贸易方面，双方不仅应努力将贸易管理文件以电子形式提供给公众，更应努力探索以电子形式递交的贸易管理文件具有与纸质版文件同等法律效力的可能性。

二 《中国—澳大利亚自由贸易协定》

2015 年 6 月 17 日，中国与澳大利亚签署了《中国—澳大利亚自由贸易协定》，该协定于 2015 年 12 月 20 日与《中国—韩国自由贸易协定》同日生效，这意味着中国向建设面向全球的高标准自由贸易区网络更近了一步。其中，电子商务章节独立作为第十二章被纳入协定，共有 11 项条款 1600 余字，是目前我国签署的数字贸易条款最多、涉及面最广的双边协定。中澳双方将电子商务写入协定的目的就是推动双方之间的电子商务发展，包括通过鼓励电子商务合作的方式。

从具体条款来看，《中国—澳大利亚自由贸易协定》主要在以下八个方面达成共识。第一，在关税方面，双方将维持不对电子交易征收关税的做法；第二，在透明度方面，双方应立即公布，或者在公布难以操作的情况下立即让公众知晓所有关于或影响电子商务章节实施的普遍适用的相关措施；第三，在国内监管框架方面，双方应在《1996 年贸易法委员会电子商务示范法》的基础上维持电子交易框架的国内法律框架，并且应将电子商务的监管负担最小化，确保监管框架支持产业主导的电子商务发展；第四，在电子认证和数字证书方面，电子交易相关方可以共同决定符合其约定的电子签名和认证方式，并且电子认证服务提供者要遵守法律中关于电子认证的规定；第五，在线上消费者保护方面，双方应尽可能以其认为合适的方式，为使用电子商务的消费者提供保护；第六，在在线数据保护方面，双方不仅要保护电子商务用户的个人信息，还应在可能的范围内考虑国际数据保护标准和相关国际组织的标准；第七，在无纸贸易方面，双方应接受贸易管理文件的电子版本和纸质文件具有同等法律效力，努力提升贸易管理文件电子版本的接受程度，并且还应努力使公众可获得所有贸易管理文件的电子版本；第八，在电子商务合作方面，双方不仅要鼓励开展研究和培训活动的合作，包括分享电子商务发展的最佳实践，还要鼓励开展促进电子商务的合作活动，包括提升电子商务效率的合作活动。

三 《区域全面经济伙伴关系协定》（RCEP）

2020 年 11 月 15 日，中国、日本、韩国、澳大利亚、新西兰和东盟十国正式签署了《区域全面经济伙伴关系协定》（RCEP），标志着当前世界上人口最多、经贸规模最大、最具发展潜力的自由贸易区正式建立。其中，电子商务章节独立作为第十二章被纳入协定，共有 5 个小节 17 项条款 4900 余字。目前，RCEP 已对 12 个成员国正式生效。

与 CPTPP 相比，RCEP 表现出更强的趋同性。二者均包括定义、原则、范围、合作、无纸化贸易、电子认证与电子签名、线上消费者保护、个人信息保护、非应邀商业电子信息、国内监管框架、海关关税、网络安全、计算设施的位置、通过电子方式跨境传输信息以及争端解决等 15 项条款。

并且，除了上述主要议题趋同外，各议题所涉的具体规则内容也存在较强的趋同性。如第一条定义中规定"计算设施指用于商业用途的信息处理或存储的计算机服务器和存储设备";第五条无纸化贸易中规定"每一缔约方应当努力接受以电子形式提交的贸易管理文件与纸质版贸易管理文件具有同等法律效力";第七条线上消费者保护中指出"缔约方认识到采取和维持透明及有效的电子商务消费者保护措施以及其他有利于提升消费者信心的措施的重要性",并规定"每一缔约方应当采取或维持法律,以保护线上消费者";第十五条通过电子方式跨境传输信息中指出"每一缔约方对于通过电子方式传输信息可能有不同的监管要求"。

如表 3-7 所示,将 RCEP 与《中国—澳大利亚自由贸易协定》和《中国—韩国自由贸易协定》中数字贸易相关条款进行对比后可以发现,RCEP 涵盖的条款数量远远多于中澳 FTA 和中韩 FTA,除了在线数据保护这一项条款未涉及外,RCEP 基本将关税、贸易便利化、可信赖的互联网环境、跨境数据流动以及通用的已有数字贸易条款均纳入。这意味着,RCEP 电子商务章节包含了当前数字贸易规则的大多数议题,是发展中国家在参与高水平数字贸易规则建设上迈出的重要一步。但是,我国参与制定的数字贸易规则均不涉及市场准入、知识产权保护以及数字营商环境三方面的内容。

表 3-7　RCEP、中澳 FTA 和中韩 FTA 数字贸易相关条款对比

主题	具体议题	RCEP	中澳 FTA	中韩 FTA
关税	关税	√	√	√
贸易便利化	无纸贸易	√	√	√
	国内监管框架	√	√	×
	电子认证和电子签名	√	√	√
可信赖的互联网环境	线上消费者保护	√	√	×
	线上个人信息保护	√	×	√
	非应邀商业电子信息	√	×	×
	网络安全	√	×	×
	在线数据保护	×	√	√
跨境数据流动	计算设施的位置	√	×	×
	通过电子方式跨境传输信息	√	×	×

续表

主题	具体议题	RCEP	中澳 FTA	中韩 FTA
通用及其他	合作	√	×	×
	透明度	√	√	×
	电子商务对话	√	×	√
	电子商务合作	√	√	×
	争端解决	√	√	√
市场准入	数字产品的非歧视待遇	×	×	×
知识产权保护	源代码	×	×	×
数字营商环境	接入和使用互联网的原则	×	×	×
	交互式计算机服务	×	×	×
	政务数据公开	×	×	×

资料来源：笔者根据 RCEP、中澳 FTA 和中韩 FTA 协定文本整理。

为应对数字经济与数字贸易带来的挑战，各国积极寻求制订契合本国利益诉求的数字贸易规则，在实践中形成了多边、区域、诸边与双边框架交织共存的全球数字贸易治理体系。但是，当前无论是在 WTO 多边层面，还是在区域层面、双边层面，从数字贸易国际规则的进展与分歧来看，数字贸易领域已有协定的承诺水平和执行机制均存在不同程度的差异乃至冲突，尤其是在数据的跨境流动、隐私保护、数字权限等关键领域，尚未真正达成数字贸易国际规则共识，遑论建立数字贸易国际规则体系。因此，关于全球数字贸易规则的分歧长期内必然存在，要建立包容、公平、开放的全球数字贸易规则框架尚需长期的研究、探讨与磋商。在此过程中，作为数字贸易大国，中国力争构建开放包容、全球共同发展的数字贸易国际规则，不仅要积极参与和推进国际数字贸易规则谈判与构建，还有必要制定数字贸易谈判中的"中国方案"、打造符合自身国情的数字贸易"中式模板"，为消除贸易壁垒和弥合数字鸿沟，为改善数字贸易发展不均衡现状作出应有的贡献，在推动全球经济治理机制变革中发挥引领作用、担当大国责任。

第四章
发达国家或地区数字贸易发展与
数字贸易规则

——以美国、欧盟、日本为例

从数字贸易发展情况来看，各国的数字贸易发展不平衡现象突出，全球数字贸易主要集中在少数发达经济体且呈现出进一步集聚的趋势。发达国家之间、发达国家与发展中国家之间的数字贸易主张及核心诉求差异更加明显。依托于相关区域贸易协定，美国、欧盟和日本针对数字贸易规则分别推行了具有鲜明特色的美式模板、欧式模板和日式模板。本章对比了全球主要国家和地区数字贸易发展概况，并以美国、欧盟和日本为例，分析三个代表性数字贸易规则模板的差异，为探索符合我国国情的数字贸易"中式模板"提供参考与借鉴。

第一节　全球发达国家或地区数字贸易发展概况

一　全球数字贸易发展概况

经过多年发展，全球数字贸易规模稳步增长，对全球服务贸易的贡献日益增加。UNCTAD 数据库显示，全球可通过数字形式交付的服务出口规模从 2010 年的 1.87 万亿美元以 5.4% 的年均增速增长到 2020 年的 3.17 万亿美元，2020 年数字贸易占全球服务贸易的比重达到 63.55%。其中，全球

ICT 服务出口年均增长率达 8.7%，是数字服务中增长最快的细分项，对数字服务出口增长的贡献率达到 26.8%。[①] WTO 发布的《2020 年世界贸易报告》指出，世界各国正加速数字化转型升级以推进服务贸易数字化，实现数字贸易的进一步飞跃。由图 4-1 可知，2006～2021 年，全球数字贸易出口规模持续扩大，除了 2009 年、2015 年因全球遭遇经济危机数字贸易出口额下降之外，其余年份均为正向增长。2006 年全球数字贸易出口额约为 1.406 万亿美元，2021 年达到 3.861 万亿美元，比 2006 年增加了 1.75 倍。

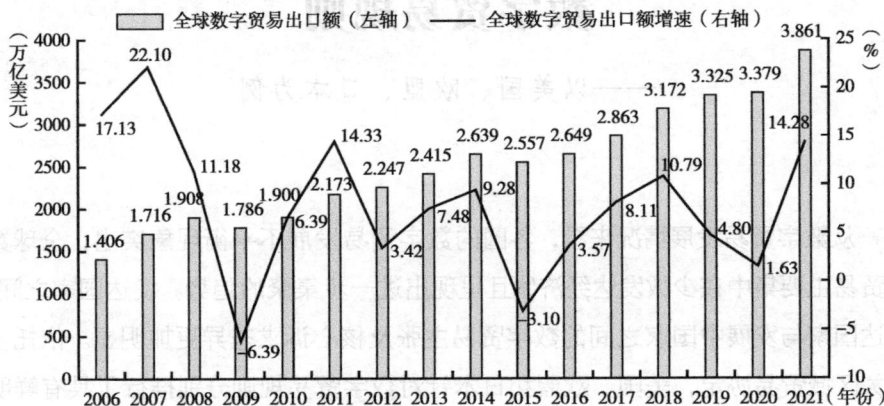

图 4-1　2006～2021 年全球数字贸易出口额及增速

注：用 UNCTAD 数据库中电信、计算机和信息服务，金融服务，个人、文化和娱乐服务，知识产权费用，保险和养老金服务，其他商业服务六个部门加总的出口额表示当年各经济体的数字贸易规模。

数据来源：UNCTAD 数据库。

全球数字贸易集中度高且持续提升，发达国家优势较为突出、市场占有率较高，导致两极分化趋势明显。以全球服务贸易为例，2021 年规模排名前十的国家中，发达国家占 8 席，发展中国家仅有中国、印度。[②] 2021 年，以美国、英国、德国、日本、新加坡为代表的 5 个发达经济体的数字交付服务贸易出口额占全球的 38.81%。其中，美国在全球数字交付服务贸易出口领域占据绝对领先地位，数字服务出口规模达 6130.12 亿美元，市场占有率为 16.08%，英国、德

---

① 汤扬、董晓颖、武悦：《全球数字贸易政策与发展趋势研究》，《中国电信业》2022 年第 11 期。
② 徐向梅：《展现数字贸易活力与韧性》，《经济日报》2022 年 5 月 27 日。

国紧随其后，市场占有率分别为 9.27% 和 6.36%。比较而言，发展中经济体数字交付服务贸易出口处于相对弱势地位。2021 年，中国（内地）、印度两个最大的发展中国家，数字交付服务贸易出口额的全球占比仅分别为 5.11% 和 4.86%，俄罗斯和巴西占比均不足 1%，且自 2012 年以来呈现逐步减小趋势（见表 4-1）。

二 发达国家或地区数字贸易发展概况

从数字贸易总量角度来看，发达国家为全球数字贸易发展做出了极大的贡献。以 2019 年的数据为例，发达经济体、发展中经济体以及转型经济体的服务贸易出口额占全球的比重分别为 30.3%、18.0%、17.6%，数字服务贸易出口额的全球占比分别为 58.2%、39.3%、30.1%；[①] 其中，北美和欧洲的数字贸易出口额占全球数字贸易出口总额的比重分别为 18.5% 和 53.3%，进口额占全球数字贸易进口总额的比重分别为 13.2% 和 56.2%。

从数字贸易发展情况来看，各国的数字贸易发展不平衡现象突出，数字贸易集中在少数发达国家，且呈现出进一步集聚的趋势。2020 年，进口和出口规模居前十的经济体的数字贸易进口和出口规模分别占全球的 60.83% 和 65.78%。[②] 在跨境电子商务方面，美国、德国、日本、韩国四个发达经济体的电子商务销售额之和的全球占比超过 50%；在数字服务贸易方面，数字服务出口规模排名前十国家中有 6 个来自欧美地区（美国、英国、爱尔兰、德国、法国、荷兰），这 6 个国家的数字服务出口额占全球的 48.9%。[③] 现阶段，在 WTO 框架受制于地缘政治、国家安全、隐私保护、产业发展水平等复杂因素而难以推行的背景下，美国、欧盟和日本凭借各自实力，成为全球数字贸易规则的主要推动者，先后推行并发展了代表自身利益诉求、极具鲜明特色的"美式模板"、"欧式模板"和"日式模板"，具体主张体现在其所签订的代表性协定中（见表 4-2）。

[①] 《全球数字贸易行业发展现状、发展中面临问题及应对策略分析》，https://www.chyxx.com/industry/202101/923989.html，2021 年 1 月 16 日。

[②] 沈玉良：《数字贸易发展转折点：技术与规则之争——全球数字贸易促进指数分析报告（2021）》，《世界经济研究》2022 年第 5 期。

[③] 中国信息通信研究院：《数字经贸规则在协调融合中不断演进——全球数字经贸规则年度观察》，《大数据时代》2022 年第 9 期。

表 4-1　2012~2021 年主要国家或地区数字支付服务贸易出口规模及其占比

单位：亿美元，%

年份	指标	美国	英国	德国	日本	新加坡	澳大利亚	中国内地	中国香港	印度	俄罗斯	巴西
2012	出口额	3995.53	2533.89	1438.03	640.44	566.95	150.96	736.54	322.99	1041.26	226.27	222.87
	占比	17.99	11.41	6.47	2.88	2.55	0.68	3.32	1.45	4.69	1.02	1.00
2013	出口额	4156.24	2699.53	1554.15	673.76	655.62	155.52	825.48	336.72	1099.26	258.62	216.52
	占比	17.41	11.31	6.51	2.82	2.75	0.65	3.46	1.41	4.60	1.08	0.91
2014	出口额	4429.58	2873.27	1716.94	872.14	743.68	154.73	990.24	356.59	1119.87	241.13	252.83
	占比	16.97	11.01	6.58	3.34	2.85	0.59	3.79	1.37	4.29	0.92	0.97
2015	出口额	4461.38	2733.45	1642.87	862.02	815.28	139.86	933.13	376.27	1132.85	192.20	215.39
	占比	17.64	10.81	6.49	3.41	3.22	0.55	3.69	1.49	4.48	0.76	0.85
2016	出口额	4628.93	2703.18	1768.09	970.24	836.59	140.69	937.01	367.20	1166.06	178.84	208.82
	占比	17.68	10.32	6.75	3.71	3.20	0.54	3.58	1.40	4.45	0.68	0.80
2017	出口额	5059.93	2800.35	1922.16	1016.42	950.14	156.39	1025.67	395.00	1222.94	194.70	214.26
	占比	17.87	9.89	6.79	3.59	3.36	0.55	3.62	1.40	4.32	0.69	0.76
2018	出口额	5157.50	3173.34	2098.90	1070.72	1133.97	164.68	1321.66	424.23	1328.31	208.75	213.20
	占比	16.44	10.12	6.69	3.41	3.62	0.53	4.21	1.35	4.23	0.67	0.68
2019	出口额	5441.08	3118.32	2086.98	1194.81	1222.58	175.31	1435.48	407.44	1479.29	212.10	212.60
	占比	16.55	9.48	6.35	3.63	3.72	0.53	4.37	1.24	4.50	0.65	0.65
2020	出口额	5536.24	3270.26	2036.59	1161.73	1330.84	162.82	1543.75	394.63	1552.65	204.47	185.97
	占比	16.58	9.80	6.10	3.48	3.99	0.49	4.62	1.18	4.65	0.61	0.56
2021	出口额	6130.12	3533.70	2422.31	1223.65	1484.15	185.32	1948.45	422.63	1851.58	243.21	216.90
	占比	16.08	9.27	6.36	3.21	3.89	0.49	5.11	1.11	4.86	0.64	0.57

数据来源：根据 UNCTAD 数据库数据计算整理。

表 4-2　三大数字贸易模板代表性协定情况一览

模板名称	代表性协定	签署日期	缔约方	文本章数（章）
美式模板	CPTPP	2018 年 3 月	日本、加拿大、澳大利亚、智利、新西兰、新加坡、文莱、马来西亚、越南、墨西哥、秘鲁	30
	USMCA	2018 年 11 月	美国、墨西哥、加拿大	34
欧式模板	欧加 CETA	2016 年 10 月	欧盟、加拿大	30
	欧日 EPA	2018 年 7 月	欧盟、日本	23
日式模板	RCEP	2020 年 11 月	东盟十国、中国、日本、韩国、澳大利亚、新西兰	20

第二节　美国数字贸易发展与"美式模板"

一　美国数字贸易发展现状

1998 年，美国商务部发布《浮现中的数字经济》系列研究报告，初步构建了美国未来数字贸易发展框架，正式拉开了美国数字经济发展的序幕。近年来，美国更是将数字贸易发展提升到国家战略层面，加之完善的互联网基础设施和强大的科技创新能力，使美国数字贸易处于全球领先地位。[①] UNCTAD 数据显示，2005~2021 年，美国可通过数字形式交付的服务出口规模从 2018.59 亿美元增长至 6130.12 亿美元（见图 4-2），全球占比超过 16%。

美国数字贸易占全球数字贸易的比重最大。UNCTAD 数据库显示，美国可通过数字形式交付的服务出口规模占全球的 16.08%（见图 4-3）。多年来，美国可通过数字形式交付的服务出口规模占全国服务贸易出口规模的比重保持在 50% 以上，2021 年，该比重达到 77.08%，表明数字贸易在美国服务贸易中占据主导地位。

---

① 刘杰：《发达经济体数字贸易发展趋势及我国发展路径研究》，《国际贸易》2022 年第 3 期。

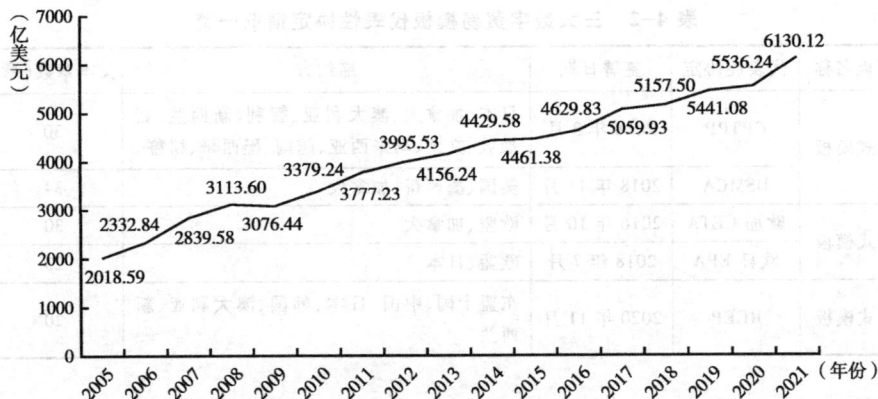

图 4-2　2005~2021 年美国可通过数字形式交付的服务出口规模

数据来源：联合国贸易和发展会议数据库（UNCTAD）。

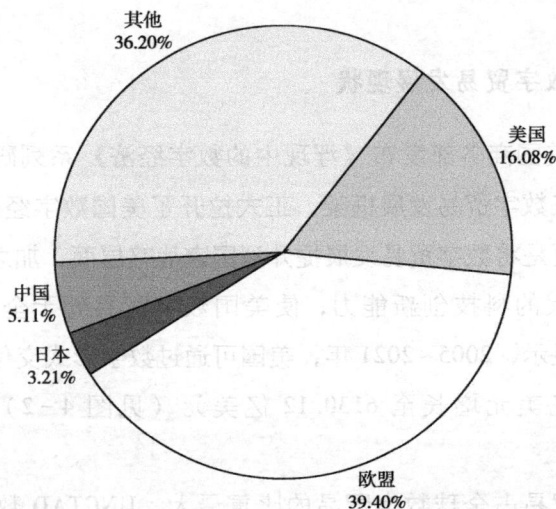

图 4-3　全球可通过数字形式交付的服务出口份额

数据来源：联合国贸易和发展会议数据库（UNCTAD）。

美国虽然强调自由贸易理念，但实际上其一直遵循"美国优先原则"以谋求贸易不对等地位。在对外贸易中，美国坚持以出口促进为导向，通过制定双边和多边协定消除他国贸易壁垒，从而不断扩大美国数字服务贸易出口规模，抢夺在数字贸易规则制定上的国际话语权；在国内，美国通过完善法律法规、设置贸易协定负面清单等方式来保护本国产业，并通过采取强有力的贸易救济举措来保护国内产业和知识产权。此外，美国一方面不断加强关于数字贸易的顶层设计，全力打造美式模板，通过与他国签订区域贸易协定的方式进行规则输出，提升其在数字贸易领域的全球影响力；另一方面持续加快互联网等数字贸易基础设施建设，如 2020 年 12 月 5 日，美国国防部发布了《5G 技术实施方案》，明确要求增加 5G 设施投入，巩固本国数字产业的发展优势。

二　美国数字贸易规则发展及相关协定

从 20 世纪 90 年代末开始，美国在区域层面积极推动数字贸易规则制定，数字贸易规则的"美式模板"由此逐渐形成并不断完善。美国依靠自身强大的数字经济基础和数字贸易领域的深厚理论研究，获得了在数字贸易规则领域的先发优势。在国内，美国制定了较为完善的与数字经济相关的法律法规，形成了推动数字经济发展的宏观政策体系；在国外，美国通过主导与多个发达国家的双边或诸边贸易协定，形成了特色鲜明、体现其数字贸易战略意图的数字贸易"美式模板"。从发展趋势来看，美国数字贸易规则发展主要分为两个阶段（见表 4-3）。

表 4-3　美国数字贸易规则发展阶段及相关协定

发展阶段	相关协定
初步发展阶段	美国—约旦自由贸易协定
	美国—新加坡自由贸易协定
	美国—智利自由贸易协定
	美国—澳大利亚自由贸易协定
	美国—秘鲁自由贸易协定
	美国—韩国自由贸易协定
综合发展阶段	美国—墨西哥—加拿大协定（USMCA）
	跨太平洋伙伴关系协定（TPP）
	跨大西洋贸易与投资伙伴协议（TTIP）
	国际服务贸易协议（TISA）
	美国—日本数字贸易协定（UJDTA）

（一）初步发展阶段：主要体现为双边贸易协定中的电子商务规则

美国首个含有电子商务规则的贸易协定是 2000 年 10 月 24 日与约旦签订的《美国—约旦自由贸易协定》，包含对电子传输免关税、支持数字服务和减少电子传输壁垒三个初级规则，虽然该协定并无强制法律约束力，但是已经初步展现了美国对数字贸易自由发展的诉求。直到 2003 年 5 月 6 日，美国与新加坡签署了《美国—新加坡自由贸易协定》，其中的电子商务规则才首次具备法律约束力。

2003 年 6 月 6 日，美国在与智利签订的自由贸易协定中首次将电子商务条款独立成章，同时把电子商务规则拓展至 6 条。另外，该协定的另一个重大突破是首次将"数字产品非歧视性待遇"纳入其中；简言之，"数字产品非歧视性待遇"条款要求任何缔约国给予其他缔约国的数字产品的待遇都不得低于同类数字产品的待遇，其主旨是为数字产品其他缔约国市场寻求国民待遇保护。此后，《美国—新加坡自由贸易协定》、《美国—摩洛哥自由贸易协定》以及《美国—巴林自由贸易协定》均强调了该条款。

2004 年 5 月 8 日，美国与澳大利亚签署自由贸易协定，在数字产品非歧视原则的基础上进一步对数字产品和载体免除关税，并首次加入电子认证、在线消费者保护和无纸化贸易三个条款。2006 年 4 月 12 日签署的《美国—秘鲁自由贸易协定》则在《美国—澳大利亚自由贸易协定》的基础上首次加入电子商务监管和法规透明方面的条款。

2007 年 6 月 30 日，美国与韩国签署自由贸易协定，进一步将电子商务规则拓展至 9 条，包括无纸化贸易、以电子方式跨境传输信息、电子认证与电子签名、电子传输免关税和线上消费者保护等内容，标志着"美式模板"初具雏形。

此外，虽然美韩 FTA 以及美澳 FTA 的电子商务章节仍存在强制约束力不足的问题，但二者已涉及现今数字贸易规则的部分核心内容。例如，美韩 FTA 首次加入"以电子方式跨境传输信息"条款，此条款是美国下一代多边贸易协定的核心规则之一；再如，"网络开放"条款也被纳入该协定，通过强调自由开放的市场和双方网络的交互操作，进一步消除数字信息流动障碍。总而言之，美韩 FTA 在美国数字贸易规则发展中起到了至关重要的过渡作用，其不仅包括了第一代双边数字贸易规则中绝大部分议题，更是开创性地尝试构建了下一代多边数字贸易规则中的核心议题。

（二）综合发展阶段：主要体现为区域贸易协定中的数字贸易规则

2007 年之后，双边自由贸易协定已经不能适应数字交流日趋频繁的世界经济环境，美国更是出于主导全球数字贸易规则制定乃至于主导全球价值链发展的目的，自 2008 年开始积极谋求建立区域性数字贸易规则体系。在此阶段，美国共参与并制定了三个超大型区域贸易协定，即《跨太平洋伙伴关系协定》（TPP）、《跨大西洋贸易与投资伙伴协议》（TTIP）以及《国际服务贸易协议》（TISA）。

1.《跨太平洋伙伴关系协定》（TPP）

2008 年，美国加入由亚太经济合作组织成员国中的新西兰、新加坡、文莱和智利发起的《跨太平洋战略经济伙伴关系协定》，并参与制定协定内容。2015 年 10 月 5 日，《跨太平洋伙伴关系协定》（TPP）取得实质性进展，12 个成员方达成一致，使得该协定成为历史上最大的贸易协定。

不同于以往的宣誓性规定，《跨太平洋伙伴关系协定》首次对缔约国进行数字交流时应尽的义务和享受的权利作出明确阐述。对电子认证、源代码、关税以及消费者保护首次作出详尽规定，以进一步消除数字贸易壁垒，构建自由开放的贸易环境。在此之后，受到特朗普政府的"美国优先"原则影响，美国于 2017 年退出 TPP，其他缔约方于 2018 年 3 月 18 日在智利签署《全面与进步跨太平洋伙伴关系协定》（CPTPP）。从条款内容看，CPTPP 中的电子商务规则沿用了 TPP 中的内容。由此可见，该规则虽起源于美国的国际化举措，但已成为制定电子商务国际规则的蓝本。[①] TPP 中，电子商务章节被单独列为第 14 章，后续条款从各个方面规定了缔约方之间进行电子商务合作的原则，包括促进数字信息自由流动、保护消费者个人信息、促进缔约方之间数字贸易的交互和协作等内容。

2.《跨大西洋贸易与投资伙伴协议》（TTIP）

《跨大西洋贸易与投资伙伴协议》是美国和欧盟双方通过削减关税、消

---

① 林福辰、杜玉琼：《发展与蜕变：多边视域下数字贸易规则建构路径之审思》，《江海学刊》2020 年第 5 期。

除双方贸易壁垒等来发展经济、应对金融危机的贸易协定。欧盟委员会指出，TTIP 将每年为欧盟提供约 1200 亿欧元的经济收益，相当于 0.5% 的 GDP 年增量；同时，还能为美国提供 950 亿欧元的经济收益，相当于 0.4% 的 GDP 年增量。[①] 根据协定规定推测，待协定生效后，金属制品、加工食品、化学制品、汽车产业等将获益最大。

2013 年，欧美双方展开关于《跨大西洋贸易与投资伙伴协议》的谈判，就数字贸易、政府采购、原产地规则和贸易便利化等议题进行充分讨论。然而，双方对于跨境数据流动的态度却大相径庭，且在贸易协定对隐私保护、知识产权、公共服务、网络安全等条款带来的潜在影响上立场对立。总的来看，双方的核心分歧主要在于数据隐私和数据跨境流动两个方面：美国积极寻求欧盟方面确保政府允许跨境数据自由流动的承诺，但欧盟保护个人数据隐私的立场却十分坚定。到第 13 轮谈判时，美欧就线上消费者保护、承认电子签名法律效力和保护消费者免受非应邀电子商业信息影响等问题达成一致，但欧盟仍未就跨境数据流动和数据本地化问题提出提案。

2020 年英国脱欧后不久，TTIP 谈判陷入停滞，主要原因在于美国采取的"市场取向"原则与欧盟采取的"权利取向"原则相悖。一方面，跨境数据自由流动是美国"市场取向"原则的缩影，该规则有利于美国的互联网巨头扩张和数字经济业态蓬勃发展，从实用角度出发，美国必定强调此规则；另一方面，欧盟成员国由于历史文化和法律制度等原因十分注重隐私权的保护，美欧双方错位的核心诉求增加了谈判的困难。

3. 《国际服务贸易协议》（TISA）

2012 年 12 月，TISA 成员制定了《服务贸易协定谈判框架》，并于 2013 年 3 月，各成员国在此框架下正式开启了 TISA 谈判。

TISA 的电子商务章节强调解决数据流动鸿沟、在线消费者和个人信息保护等问题，这是缔约方的共同诉求。但各缔约方在知识产权保护、隐私保护和文化多样性等方面产生的分歧导致 TISA 谈判受阻。例如，以欧盟为首

---

① 江凯：《欧美 TTIP 谈判的动机与困境——以法国为例》，《中共青岛市委党校·青岛行政学院学报》2018 年第 1 期。

的部分缔约方要求限制跨境数据流动以及限制在本地设置服务器，用以更好地对国外企业涉足领域进行管控，但此项规则遭到美国的强烈反对，美国认为这不仅会增加贸易壁垒，还会增加额外成本，因此，TISA 的签订流程推进艰难。

4. 《美国—日本数字贸易协定》（UJDTA）

为缓解对日本的长期贸易逆差，美国于 2018 年 9 月开启与日本的双边贸易谈判。2019 年 10 月，双方签订了《美国—日本贸易协定》（UJTA）和《美国—日本数字贸易协定》（UJDTA）。UJDTA 是第一份独立的数字贸易协定，其继承了 USMCA 中的基本原则和条款，并在其基础上作出改进。美国贸易代表办公室认为，UJDTA 与《美国—墨西哥—加拿大协定》（USMCA）并驾齐驱，是解决数字贸易壁垒问题的最全面、最高标准的贸易协定。可以说，数字贸易规则"美式模板"的最新范式为 USMCA 和 UJDTA，二者均直接承袭了 TPP 的部分文本。UJDTA 的主要规则如表 4-4 所示。

表 4-4 《美国—日本数字贸易协定》的主要规则

条款	内容
数字产品征税	双方针对与特定数字产品的购买和消费相关的收入、资本利得、公司应缴税等实施的征税措施应遵循非歧视原则
关税	禁止对以电子方式发行的数字产品征收关税，如电子书、视频、音乐、软件和游戏
非歧视性待遇	确保数字产品的非歧视性待遇，包括征税范围
国内电子交易框架	双方应按照《1996 年贸易法委员会电子商务示范法》中的原则维持管理电子交易的法律框架
电子认证和电子签名	双方通过允许使用电子身份验证和电子签名来促进数字交易，同时保护消费者和企业的机密信息，并保证将可执行的消费者保护举措应用于数字市场
跨境传输数据	双方确保所有供应商（包括金融服务供应商）可以跨境传输数据
计算设施本地化	缔约方不得将涵盖的人使用该缔约方领土内的计算设施或将设施置于其领土之内作为开展经营的前提条件
金融服务计算设施位置	各缔约方的金融监管机构应能立即、直接、完整和持续地获取所涵盖的金融服务供应商的信息，且各方均不得要求被覆盖的金融服务供应商在其领土内使用或定位金融服务计算设施

条款	内容
消费者保护	双方应认识到采取透明和有效的措施保护消费者在从事数字贸易时免受欺诈和欺诈性商业活动之害的重要性，以及通过实施消费者保护法，将在线商业活动中对消费者造成损害或潜在损害的欺诈和欺骗性商业活动登记在案
个人信息保护	双方应构建或维持一种法律框架，保护数字贸易用户的个人信息
非应邀商业电子信息	双方应明确非应邀商业电子信息的供应商，使收件人有权拒绝接收到这些信息，并要求接收人按照其法律及法规所列示的方式同意接收商业电子信息
源代码	防止强制披露专有计算机源代码和算法
交互式计算机服务	双方均不得采取或维持将交互式计算机服务的供应商或用户视为信息内容提供商的措施，以确定与该服务存储、处理、传输、分发或提供的信息相关的损害责任，除非供应商或用户全部或部分创建了该信息
网络安全	双方应努力提高各自主管当局处理电脑安保事故的能力，完善现有的合作机制，识别影响电子网络的恶意入侵或恶意代码的传播，努力采用并鼓励其领土内的企业采用基于共识标准和风险管理的方法来应对风险
政府数据公开	双方应努力确保政府信息以机器可读和开放的格式，并通过搜索、检索、使用、重用和重新分发的方式被公众获取
密钥	双方的政府执法部门尤其是金融监管部门有权要求企业提供密钥相关信息；关于使用加密技术并为商业应用而设计的通信技术产品，双方不得要求作为通信技术产品的制造商或供应商转让或提供与密码学有关的任何专有信息

对比来看，UJDTA 从两个方面对 TPP 和 USMCA 进行了修改与升级。

第一，美国和日本之间相对较小的发展水平差距，导致 UJDTA 相较于 TPP 而言更加注重对国家政府主权范围的控制以消除潜在的数字贸易壁垒。例如，在计算设施本地化条款中，一方面，美日均是发达国家，在监管领域的规定差距不大，UJDTA 删除了 TPP 中的"允许缔约方实现各自监管要求"的规定；另一方面，由于美方追求跨境数据自由流动，避免潜在的贸易壁垒，UJDTA 删除了 TPP 中"计算设施非强制本地化的合法公共政策目标例外"的规定。

第二，随着数字经济高速发展，UJDTA 相较于 USMCA 涵盖了更多的数字贸易相关条款。例如，UJDTA 更加注重数字税条款，进而在 TPP 基础上增加了"征税"条款；又如，UJDTA 中的追求金融机构境外数据监管在 TPP 基础上新增了"涵盖金融服务提供商的金融服务计算设施位置"的规定；又如，UJDTA 为加大知识产权保护力度，增加了"密钥算法非强制转让"规则。

三 "美式模板"及美国立场

美国数字贸易发展处于世界领先地位，其推进美式模板有两个方面原因：一是发挥自身绝对优势，从而主导世界数字贸易发展；二是在具体数字贸易实践中遵循"美国优先原则"，不断推动数字贸易发展，进而保障美国公民利益、提升本国企业竞争力和维护国家安全。从具体的规则文本来看，跨境数据自由流动、数据存储非强制本地化、源代码保护等规则为"美式模板"的核心规则。

（一）"美式模板"的数字贸易自由化立场和政策

为了实现国会确定的数字贸易谈判目标，2016 年 7 月，美国贸易代表办公室内部建立起数字贸易工作组（DTWG），用以快速识别数字贸易壁垒和制定相应的政策规则。美国推行"美式模板"的主要目的是建立美式贸易规则新体系，以巩固其在全球数字贸易领域的竞争优势和领先地位。

通过梳理美国签署的各层面贸易协定中的具体条款，就能发现美国对于数字贸易自由化立场的坚持主要体现在两个方面：一是美国始终坚持消除数字贸易壁垒，推动数字贸易领域的开放及自由化发展目标并没有改变；二是积极推动不同层面的贸易协定谈判来表达其数字贸易政策诉求。尽管美国已于 2017 年正式退出《跨太平洋伙伴关系协定》（TPP），但其通过各层面的贸易协定谈判来表达数字贸易政策主张的方式依旧没有改变。[1]

（二）"美式模板"坚持消除数字贸易壁垒

美国政府对于数字贸易自由化的追求，最早可以追溯到 20 世纪 90 年代

---

① 张茉楠：《全球数字贸易战略：新规则与新挑战》，《区域经济评论》2018 年第 5 期。

克林顿政府时期。1998 年，以美国为首的 132 个世贸组织成员方签订了一项维持互联网业务零关税状态至少一年的协议。[①] 但之后，美国政府经历多哈回合谈判受阻后，认识到由于数字贸易迅速发展和各成员国诉求迥异，WTO 框架机制应用于数字贸易领域有很大的局限性。此后，美国政府开始追求双边或多边谈判，而作为标志性产物之一的 TPP 就涵盖了确保数据自由流动、电子认证、数字产品、电子传输、个人信息、网络安全事务合作、源代码、争端解决等一系列促进数字贸易自由化的内容，标志着"美式模板"全面形成。"美式模板"具有鲜明的数字贸易自由化立场，贯穿于美国签订的自由贸易协定，通过强调电子传输免关税、禁止强制计算设施本地化、市场准入、数据自由流动、非歧视性待遇和源代码开放等核心规则推动数字贸易自由化、规范化和便利化。

（三）"美国优先"的数字贸易保护主义立场和政策

彰显美国意志的"美式模板"构建了高标准的数字贸易范本，背后折射出维护美国利益的根本立场和出发点。美国在推进与各个国家签订的自由贸易协定的过程中，基本出发点是维护本国利益，通过推行美式模板主导全球数字贸易规则的立场非常鲜明。因此，美国通过推动数字贸易保护相关立法、加强贸易监管和行政审查、引导或胁迫盟友与之合作来维持美国企业和产业竞争优势、维护国家安全和网络信息安全、实施"美国优先"对外贸易政策和应对新兴工业化国家的挑战。

第三节　欧盟数字贸易发展与"欧式模板"

一　欧盟数字贸易发展现状

欧盟是全球最大的数字市场之一，其数字贸易的发展始终围绕数字化单一市场战略而有序推进。凭借自身完善的数字贸易基础设施以及庞大的市场

---

① 汪晓风、周骁：《数字贸易壁垒：美国的认知与政策》，《复旦国际关系评论》2019 年第 1 期。

潜能，欧盟数字服务出口的比较优势明显。UNCTAD 数据显示，2008～2021年，欧盟可通过数字形式交付的服务出口规模从 7281.31 亿美元增长至 15015.67 亿美元（见图 4-4），实现翻番增长，数字贸易量占全球的比重也不断增加，这使得欧盟成为全球数字科技企业稳定的业务市场。

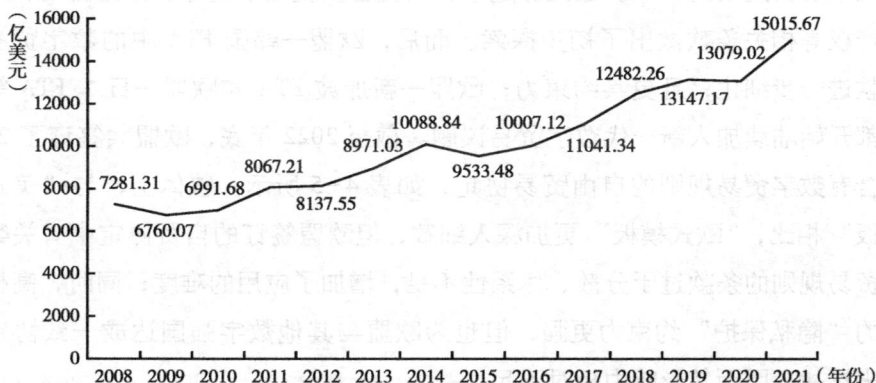

图 4-4　2008～2021 年欧盟可通过数字形式交付的服务出口规模

数据来源：联合国贸易和发展会议数据库（UNCTAD）。

虽然欧盟成员国各自的数字贸易规模较小，但当把欧盟视为一个经济体时，其数字贸易体量为全球之最，UNCTAD 数据库显示，欧盟可通过数字形式交付的服务出口规模占全世界的 39.40%。此外，据 UNCTAD 数据库估算，十多年间欧盟可数字化交付的服务出口额占服务贸易出口额的比重从 2008 年的 45.83% 上升至 2021 年的 62.86%。

相比之下，欧盟的贸易政策开放程度不如美国，原因是欧盟数字经济发展相对滞后，必须依赖隐形贸易壁垒来缩小差距，如征收数字服务税、设置准入门槛以及在视听服务和文化服务等方面采取保护性措施，数字贸易规则"欧式模板"就此形成，其显著特点是实施严格的个人隐私保护政策。可以说，欧盟在发展数字经济、数字贸易方面是持保守审慎态度的。

二　欧盟数字贸易规则发展及相关协定

自 21 世纪以来，"美式模板"的先发优势激励着欧盟不断推进并构建

"欧式数字贸易规则模板"。欧式模板得以顺利推行不仅得益于欧盟在数字经济传统领域的雄厚基础，更得益于欧盟在数字贸易领域具有广阔的高质量市场。同美国一样，欧盟推行欧式模板的最主要途径就是与他国签署包含数字贸易规则的自由贸易协定。2002 年，欧盟与阿尔及利亚签署了第一份含有数字贸易规则的 FTA。在此协定中，欧盟首次就电子商务、数据流动和知识产权等相关条款做出了初步探索。而后，欧盟—韩国 FTA 中的数字贸易条款进一步细化，且更具约束力；欧盟—新加坡 FTA 和欧盟—日本 FTA 等也都开始陆续加入新一代数字贸易议题。截至 2022 年底，欧盟共签订了 28个含有数字贸易规则的自由贸易协定，如表 4-5 所示。整体上，与"美式模板"相比，"欧式模板"更加深入细致，但欧盟签订的自贸协定中有关数字贸易规则的条款过于分散、体系性不足，增加了应用的难度；同时，高标准的"隐私保护"约束力更强，但也为欧盟与其他数字强国达成一致协定带来挑战，因而其影响力相对不足。

表 4-5　欧盟已签订的含有数字贸易规则的自由贸易协定汇总

签订日期	条款简称	条款类型
2002 年 4 月 22 日	DZA EUAA（阿尔及利亚、欧盟）	联合协定（双边）
2002 年 6 月 17 日	EU LBN AA（欧盟、黎巴嫩）	联合协定（双边）
2002 年 11 月 18 日	EU CHL FTA（欧盟、智利）	自由贸易协定（双边）
2006 年 6 月 12 日	ALB EU SAA（阿尔巴尼亚、欧盟）	稳定与互助协定
2007 年 10 月 15 日	EU MNE FTA（欧盟、黑山）	自由贸易协定（双边）
2008 年 4 月 29 日	EU SRB FTA（欧盟、塞尔维亚）	自由贸易协定（双边）
2008 年 6 月 16 日	EU BIH AA（欧盟、波黑）	稳定与互助协定（多边）
2008 年 10 月 15 日	CARIFORUM EU EPA（加勒比、欧盟）	经济伙伴关系协定（双边）
2008 年 11 月 26 日	EU CIV EPA（欧盟、象牙海岸）	经济伙伴关系协定（双边）
2009 年 1 月 15 日	CMR EU EPA（喀麦隆、欧盟）	经济伙伴关系协定（双边）
2009 年 8 月 29 日	EU MDG 等 EPA（欧盟、东非、南非国家）	经济伙伴关系协定（区域）
2010 年 10 月 6 日	EU KOR FTA（欧盟、韩国）	自由贸易协定（双边）
2012 年 6 月 26 日	COL EU PER FTA（哥伦比亚、欧盟、秘鲁）	自由贸易协定（多边）
2012 年 6 月 29 日	EUREC 等 FTA（欧盟、厄瓜多尔）	自由贸易协定（多边）
2014 年 6 月 27 日	EU GEOAA（欧盟、格鲁吉亚）	稳定与互助协定（多边）
2014 年 6 月 27 日	EU UKR FTA（欧盟、乌克兰）	自由贸易协定（双边）

续表

签订日期	条款简称	条款类型
2014 年 6 月 27 日	EU MDA FTA(欧盟、摩尔多瓦)	自由贸易协定(双边)
2015 年 5 月 29 日	EAEU VNM FTA(欧亚经济联盟、越南)	自由贸易协定(多边)
2016 年 6 月 10 日	EU SADC EPA(欧盟、南部非洲发展共同体)	经济伙伴关系协定(区域)
2016 年 7 月 28 日	EU GHA EPA(欧盟、加纳)	经济伙伴关系协定(双边)
2016 年 10 月 30 日	CAN EU FTA(加拿大、欧盟)	自由贸易协定(双边)
2017 年 11 月 24 日	ARM EU EPA(亚美尼亚、欧盟)	经济伙伴关系协定(双边)
2018 年 4 月 18 日	EU SGP FTA(欧盟、新加坡)	自由贸易协定(双边)
2018 年 4 月 21 日	EUMEXAA(欧盟、墨西哥)	联合协定(双边)
2018 年 7 月 17 日	EU JPN FTA(欧盟、日本)	自由贸易协定(双边)
2019 年 6 月 30 日	EU VNM FTA(欧盟、越南)	自由贸易协定(双边)
2019 年 7 月 12 日	EU MERCOSUR AA(欧盟、南方共同市场)	联合协定(双边)
2020 年 12 月 24 日	EU UK FTA(欧盟、英国)	自由贸易协定(双边)

资料来源:根据欧盟委员会官网资料整理,https://commission.europa.eu/index_ en。

(一)《欧盟—智利自由贸易协定》

欧盟与智利于 1996 年签署了双方打造自贸区以及建立政治合作关系的框架协议,代表着双方开启初步谈判。1999~2002 年,双方进行了多达 10 个回合的正式谈判;2002 年 11 月 18 日,双方结束谈判并签署了涉及政府对话机制、双方合作关系和贸易等内容的自由贸易协定,该协定于 2005 年 3 月 1 日正式生效。

2015 年,在全球数字贸易蓬勃发展的背景下,双方决定完善已有的自由贸易协定,更新现有的规则,其中包括电子商务规则。2018 年双方明确了电子商务规则,其中的核心规则包括电子传输免关税、电子信托和认证的有效性、保护在线消费者、非应邀商业电子信息和禁止强制披露源代码。

(二)《欧盟—韩国自由贸易协定》

欧盟与韩国最早于 2006 年开始谈判,经过七个回合的谈判,2011 年欧韩贸易协定的最后一个谈判文本得以确认。电子商务规则为该协定的第 7 章,其中的核心规则包括电子传输免关税、电子签名有效性、非应邀商业电子信息、在线消费者保护以及无纸化贸易等。

（三）《欧盟—加拿大自由贸易协定》

欧盟与加拿大最早于 2004 年确定打造贸易协定框架。2016 年 10 月 30 日，欧盟和加拿大签署贸易协定，该协定于 2017 年 2 月 15 日正式生效。《欧盟—加拿大自由贸易协定》中的电子商务规则位于第 16 章，包括电子传输免关税、保护个人信息和完善国内监管框架等核心规则。

三 "欧式模板" 及欧盟立场

以欧加 CETA、欧日 EPA 为代表的 "欧式模板" 特点鲜明，其对内强调数字单一市场的构建，对外强调数据自由流动，同时注重隐私保护、知识产权保护和规避文化入侵。一方面，欧盟先是于 2010 年 5 月推出《欧洲数字议程》，首次提出打造数字单一市场的目标，而后在 2015 年 5 月公布《欧洲数字单一市场战略》，提出要打破数字市场壁垒，全力构建包括三大支柱的欧洲数字单一市场；另一方面，欧盟在 2017 年公布的《数字贸易战略》中明确反对贸易保护政策，在保证隐私安全的基础上推行贸易开放。但是，与美国数字贸易规则体系的发展路径不同，欧盟签订的自由贸易协定中涉及数字贸易条款大都零散地分布在不同的章节之中，尚未形成完整体系。且由于欧盟各成员国在数字贸易利益诉求以及数字贸易规则上存在差异，部分数字贸易政策至今仍未达成一致。[①]

（一）区域内构建数字单一市场

欧盟数字单一市场战略可分为欧盟内部数字一体化和面向外部国家扩展两个阶段。

第一阶段是欧盟内部数字一体化。2010 年和 2015 年分别发布的《欧洲数字议程》和《欧洲数字单一市场战略》是第一阶段的标志。其中，欧洲数字单一市场的三大支柱为：第一大支柱是使全欧洲境内的消费者和企业能够更好地使用在线产品和服务，快速地打破跨境在线活动的壁垒，消除线上和线下的关键性差别；第二大支柱是为数字网络和服务的

---

① 谢谦、姚博、刘洪愧：《数字贸易政策国际比较、发展趋势及启示》，《技术经济》2020 年第 7 期。

蓬勃发展创造好的条件，要求高速、安全和值得信任的基础设施以及内容服务，并将创新、投资以及公平竞争的环境作为战略支撑；第三大支柱是最大化挖掘欧洲数字经济的发展潜力，① 在信息通信基础设施、云计算和大数据等技术、研发和创新方面进行投资，以提升产业竞争力、提供更好的公共服务。

第二阶段是欧洲数字一体化体系由内至外逐步向外部国家扩展。2017年和2019年分别发布的《数字贸易战略》和《数字欧洲计划》是第二阶段的主要标志。在此阶段，欧盟的核心诉求是建立贸易伙伴白名单制度，保证跨境数据自由流动，同时逐步放松限制，将其他非欧盟成员国国家纳入欧盟数字体系，打造以欧盟为主体、世界各国广泛参与的全球数字贸易体系。

（二）区域外执行相对保守的数字贸易政策

2010年后，随着数字服务贸易快速发展，欧盟加快了构建全球数字贸易规则的步伐，尤其是在欧盟参与的自由贸易协定中，数字贸易规则的广度和深度都得以拓展。但是，欧式数字贸易规则体系在数据本地化、跨境数据自由流动、数据传输中的个人隐私、文化例外等核心议题上立场坚定，这也导致欧式数字贸易规则体系构建工作进展缓慢。以跨境数据自由流动为例，欧式数字贸易规则体系中的跨境数据自由流动的重点是个人隐私保护。从发展历程上看，欧盟关于跨境数据的保护可追溯至1995年欧洲议会通过的《第95/46/EC号保护个人在数据处理和自动移动中权利的指令》。该法案首次提出了知情同意原则，将"数据主体已明确表示同意"作为数据处理的合法条件之一，并确定了数据流动统一化的标准，使数据在不同国家或地区间的流动得到保护。2018年5月出台的《通用数据保护条例》堪称史上最严格的数据保护法案，代表着欧盟对个人信息保护及其监管达到了前所未有的高度。② 出于促进数字服务贸易发展的立场，在个人隐私保护和跨境数据

---

① 孙逸啸、郑浩然：《算法治理的域外经验与中国进路》，《信息安全研究》2021年第1期。

② 《最严数据保护法案GDPR正式生效》，http：//www. cac. gov. cn/2018-06/11/c_ 1122965697. htm? from=timeline，2018年6月11日。

自由流动之间寻求平衡是欧盟构建欧式数字贸易规则的重点所在。欧盟在成员国之间倡导个人数据自由流动，但是对欧盟之外的跨境流动需严格审查，力求在确保数据安全的情况下，推进跨境数据流动。

第四节　日本数字贸易发展与"日式模板"

一　日本数字贸易发展现状

日本数字经济起步较晚，数字贸易规模无法比肩美国和欧盟。UNCTAD数据库显示，日本可通过数字形式交付的服务出口规模占全世界的3.21%。2005~2021年，日本数字贸易规模大幅提升，其中，可通过数字形式交付的服务出口规模从2005年的439.24亿美元增长至2021年的1223.65亿美元（见图4-5）。另外，在此期间日本可数字化交付的服务出口额占服务贸易出口额的比重也大幅提升，据UNCTAD数据库测算，日本可数字化交付的服务出口额占服务贸易出口额的比重从2005年的43.05%上升至2021年的72.9%。

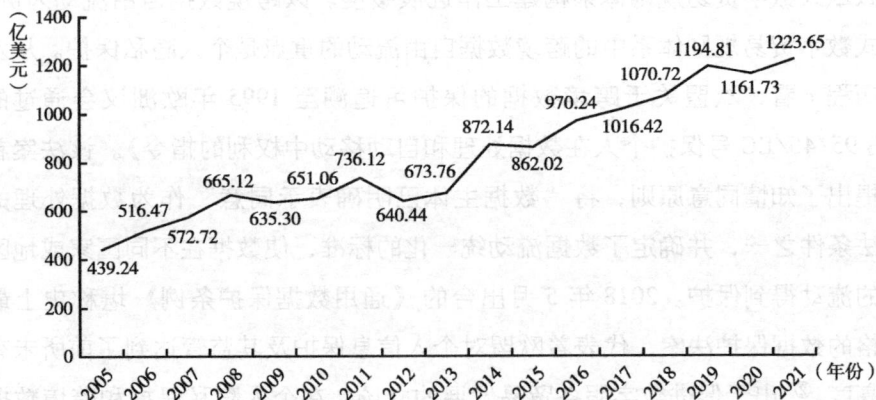

图4-5　2005~2021年日本可通过数字形式交付的服务出口规模

数据来源：联合国贸易和发展会议数据库（UNCTAD）。

　　数字技术是数字贸易时代的重中之重，因而，日本着眼于数字技术发展，从技术层面把握数字时代发展机遇，将数字技术应用到了各个发展领域，从而确定了本国的领先优势。日本通过实施"e-Japan"、"u-Japan"和"i-Japan"三个信息化战略来打造数字经济强国。目前，在亚洲乃至全球跨境电子商务市场上，日本均占有一定的比重，数字贸易也为日本带来了可观的经济效益。

　　日本数字贸易在上述战略布局下不断发展。2018年，日本经济产业省的《通商白皮书》草案测算出，2014~2018年日本跨境网络交易用户从3亿人次增至逾9亿人次，数字贸易市场规模从2360亿美元增至9940亿美元。另外，草案不仅呼吁日本政府积极适应电子商务飞速发展的数字贸易时代，还指出数字贸易为日本企业带来了良好的发展机遇。与美欧相比，日本数字平台规模小、数字支付普及慢。因此，日本更加注重提升本国的"数字硬实力"，优化本国产业结构，快速完成数字化改造。

二　日本数字贸易规则发展及相关协定

（一）初步形成阶段（2001~2008年）

　　2001年，日本颁布了以推动IT技术应用于社会各个领域和建设知识创造型社会为目标的"e-Japan"战略，以此为标志开启了整个社会的数字化建设，由此日本的数字贸易拉开序幕。2004年，日本出台的"u-Japan"战略从建设基础社会网络、高效应用ICT技术和建设安全的网络环境三个维度出发，对数字经济发展进行了全方位的战略布局。2006年，日本根据IT行业发展现状，发布了以提高生产率、创造新价值、建设健康安全的社会为目标的"IT新改革"战略，这是日本政府在完成了"e-Japan"战略目标后，提出的最新信息化建设计划，是日本政府2006~2010年信息化建设的基本纲领。

　　在此初步形成阶段，日本与新加坡、菲律宾和泰国签订的自由贸易协定均涉及了数字贸易规则，但只包括"无纸化贸易"这一诉求，并未涉及数字贸易其他核心规则。

（二）逐步发展阶段（2009~2014 年）

2009 年，日本制定了"i-Japan"战略，以"信息技术惠及全民"为目标，详细阐述了完善信息基础设施、消除妨碍信息技术运用壁垒、营造信息技术应用安全环境和广泛应用信息技术、加快日本创新改革速度等内容，标志着日本全面进入数字经济建设飞速推进阶段。

在此逐步发展阶段，日本分别与瑞士、澳大利亚和蒙古国签订了自由贸易协定，与初步形成阶段相比，日本开始追求更为丰富的数字贸易规则。例如，在与瑞士签订的自由贸易协定中，将电子商务规则单独成章，除无纸化贸易条款外，还新增了数字产品和服务的非歧视待遇、市场准入、关税、国内监管法规、电子签名和电子认证以及在线消费者保护等其他核心规则。

（三）全面完善阶段（2015 年至今）

2015 年，美国、日本、澳大利亚等 12 个国家达成 TPP 贸易协定，并于 2016 年 2 月正式签署。2017 年 1 月，美国因国内分歧太大而退出 TPP，TPP 生效无望。① 在国际社会普遍不看好 TPP 前景之际，在日本力推下，TPP 剩下的 11 国成员在 2018 年 3 月 8 日签订了新的贸易协定，称为《全面与进步跨太平洋伙伴关系协定》（CPTPP），并于 2018 年 12 月 30 日正式生效。

2018 年 7 月 17 日，为应对特朗普上台后美国贸易政策急剧变化给彼此带来的压力，日本和欧盟签署《欧盟—日本经济伙伴关系协定》（EPA）。EPA 中的第 8 章为电子商务章节，包含了 11 个数字贸易条款，可分为贸易促进条款、隐私保护条款和数据自由流动条款三个大类。需要指出的是，EPA 在数据自由流动方面的谈判进展较为缓慢，主要体现在 8.81 条，明确规定"双方承诺在本协定生效之日起三年内，重新评估是否需要将有关数据自由流动的规定列入本协定"。追溯历史，这大概率是由于欧盟一向注重隐私保护，并且，在欧盟参与的区域性贸易协定数字贸易规则的谈判中，隐私保护也常常是议题谈判的争论焦点。

---

① 根据 TPP 文本，TPP 的生效条件是：要求至少占 TPP 经济总量（参考 2013 年的 GDP）的 85% 的六个成员国通过批准。美国经济总量占 12 个成员方经济总量的 60.4%，日本占 17.6%。这意味着如果美国和日本不能完成国内程序，则 TPP 就无法生效。

2020 年 11 月 15 日，东盟十国、中国、日本、韩国、澳大利亚以及新西兰共 15 个国家正式签署了《区域全面经济伙伴关系协定》（RCEP），自此，亚太地区覆盖最广的区域性贸易组织正式成立。数字贸易规则主要集中在 RCEP 的第 8 章、第 11 章、第 12 章、第 14 章，其中，第 12 章电子商务章节体现的数字贸易规则最多，其他章节较少。总的来看，RCEP 下数字贸易规则的适用范围更广，涵盖的数字贸易议题主要包括促进贸易发展、保护数据安全和推广数字贸易规则等。

这一阶段，日本充分认识到参与全球数字经济治理、制定国际数字贸易规则的战略意义。日本一直以来在数字贸易规则方面的立场是立足本国情况，积极参与并力求主导全球数字贸易规则的构建，在实践中形成了贴近欧美且独具特色的日式数字规则框架，并在全球范围内通过多边平台和自贸协议等方式，积极推广"日式模板"，为本国数字贸易相关产业发展营造有利的制度环境。

三　"日式模板"及日本立场

日本数字贸易政策的核心诉求可概括成两个方面，一是强调对数据安全和数据隐私的保护，与欧盟互认"白名单"实现无条件跨境数据自由流动，在个人隐私数据保护方面达到全球领先水平。二是强调对数据自由流动、建立公平开放的数据市场的鼓励，这一诉求在其主导的 CPTPP 和 RCEP 条款中得以充分体现。保护数据安全和鼓励数据流动二者并不矛盾，因为高标准的数据安全建设可以为数据自由流动提供保障，同时，在高水平的数字交流下，对数据安全的保护也有助于提高交流质量。"日式模板"的鲜明特征为对标欧盟、联合欧美且相对灵活。与美国采取的一致性数字贸易政策不同，日本在数字贸易协定条款方面会根据贸易对象调整条款内容，针对不同的国家做出灵活安排，以使本国利益最大化。

（一）强调知识产权保护

日本一向注重保护知识产权，维护其电子和信息技术制造业及服务业在全球的优势地位，主要的主张包括：禁止政府通过不正当程序获取数字知识产权，避免部分国家和地区因对数字知识产权的立法保护不够完善而损害本国企业利益乃至影响日本的经济安全；禁止强制公开源代码和算法，保护日本企业免遭泄露商业机密的风险；禁止政府对包括加密技术在内的特定技术的使用施加任何强制性要求等。

（二）保护数据隐私

数据隐私保护是日本在提高国内数字经济发展水平和进行区域或多边数字贸易治理时都十分关注的核心诉求。2003 年日本通过《个人信息保护法》，于 2009 年、2015 年、2016 年、2017 年、2018 年、2019 年、2020 年多次修订。2018 年 5 月，欧盟有史以来最严厉的数据保护法案《通用数据保护条例》（GDPR）正式生效，同年 7 月，日本与欧盟签署《经济伙伴关系协定》（Economic Partnership Agreement，EPA），并于 2019 年 2 月生效。根据该协定，日本和欧盟互相承认对方的数据保护制度为个人数据提供了充分的保护，说明在贸易规则方面日本高度贴合并跟随了欧盟的规则，双方在商务信息保护领域的严格程度前所未有。

（三）鼓励数据跨境自由流动

在数据跨境流动方面，日本积极推动与美欧规则协调一致，体现为高度自由的数据流动标准与十分严苛的数据安全标准。高度自由的数据流动标准有利于日本企业发挥优势进入他国市场、保持数字贸易活力，而十分严苛的数据安全标准有利于日本融入欧美数字市场与规则，共同主导全球数字贸易规则。日本鼓励合法合理的数据跨境传输，其《个人信息保护法》中规定，第三方只需提供数据主体许可签名，即可实现合理合法的数据跨境传输。2017 年日本制定数字贸易"白名单"机制，实现与白名单国家无条件的跨境数据自由流动。在 2018 年签署的 CPTPP 中，日本明确提出主张数据跨境自由流动，禁止数据服务器设置于国内的限制，但出于公共政策目的可以除外。

（四）营造公平开放的数字贸易环境

日本认为将公共交通、防灾、疾控等特定政府数据共享给企业有助于促进数字创新和数字贸易，促进政企数据双向流通，是推动数字经济、产业数字化发展的关键动力。2016~2019 年，日本向 WTO 共提交了 16 项与数字贸易相关的提案。① 这些提案中日本所讨论的议题核心诉求是建立公平开放的数字贸易环境,如放宽市场准入条件、调整电子商务或数字贸易相关服务中的市场准入承诺,公开政府数据并对国内外企业一视同仁,禁止政府强制数据本地化存储和计算设施本地化安置,协调国内监管等。

第五章
中国数字贸易发展现状与基础

我国数字贸易规模增长快速,根据 UNCTAD 的数据,2020 年我国数字贸易规模的全球排名上升到第五位。2011~2020 年,我国数字服务贸易复合增长率达到 6.6%,而服务贸易为 4.4%,货物贸易为 2.7%。[①] 我国数字贸易结构不断优化,电信、计算机和信息服务以及知识产权费等占数字服务出口的比重明显上升,说明我国数字技术服务的出口优势更加突出。并且在跨境电商、物流运输、网上支付、远程医疗、线上教育、数字政务、数字平台等领域都有一定的成就与创新。在分析我国数字贸易总体发展状况的基础上,本章根据 OECD、WTO、IMF 等国际组织的分类和界定,从数字订购贸易(电子商务)、数字交付服务(数字服务贸易)、数字中介平台赋能贸易三个角度分析我国数字贸易发展的基础。

第一节　中国数字贸易发展现状

"十三五"时期以来,我国数字进出口贸易规模快速扩大,数字贸易发展基础更加坚实,数字贸易法律法规政策体系初步形成,数字贸易领域有序开放,市场主体发展活跃,国际市场持续拓展,数字贸易已经成为当前中国促进对外贸易创新发展的重要力量。

[①] 张春飞、岳云嵩:《我国数字贸易创新发展的现状、问题与对策研究》,《电子政务》2022 年 10 月 31 日。

一　数字贸易规模不断增长

商务部发布的《中国数字贸易发展报告 2020》显示，"十三五"时期我国数字贸易规模快速扩大，由 2015 年的 2000 亿美元增长到 2020 年的 2947.6 亿美元，增长 47.4%，占服务贸易的比重从 30.6% 增长至 44.5%。[①]根据商务部和国家工业信息安全发展研究中心的数据，2018~2021 年中国数字贸易规模稳步增长，2021 年达到 2.33 万亿元，与 2018 年相比，增幅达到 94.17%。数字贸易额占整体服务贸易额的比重持续攀升，从 2018 年的 22.90% 增加到 2021 年的 44.05%（见表 5-1）。

表 5-1　2018~2021 年我国数字贸易额及占比

单位：万亿元，%

指标	2018 年	2019 年	2020 年	2021 年
数字贸易额	1.20	1.40	1.46	2.33
服务贸易额	5.24	5.40	4.50	5.29
数字贸易额占服务贸易额的比重	22.90	25.93	32.44	44.05

数据来源：2018~2020 年数字贸易额数据来自国家工业信息安全发展研究中心公布的统计数据，https：//cics-cert.org.cn/web_ root/webpage/articlecontent_ 103001_ 1321370934682062850.html，https：//www.cics-cert.org.cn/web_ root/webpage/articlecontent_101001_1535871335928958978.html；2021 年数字贸易额数据来自《带我们更紧拥抱世界——首届全球数字贸易博览会综述》，《光明日报》2022 年 12 月 15 日，https：//m.gmw.cn/baijia/2022-12/15/36235501.html；2021 年服务贸易额数据来自中国政府网新闻报道，http：//www.gov.cn/xinwen/2022-02/12/content_ 5673197.htm；2018~2021 年数字贸易额占整体服务贸易额的比重由笔者计算得出。

二　区域发展不均衡

数字贸易与地区经济发展高度联系，从 2020~2022 年的人均 GDP、进出口货物贸易额、电商销售额、IPv4 比例、域名数量比例等数字贸易发展的支撑性指标对比来看，国内 31 个省区市的数字贸易发展极不均衡，从区域角度看，东部地区数字贸易竞争力显著强于中西部地区、南部地区强于北部地区。

[①]　https：//www.chinairn.com/hyzx/20210903/180253824.shtml.

整体上，我国东南沿海地区数字贸易发展水平较高，各项指标数值高于全国平均水平；中西部地区数字贸易发展相对滞后，各项指标数值低于全国水平。就具体省区市而言，广东、江苏、北京、浙江、上海、山东等数字贸易发展基础较好，数字贸易发展遥遥领先。而甘肃、新疆、青海、宁夏、西藏等数字贸易发展水平相对较低（见表5-2）。

表5-2　31个省区市数字贸易发展基础指标

省区市	2020年人均GDP（元）	2020年进出口货物贸易额*（亿元）	2020年电商销售额（亿元）	2022年IPv4比例（%）	2022年域名数量比例（%）
北京	164889	7972.4	189334.7	25.49	16.70
天津	101614	8712.0	25831.8	1.05	0.70
河北	48564	6921.0	4342.0	2.85	2.50
山西	50528	1517.9	4402.3	1.28	0.90
内蒙古	72062	1423.4	2322.6	0.77	0.50
辽宁	58872	8194.1	2799.9	3.33	1.30
吉林	50800	1355.7	4326.0	1.21	0.50
黑龙江	42635	1422.0	525.8	1.21	0.60
上海	155768	33132.1	687.2	4.52	5.30
江苏	121231	47397.3	23624.8	4.76	5.00
浙江	100620	32213.9	13189.1	6.47	4.00
安徽	63426	5210.0	12124.5	1.65	2.70
福建	105818	11914.4	6281.1	1.95	12.10
江西	56871	3531.1	3294.2	1.73	1.90
山东	72151	24461.2	13819.8	4.89	5.90
河南	55435	7178.5	4254.2	2.63	3.60
湖北	74440	4266.4	5078.7	2.40	2.30
湖南	62900	3311.9	4185.8	2.36	2.50
广东	88210	83436.9	30533.8	9.54	13.10
广西	44309	4614.8	2116.5	1.38	1.70
海南	55131	1147.1	941.7	0.47	0.50
重庆	78170	5809.6	5810.3	1.68	1.30
四川	58126	8114.5	5901.6	2.77	4.60
贵州	46267	516.7	1628.1	0.44	5.70
云南	51975	2374.8	2324.4	0.97	1.20
西藏	52345	19.4	75.2	0.13	0.00
陕西	66292	3550.7	2118.6	1.63	1.50
甘肃	35995	394.5	543.9	0.47	0.30

续表

省区市	2020 年人均 GDP（元）	2020 年进出口 货物贸易额*（亿元）	2020 年电商 销售额（亿元）	2022 年 IPv4 比例（%）	2022 年域名 数量比例（%）
青海	50819	21.5	201.6	0.18	0.10
宁夏	54528	202.7	235.5	0.28	0.10
新疆	53593	1876.7	731.3	0.60	0.40

注："*"按境内目的地和货源地分。2020 年人均 GDP、进出口货物贸易额、电商销售额数据来自《中国统计年鉴 2021》；IPv4 比例和域名数量比例数据来自 CNNIC，http://www.cnnic.net.cn/，两个指标统计截止日期均为 2022 年 6 月 30 日。

三　政策支持力度不断加大

习近平总书记在党的二十大报告中提出，要推动货物贸易优化升级，创新服务贸易发展机制，发展数字贸易，加快建设贸易强国。2018 年以来，国家密集出台相关政策措施，以高质量发展为主线，注重发展数字贸易新业态新模式，积极推动数字贸易的质量变革、效率变革和动力变革（见表 5-3）。各省区市综合考量数字基础设施、发展优势和目标定位等多种因素，相继制定出台数字贸易发展方案（见表 5-4）。从政策的侧重点来看，数字贸易发展领先地区的政策不仅关注基础设施建设，而且涉及数字贸易的管理和监督框架，从聚焦本地数字贸易发展扩展至区域性发展和带动型发展。

表 5-3　国家层面数字贸易行业相关政策

发布时间	发布部门	政策名称	主要内容
2018 年 6 月	国务院	《关于同意深化服务贸易创新发展试点的批复》	顺应数字经济时代服务发展新趋势，依托自贸试验区、经济技术开发区等建设一批特色服务出口基地，重点建设数字产品与服务、维修、研发设计等特色服务出口基地。探索推进服务贸易数字化，运用数字技术提升服务可贸易性，推动数字内容服务贸易新业态、新模式快速发展。推动以数字技术为支撑、高端服务为先导的"服务+"出口

续表

发布时间	发布部门	政策名称	主要内容
2019 年 11 月	中共中央、国务院	《关于推进贸易高质量发展的指导意见》	加快数字贸易发展。推进文化、数字服务、中医药服务等领域特色服务出口基地建设。提升贸易数字化水平。形成以数据驱动为核心、以平台为支撑、以商产融合为主线的数字化、网络化、智能化发展模式。推动企业提升贸易数字化和智能化管理能力。大力提升外贸综合服务数字化水平。积极参与全球数字经济和数字贸易规则制定,推动建立各方普遍接受的国际规则
2020 年 9 月	国务院	《关于深化北京市新一轮服务业扩大开放综合试点建设国家服务业扩大开放综合示范区工作方案的批复》	推进数字经济和数字贸易发展。研究境内外数字贸易统计方法和模式,打造统计数据和企业案例相结合的数字贸易统计体系。研究建立完善的数字贸易知识产权相关制度。以"一园一区"等为基础,打造数字贸易发展引领区。立足中关村软件园,推动数字证书、电子签名等的国际互认,试点数据跨境流动,建设国际信息产业和数字贸易港。探索建立以软件实名认证、数据产地标签识别为基础的监管体系。立足北京大兴国际机场临空经济区特定区域,在数字经济新业态准入、数字服务、国际资源引进等领域开展试点,探索数据审计等新型业务。探索区块链技术在数字贸易治理中的应用
2020 年 10 月	国务院	《关于推进对外贸易创新发展的实施意见》	加快贸易数字化发展。大力发展数字贸易,推进国家数字服务出口基地建设,鼓励企业向数字服务和综合服务提供商转型。支持企业不断提升贸易数字化和智能化管理能力。建设贸易数字化公共服务平台,服务企业数字化转型
2021 年 6 月	商务部	《"十四五"商务发展规划》	提升贸易数字化水平,加快贸易全链条数字化赋能,推进服务贸易数字化,推动贸易主体数字化转型,营造良好的贸易数字化政策环境,推动数字强贸。大力发展数字贸易,建立健全数字贸易促进政策体系,积极探索发展多元化业态模式,培育形式多样的数字贸易发展示范平台。加快培育数字贸易主体,建设国家数字服务出口基地,打造数字贸易先行示范区。扩大数字贸易开放,加强数字贸易国际合作,积极参与相关国际规则制定

发布时间	发布部门	政策名称	主要内容
2021 年 10 月	商务部、中央网信办、国家发展改革委	《"十四五"电子商务发展规划》	加强电子商务国际合作,推动更高水平对外开放。丰富电子商务国际交流合作层次,推进电子商务领域规则谈判。支持跨境电商高水平发展。鼓励电商平台企业的全球化经营。促进数字经济领域的贸易投资,鼓励电子商务企业积极参与东道国数字惠民、数字金融、数字治理等,帮助发展中国家弥合数字鸿沟。积极参与以电子商务为核心的数字领域的国际规则制定,推动形成以货物贸易数字化为核心、以服务贸易数字化为延伸、以数字基础设施互通和安全为保障的国际规则体系
2021 年 10 月	商务部等24 部门	《"十四五"服务贸易发展规划》	积极支持数字产品贸易,为数字产品"走出去"营造良好的环境。持续优化数字服务贸易,进一步促进专业服务、社交媒体、搜索引擎等数字服务贸易业态创新发展。稳步推进数字技术贸易,提升云计算服务、通信技术服务等数字技术贸易业态关键核心技术自主权和创新能力。积极探索数据贸易,建立数据资源产权、交易流通等基础制度和标准规范,逐步形成较为成熟的数据贸易模式。加强国家数字服务出口基地建设。布局数字贸易示范区。加强数字领域多双边合作
2021 年 11 月	商务部	《"十四五"对外贸易高质量发展规划》	大力发展数字贸易。建立健全数字贸易促进政策体系,探索发展数字贸易多元化业态模式。建设国家数字服务出口基地,培育数字贸易示范区。完善数字贸易公共服务平台,加快研究相关统计方法。加强数字贸易国际合作。提升贸易数字化水平。加快贸易全链条数字化赋能。推进服务贸易数字化。推动贸易主体数字化转型。营造良好的贸易数字化政策环境
2021 年 11 月	国务院	《关于支持北京城市副中心高质量发展的意见》	加大对跨境金融、文化贸易和数字贸易的政策支持力度。组织开展数据跨境流动安全管理试点,探索数据跨境流动安全管理方式,在保障安全的前提下促进数据合法有序自由流动

发布时间	发布部门	政策名称	主要内容
2021年12月	国务院	《关于印发"十四五"数字经济发展规划的通知》	以数字化驱动贸易主体转型和贸易方式变革,营造良好的贸易数字化环境。完善数字贸易促进政策体系,加强制度供给和法律保障。加大服务业开放力度,探索放宽数字经济新业态准入。大力发展跨境电商,扎实推进跨境电商综合试验区建设,积极鼓励各业务环节探索创新,培育壮大一批跨境电商龙头企业、海外仓领军企业和优秀产业园区,打造跨境电商产业链和生态圈
2022年6月	国务院	《关于加强数字政府建设的指导意见》	围绕加快数字化发展、建设数字中国重大战略部署,持续增强数字政府效能,更好激发数字经济活力,优化数字社会环境,构建良好的数字生态。大力推行"互联网+监管",构建全国一体化在线监管平台,推动监管数据和行政执法信息归集共享和有效利用,强化监管数据治理,推动跨地区、跨部门、跨层级协同监管,提升数字贸易跨境监管能力

资料来源:根据商务部等政府部门网站资料整理。

表5-4　部分省区市数字贸易行业相关政策

发布时间	发布省区市	政策名称	主要内容
2021年10月	北京	《北京市关于促进数字贸易高质量发展的若干措施》	明确了到2025年数字贸易发展的总体目标。搭建数字贸易服务平台。打造数字贸易公共服务平台,建设数据流通专项服务平台,构建数字贸易会展交易平台。探索推动跨境数据流动,夯实数字贸易产业基础,提升数字贸易便利度,加大支持数字贸易企业力度,完善数字贸易保障体系
2021年8月	天津	《天津市加快数字化发展三年行动方案(2021—2023年)》	探索建立互惠共享的数字贸易新局面。发展新贸易,制定实施数字商贸建设三年行动方案,建设数字商贸综合服务平台,赋能国际消费中心城市和区域商贸中心城市建设。全面深化服务贸易创新发展,高水平建设国家数字服务出口基地,发展云外包、平台分包等新业态新模式

续表

发布时间	发布省区市	政策名称	主要内容
2020 年 4 月	河北	《河北省数字经济发展规划（2020—2025 年)》	加快中国（河北）自由贸易试验区雄安、正定、曹妃甸、大兴机场等片区建设，推出与数字经济发展相适应的海关监管、多式联运、跨境支付、检验检疫等创新措施，支持发展数字内容加工和数据服务外包业务，探索数据资产交易、数字化贸易等高端贸易业态
2020 年 12 月	内蒙古	《内蒙古自治区推进贸易高质量发展行动计划（2020—2022 年)》	大力发展服务贸易。复制推广国家服务贸易创新发展试点经验，大力发展新兴服务贸易，加大金融、保险、旅游、物流、会展等领域"引进来"力度，支持教育、文化、蒙中医药、数字服务等特色服务出口基地建设，培育数字贸易展览会、洽谈会等公共服务平台
2019 年 7 月	上海	《上海数字贸易发展行动方案（2019—2021 年)》	打造"数字贸易国际枢纽港"，发挥国际贸易中心建设的核心功能，形成与国际接轨的高水平数字贸易开放体系；发展新型数字贸易，围绕新模式、新业态发展云服务、数字内容、数字服务、跨境电子商务等基础好、潜力大、附加值高的特色领域，不断巩固上海数字贸易的先发优势，培育数字贸易持续增长的核心竞争力
2022 年 9 月	江苏	《江苏省推进数字贸易加快发展的若干措施》	明确到 2025 年全省数字贸易发展的总体目标，提出六大重点任务、17 条具体举措。深化融合，完善数字贸易多元化产业链条。加快服务外包与制造业融合发展，大力推动数字技术贸易，培育数字内容服务新增长点，积极探索发展数据贸易，促进传统服务贸易数字化转型。完善数字贸易人才标准。推动"双创计划""333 工程"等现有人才政策向数字贸易领域倾斜，加强数字贸易重点领域的核心人才和国际化人才引进。分类推进数字贸易紧缺人才培养
2020 年 10 月	浙江	《浙江省数字贸易先行示范区建设方案》	是全国首个数字贸易先行示范区建设方案。以贸易数字化转型为主线，巩固浙江传统贸易的基础优势和数字贸易的先发优势，围绕新模式、新业态发展云服务、数字内容、数字服务、跨境电商等优势领域，推动数字贸易国际化发展，形成与国际接轨的高水平数字贸易开放体系

发布时间	发布省区市	政策名称	主要内容
2021 年 12 月	河南	《河南省人民政府关于印发河南省"十四五"现代供应链发展规划的通知》	争取开展数字贸易先行先试政策试点,支持郑州、洛阳、南阳等地建设数字贸易跨境服务集聚区。积极推进内外贸融合协同,深入实施"同线同标同质"工程,多渠道搭建商品出口转内销平台
2021 年 11 月	湖北	《省人民政府关于印发湖北省服务业发展"十四五"规划的通知》	围绕关键短板和战略需求,支持服务企业以跨国并购、绿地投资、联合投资等方式,高效配置全球人才、技术、品牌等核心资源。进一步加强"楚贸通"平台建设,加大数字贸易和跨境营销板块建设力度。大力推动数字商务新模式新业态发展
2021 年 7 月	山东	《山东省"十四五"数字强省建设规划》	推动山东自由贸易试验区、上合示范区等在数字贸易、数据跨境流动、保护个人隐私等方面创新探索和先行先试,参与构建国际数字化发展规则体系。发展壮大数字生产性服务业。推动工业设计、建筑设计、交通运输、工程管理、仓储物流、金融保险、电子商务、节能环保等生产性服务业数字化发展。加快发展金融科技,探索人工智能、区块链等技术在供应链金融、支付清算、跨境贸易、金融交易等领域的应用
2022 年 7 月	广东	《广东省数字经济发展指引 1.0》	是全国首个数字经济发展指引。创建国家数字贸易先行示范区,在有条件的地区实施一批数字贸易先行先试举措。促进数字技术应用与服务贸易深度融合。培育贸易新业态新模式,推进国家跨境电子商务综合试验区、国家数字服务出口基地建设。培育数字贸易领域的独角兽、瞪羚企业,打造数字贸易生态主导型企业
2021 年 12 月	重庆	《重庆市数字经济"十四五"发展规划(2021—2025 年)》	加快跨境贸易发展。全面深化服务贸易创新发展试点,实施服务贸易负面清单管理,探索创新跨境服务贸易提供模式,培育国家级数字服务出口基地。持续完善"单一窗口"功能,强化地方特色应用建设,促进与新加坡、杜伊斯堡等出海出境通道沿线主要物流枢纽的信息共享和业务协同。积极参与"丝路电商"建设,力争建成落实跨境贸易电子商务合作备忘录的重点合作城市

资料来源:根据各地方政府部门网站资料整理。

第二节　数字订购贸易

数字订购贸易指的是通过专门接收或下达订单的方法在计算机网络上进行买卖，与电子商务有较强的可替代性。数字订购贸易包括数字订购货物贸易和数字订购服务贸易。

一　数字订购货物贸易

1. 中国跨境电子商务发展现状

数字订购货物贸易以跨境电子商务（以下简称"跨境电商"）为主。跨境电商是指属不同关境的交易主体，通过电子商务平台达成交易、进行支付结算，并通过跨境物流送达商品、完成交易的过程。随着数字经济与数字技术的发展，近几年来我国跨境电商尤其是出口跨境电商发展迅猛，大量从事传统外贸的贸易公司和工厂都开始转型从事跨境电商。根据海关总署发布的 2019～2021 年跨境电商相关数据可知，中国的跨境电商总体规模、出口额以及跨境电商出口额占总出口额的比重都呈现逐年上升趋势，进口额在 2021 年出现小幅度下降，出口额始终大于进口额，且出口额增长显著快于进口额增长，同比增长率相差 19～31 个百分点，跨境电商进口额占总进口额的比重较为稳定（见表 5-5）。

表 5-5　2019~2021 年跨境电商进出口总体情况

年份	金额（亿元）			同比（%）			占比（%）			出口进口比
	进出口	出口	进口	进出口	出口	进口	进出口	出口	进口	
2019	12903	7981	4922	22.2	30.5	10.8	4.1	4.6	3.4	1.6
2020	16220	10850	5370	25.7	35.9	9.1	5.0	6.1	3.8	2.0
2021	19237	13918	5319	18.6	28.3	-0.9	4.9	6.4	3.1	2.6

数据来源：根据海关总署数据库数据整理。

从 2021 年中国跨境电商进出口额排名前十的品类占比及其增速来看（见表 5-6），跨境电商进出口商品种类较为集中且变化较小，2021 年中国跨境电商出口额排名前十的品类的出口额合计占跨境电商出口总额的比重达到 57.02%，特殊交易品及未分类商品、杂项制品占比最高，均超过 11%。其中，杂项制品出口增长速度最快，同比增长 458.05%，其次为贱金属及其制品，同比增长 454.11%。并且，除特殊交易品及未分类商品外，其余品类均实现出口成倍增长。2021 年，中国跨境电商进口额排名前十的品类的进口额合计占跨境电商进口总额的比重为 20.21%。化学工业及其相关工业的产品；食品，饮料、酒及醋，烟草及制品的进口额占比遥遥领先，分别为 9.99% 和 6.37%。其余品类的进口额占比均未超过 0.8%。从增长率来看，革、毛皮及制品，箱包，肠线制品进口增长最快，达到 20.72%。食品，饮料、酒及醋，烟草及制品；机电、音像设备及其零件、附件；杂项制品；纺织原料及纺织制品进口均负增长。

表 5-6 2021 年中国跨境电商进出口额排名前十的品类占比及增速

单位：%

出口			进口		
商品品类	占比	同比增长	商品品类	占比	同比增长
特殊交易品及未分类商品	11.61	86.27	化学工业及其相关工业的产品	9.99	13.09
杂项制品	11.17	458.05	食品,饮料、酒及醋,烟草及制品	6.37	-9.14
纺织原料及纺织制品	8.77	216.01	机电、音像设备及其零件、附件	0.78	-8.05
机电、音像设备及其零件、附件	8.36	399.68	杂项制品	0.67	-11.48
贱金属及其制品	5.10	454.11	光学、医疗等仪器,钟表,乐器	0.45	8.63
塑料及其制品,橡胶及其制品	4.04	334.26	活动物,动物产品	0.43	6.59
矿物材料制品,陶瓷品,玻璃及制品	2.83	264.48	纺织原料及纺织制品	0.42	-7.13
鞋帽伞等,羽毛品,人造花,人发品	2.22	348.36	革、毛皮及制品,箱包,肠线制品	0.40	20.72

续表

出口			进口		
商品品类	占比	同比增长	商品品类	占比	同比增长
革、毛皮及制品，箱包，肠线制品	1.85	325.93	鞋帽伞等，羽毛品，人造花，人发品	0.38	14.76
光学、医疗等仪器，钟表，乐器	1.07	246.58	动、植物油、脂、蜡，精制食用油脂	0.32	5.00

数据来源：商务部《中国电子商务报告（2021）》。

根据商务部《中国电子商务报告（2021）》，中国内地跨境电商进出口贸易伙伴集中在欧洲、北美和东亚。2021 年，中国内地跨境电商出口额排名前十的国家（地区）的出口额占跨境电商出口总额的 34.46%，分别为美国、马来西亚、英国、韩国、日本、加拿大、新加坡、荷兰、菲律宾、澳大利亚；进口额排名前十的国家（地区）的进口额占跨境电商进口总额的比重为 18.95%，分别为中国香港、韩国、日本、美国、澳大利亚、荷兰、德国、新西兰、法国、英国。

东部沿海地区是跨境电商发展的集聚区，广东、山东、福建、浙江、河南五个省份 2021 年跨境电商进出口额排全国前五，占比达到 40.63%，其中仅广东的占比就超过 28%。中西部地区跨境电商发展增速最高，2021 年宁夏、山西、江西、甘肃、山东的进出口增速居全国前五位。

2. 跨境电商发展走向

我国跨境电商行业正在走向"精耕细作"，主要表现为依托数字技术和数字工具，优化对外贸易各环节，利用数据集成加强资源和信息对接共享。比如利用数据分析整合全球商品订单，使处理分发更加智能化；基于区块链技术创新"互联网+质量控制"，为行业企业提供共享服务；向信息集成转型，对接上游外贸订单与下游生产企业；搭建线上综合服务平台，整合通关、运输和转运等环节，显著降低物流成本。

跨境电商发展壮大的同时也出现了模式创新，如直播平台借助"直播+跨境电商"模式布局跨境电商业务。2020 年跨境直播电商市场规模达到 240

亿元，预计未来仍将持续增长。[①] 此外，跨境电商平台与传统展会企业融合线上线下资源，携手打造"云展会"平台，助力外贸企业引流获单，这为跨境电商发展开辟了新渠道。保税区内开展海外成品终端加工，首创"保税进口+零售加工"进口模式。

跨境电商的发展催生了独立站这种对跨境电商企业而言较为灵活的运营方式。与企业使用淘宝、京东、亚马逊等第三方平台且受平台抽成等规则制约的运营模式不同，跨境电商独立站是指企业拥有自己的域名、网站程序并独立开展运营，与客户交易的全过程都在企业自己的网站上进行。跨境电商企业通过搭建独立站开展业务，并且搭建成本不断下降，截至2021年，我国独立站达20万个左右。2020年独立站规模为0.8万亿元，并进入了快速发展期，2021年28.5%的跨境电商企业建设了独立站，其中8.6%表示独立站是销售额最大的渠道，预计2025年独立站规模将上升至5.5万亿元。[②] 依托于独立站，企业不再受制于第三方平台的规则，可以获得全部的交易数据并进行挖掘分析，进而创新产品和营销方式，灵活调整营销策略和发展方向，通过内容生产、社交媒体平台营销、搜索引擎和电子邮件营销等方式引流，增强用户黏性，不仅大幅提高购买率和复购率，还可以降低运营成本和与客户的沟通成本。

3. 跨境电商相关行业发展

支付、物流、仓储等相关行业是跨境电商发展的基础，不仅支撑跨境电商的发展，而且随着跨境电商的发展而不断转型升级。

（1）跨境支付业务

我国跨境电商蓬勃发展带来了跨境支付规模扩大。由表5-7可知，2015年以来，人民币跨境支付系统业务量和处理金额都迅速增长，但同比增长率下降，2021年开始增速有所回升，分别达到51.55%和75.83%。

---

① 《跨境电商行业分析：预计2025年跨境直播电商市场规模将达到8287亿》，https://www.iimedia.cn/c1061/83834.html，2022年3月15日。

② 《独立站助力中国品牌出海》，http://finance.people.com.cn/n1/2022/0322/c1004-32380441.html，2022年3月22日。

表 5-7　2015~2021 年人民币跨境支付系统发展情况

年份	业务量（万笔）	同比增长（%）	处理金额（万亿元）	同比增长（%）
2015	8.67	—	0.48	—
2016	63.61	633.68	4.36	808.33
2017	125.90	97.92	14.55	233.72
2018	144.24	14.57	26.45	81.79
2019	188.43	30.64	33.93	28.28
2020	220.49	17.01	45.27	33.42
2021	334.16	51.55	79.60	75.83

数据来源：历年《支付体系总体运行情况》，http://www.pbc.gov.cn/goutongjiaoliu/113456/113469/4523666/index.html。

目前，跨境收款方面，由于手续便捷、到账速度快以及便于对卖家和平台多元需求的动态掌控，第三方支付机构快速发展。因此，可以用中国第三方支付机构跨境互联网支付额来衡量我国跨境互联网交易状况，从侧面反映我国数字订购贸易发展状况。根据中国人民银行公布的数据，2013~2017年，第三方支付机构跨境互联网支付快速发展，2013 年交易额仅为 119.1亿元，而 2017 年就已经超过 3000 亿元（见图 5-1），复合增长率高达127.5%。[①] 第三方支付机构提供的服务覆盖跨境电商交易全过程，包括海外本地支付聚合、跨境收款与收结汇、购付汇、国内账户侧支付和聚合支付等，并且基于跨境电商支付衍生出金融服务、海关清关服务、出口退税服务、增值税服务、汇率管理和营销服务等。银行为跨境电商平台提供身份认证、店铺授权、海外收款、监管申报、境内收结汇和资金划转等一站式全周期的金融服务，并基于跨境电商运营数据，制定专属融资贷款方案，助力跨境电商产业链供应链通畅。目前，数字人民币也逐渐被应用到跨境电商领域，2021 年 5 月，数字人民币首次在海南被应用到跨境电商进口支付场景，消费者和平台间实现结算闭环，支付过程更加安全。[②]

[①]　艾瑞咨询：《中国第三方支付行业研究报告》，2018。
[②]　《海南跨境电商实现数字人民币支付》，http://finance.people.com.cn/n1/2021/0519/c1004-32107452.html，2021 年 5 月 19 日。

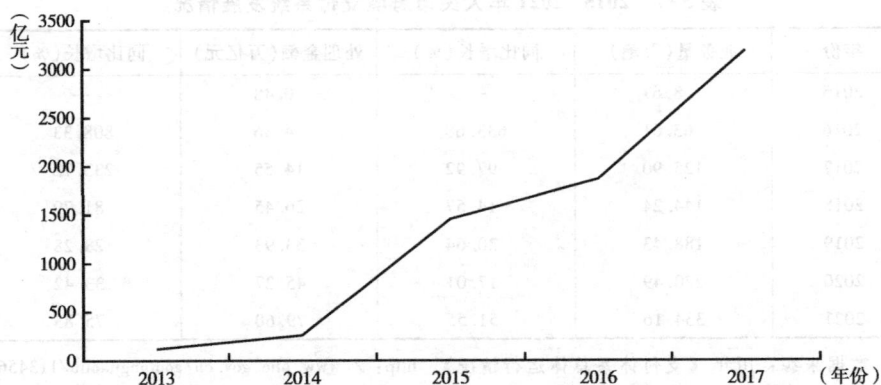

图5-1　2013~2017年中国第三方支付机构跨境互联网支付贸易额

数据来源：艾瑞咨询：《中国第三方支付行业研究报告》，2018。

（2）国际及港澳台快递业务

跨境电商发展推动快递行业迅速发展。根据《邮政行业发展统计公报》，2012~2021年国际及港澳台快递业务量呈现快速增长态势，同比增长率在2016年达到44.9%的峰值，受全球疫情影响，2021年同比增长率下降至14.1%，为2012年以来的最低值。国内快递业务量飞速增长，国际及港澳台快递业务量占全部快递业务量的比重从2012年的3.2%下降到2016年的2%，之后基本维持在2.2%左右。国际及港澳台快递业务收入增长波动较大，占比从2012年的19.5%持续下降到2018年的9.7%，之后维持在10%以上，如表5-8所示。

表5-8　2012~2021年国际及港澳台快递业务情况

年份	国际及港澳台快递业务量（亿件）	同比增长（%）	占全部快递业务量的比重（%）	国际及港澳台快递业务收入（亿元）	同比增长（%）	占全部快递业务收入的比重（%）
2012	1.8	43.1	3.2	205.6	11.3	19.5
2013	2.6	43.6	2.9	270.7	31.7	18.8
2014	3.3	24.7	2.3	315.9	16.7	15.4
2015	4.3	30.3	2.1	369.6	17.0	13.3
2016	6.2	44.9	2.0	429.0	16.1	10.8

续表

年份	国际及港澳台快递业务量（亿件）	同比增长（%）	占全部快递业务量的比重（%）	国际及港澳台快递业务收入（亿元）	同比增长（%）	占全部快递业务收入的比重（%）
2017	8.3	33.8	2.1	528.9	23.3	10.7
2018	11.1	34.0	2.2	585.7	10.7	9.7
2019	14.4	29.7	2.2	747.3	27.6	10.0
2020	18.4	27.8	2.2	1073.4	43.6	12.2
2021	21.0	14.1	2.0	1163.4	8.4	11.3

数据来源：2012~2021年《邮政行业发展统计公报》。

（3）海外仓业务

海外仓是跨境电商发展的关键基础设施。跨境电商企业提前把货发运至海外仓，在客户下单后直接由海外仓发货，运输时效性更高、物流成本更低、客户体验感更好，能够有效提升企业的国际市场竞争力。2021年我国海外仓数量较2019年翻了一倍，超过2000个，总面积超过1600万平方米，主要集中在北美、欧洲和亚洲等地区，占比接近90%。海外仓通过配置智能机器人、自动分拣机等智能设备提高工作效率，降低人工和仓租成本。部分企业构建的管理信息系统能够实时提供客户、商品仓储配送等信息。并且在传统仓储的配送业务基础上提供增值服务，包括高质量售后、供应链金融、合规咨询、营销推广等。跨境电商企业基于海外仓积极开展品牌推广、多元化服务、本地化经营等，助力中国品牌出海，利用海外仓的配套设施——海外展示中心开展品牌宣传，提高品牌的知名度和影响力。2022年3月，青岛自贸片区联合京东科技、中储京科等企业，创建数字仓库，在国内率先实现仓储业务全流程数字化管理，在国际大宗贸易及仓储流通领域首创新型大宗商品贸易生态体系，实现了数字仓储、数字贸易、数字金融"三位一体"。

二　数字订购服务贸易

数字订购服务贸易主要包括运输、旅游、数字建筑、维护和维修服务、加工贸易、政务服务等。①。2020 年中国数字订购服务贸易出口额为 3063.6 亿元,进口额为 6830.5 亿元,贸易逆差额较大,但较 2019 年降低 40.4%②。

1. 旅游

根据国家统计局和中国旅游研究院公布的数据,2012~2019 年,中国出境旅游人数持续增加,但增速略有放缓。从 2020 年开始,受到全球新冠疫情影响,出境旅游人数大幅减少,为 2033.4 万人次,同比减少 86.9%,2021 年我国全年出境旅游人数将近 2600 万人次(见图 5-2)。

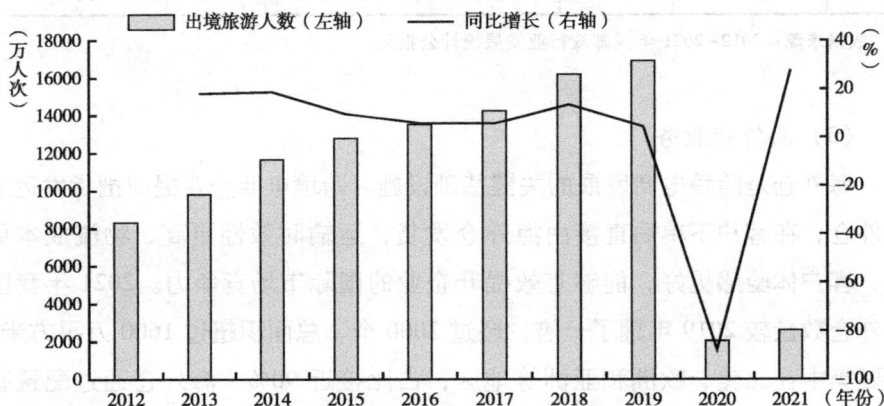

图 5-2 2012~2021 年中国出境旅游人数变动情况

数据来源:根据国家统计局数据和中国旅游研究院《中国出境旅游发展年度报告 2021》整理。

2019 年之前中国入境游客人数稳中有升,2020 年出现断崖式下降,仅为 2747 万人次,同比减少 81%,2021 年我国接待入境游客约 1500 万人次(见图 5-3)。

如今,在线旅游平台多产业布局,不再是纯旅游交易型平台,而是转变为"内容+交易"型平台,覆盖内容社区、预订服务、旅行协助、目的地内活动、旅行中支持,连接旅游目的地的商户和产品,提供住宿交通门票预订、目的地推荐等相关服务,基于算法和私域流量实现目标人群精准画像、

① 国家工业信息安全发展研究中心:《2021 年我国数字贸易发展报告》2022 年 5 月 25 日。
② 国家工业信息安全发展研究中心:《2021 年我国数字贸易发展报告》2022 年 5 月 25 日。

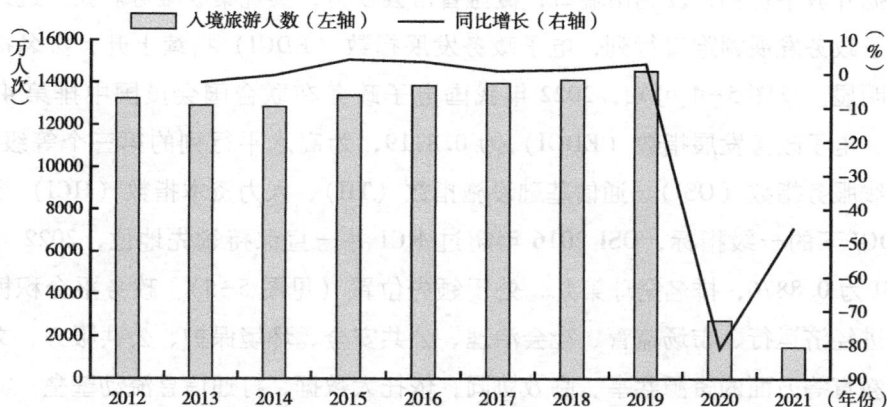

图 5-3　2012～2021 年中国入境旅游人数变动情况

数据来源：根据国家统计局数据和中国旅游研究院《中国入境旅游发展年度报告 2021》整理。

流量定向投放，主动触发用户旅行需求。利用直播、榜单和社区等打通内容渠道，利用多样化营销手段如机票盲盒、云游世界、融合传统文化打造旅游 IP 等，激发旅游市场活力，充分采用全面预订、虚拟现实、数字身份识别服务、无接触入住以及依托于大数据的旅游流动态调控等科技手段，提升游客出行体验，并助推商家在销售、品牌建设、营销、会员管理等方面的数字化。

2. 数字建筑

建筑行业在工业 4.0 和现代信息技术的推动下进入了数字化时代。数字建筑是信息技术、先进制造理念和建筑业全链条全周期全要素深度融合的产物，有利于推动传统建筑行业转型升级，涵盖协同设计、智能生产、智慧工地、智慧运维、智能审查、绿色建造等领域，推动实现数据在规划设计、施工、运维等传统工程建设全过程的流通。不过，我国数字建筑仍处于起步阶段，各行业信息互通仍面临一定的障碍，跨专业协调难度大，要着力推动数据等在建筑工程建设全过程的流通和共享。

3. 政务服务

我国数字政府建设的深度和广度不断拓展，致力于构建统一的国家公共数据开放平台和开发利用端口，覆盖省市县乡村，实现集成服务。我国进入电子政务发展领跑者行列，电子政务发展指数（EDGI）持续上升，排名提升明显。从图5-4可知，2022年我国电子政务在联合国会员国中排第43位，电子政务发展指数（EDGI）为0.8119，为高水平行列的第三个等级，在线服务指数（OSI）、通信基础设施指数（TII）、人力资本指数（HCI）是EDGI下的一级指标，OSI 2016年超过HCI并一直保持领先地位，2022年OSI为0.8876，排名全球第九，处于领先位置（见图5-5）。政务平台积极推进经济运行、市场监管、社会治理、公共安全、环境保护、公共服务、文化教育等方面的资源共享、高效协同，依托大数据，打通信息流动壁垒，实现跨部门、跨地区、跨层级、跨系统、跨业务互联互通，真正做到"指尖办""掌上办""一网通办""跨省通办"，提升政务办事及服务效率。通过建设数字政府，优化营商环境，截至2021年底，近90%的省级行政许可事项实现网上受理和"最多跑一次"，且平均承诺时限压缩过半。[①]

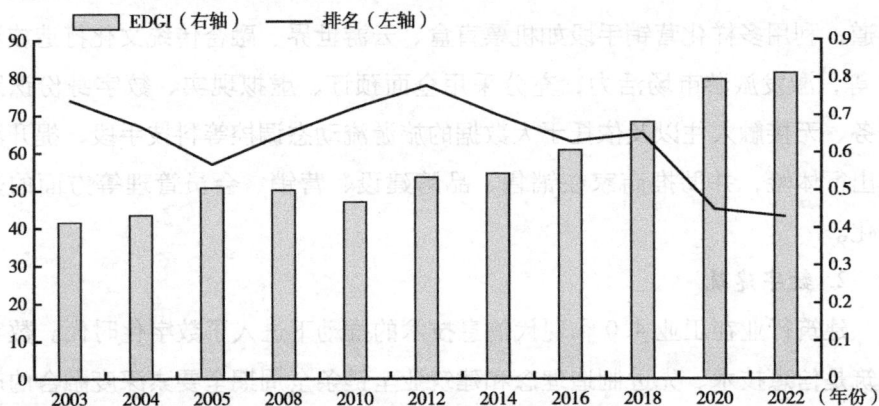

图5-4 中国EDGI情况

数据来源：《图解报告：全球电子政务发展趋势中国实践》，https://dzzw.ccps.gov.cn/art/2022/12/28/art_194_6611.html，2022年12月28日。

---

① 《我国近90%省级行政许可事项实现网上受理和"最多跑一次"》，https://politics.gmw.cn/2022-07/05/content_35862572.htm，2022年7月5日。

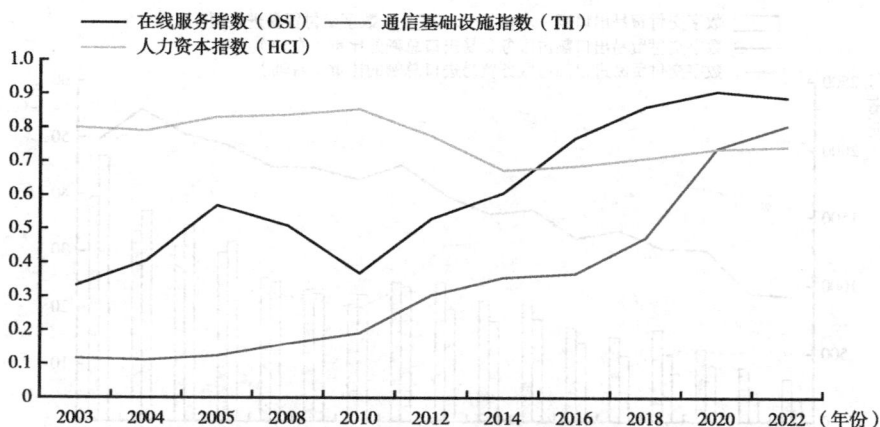

图 5-5　中国 OSI、TII、HCI 变化情况

数据来源：《图解报告：全球电子政务发展趋势中国实践》，https：//dzzw.ccps.gov.cn/
art/2022/12/28/art_ 194_ 6611.html，2022 年 12 月 28 日。

第三节　数字交付服务

数字交付服务是通过信息通信网络完成的远程交付的电子格式商品的国际
贸易。UNCTAD 用可数字化服务的进出口规模来衡量数字交付贸易额，可数字
化服务主要包括保险和养老金服务、金融服务、知识产权使用服务、信息和通
信服务、研发服务、专业和管理咨询服务等所有可通过线上传输的服务。

一　数字交付服务贸易

UNCTAD 测算了中国数字交付服务贸易情况，如图 5-6 所示，数字交付贸易
进出口额在少数年份略有下降，其余年份增长较为显著，出口额占比呈波动上升趋
势，但增长速度逐渐放缓，自 2018 年开始维持在 50% 左右。进口额占比呈先减后
增态势，2021 年占比回升到 37.35%。2017 年之前（除 2015 年外），中国的数字
交付贸易进口额高于出口额，2017 年之后数字交付贸易由逆差变为顺差，且顺
差幅度呈增长态势，说明中国在数字交付服务贸易领域的国际竞争力逐渐增强。

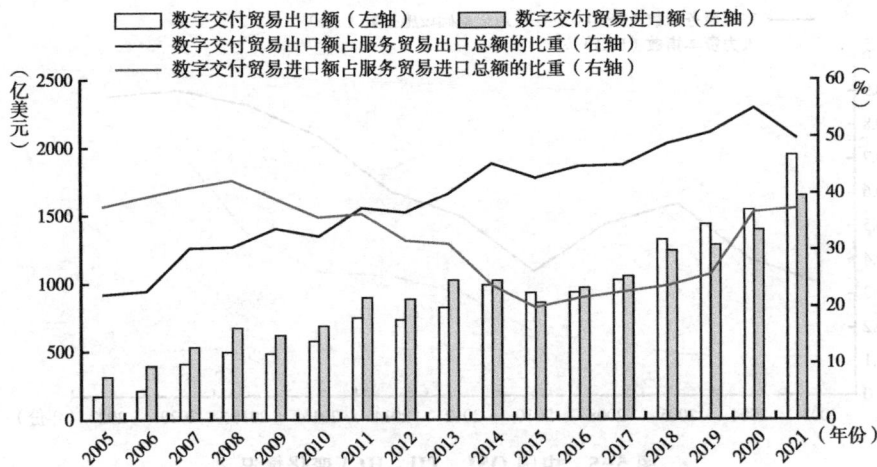

图 5-6　2005~2021 年中国数字交付贸易发展情况

数据来源：根据 UNCTAD 数据整理。

可数字化服务贸易逐渐成为服务贸易增长的新引擎，新一代信息技术的快速迭代和成熟应用，大幅提高了服务的可贸易性，催生了跨境电商、远程医疗、在线教育、共享平台、协同办公等新模式和新业态。从表 5-9 可知，我国数字交付服务具体领域发展情况差异明显，电信、计算机和信息服务进出口规模占比排名第一，增长较快。中国在这一领域以及专业和管理咨询服务的贸易顺差都较大，且呈增长趋势，反映出我国在这两个细分领域的国际竞争力稳步提升。知识产权使用费细分领域贸易逆差较大，说明我国在知识和技术创新方面的国际竞争力相对较弱，技术创新仍有很大的发展空间。

表 5-9　2018~2019 年中国数字交付服务细分领域发展状况

单位：亿元

类别	2019 年		2018 年	
	出口额	进口额	出口额	进口额
电信、计算机和信息服务	3603.6	1698.7	3005.0	1384.2
个人、文化和娱乐服务	79.7	199.9	58.6	168.4
保险服务	82.5	177.5	78.2	180.8

类别	2019 年		2018 年	
	出口额	进口额	出口额	进口额
金融服务	147.0	63.8	115.2	49.1
技术服务	147.0	63.8	530.6	579.0
专业和管理咨询服务	1606.5	936.0	1455.2	825.6
研发成果转让费及委托研发	421.2	445.2	356.9	331.8
知识产权使用费	287.1	1478.1	202.4	1578.0

数据来源:《2020 年我国数字贸易发展报告》, https://www.cics - cert.org.cn/web_ root/webpage/articlecontent_ 102005_ 1321370934682062850.html。

二　部分数字交付服务贸易领域发展状况

1. 离岸服务外包

中国积极发展云计算服务、软件研发服务、集成电路和电子电路设计服务等信息技术外包,离岸服务外包成为可数字化服务出口的主要模式。根据商务部公布的数据,2015 年以来中国离岸服务外包执行额稳定增加,2021 年达到 1303.1 亿美元(见图 5-7)。离岸服务外包领域新业务快速发展,根据商务部的《中国服务外包发展报告 2020》,2015～2020 年,在信息技术外包领域,新一代信息技术开发应用服务外包执行额达到 13.5 亿美元,较 2018 年增长 176.9%,①信息技术解决方案服务外包年均增长50.4%,执行额达到 22.3 亿美元;在业务流程外包领域,人力资源管理服务外包年均增长 65.4%,高达 49.3 亿美元,互联网营销推广服务外包年均增长 47.0%,达到 30.2 亿美元;在知识流程外包领域,检验检测服务外包年均增长 48.0%,达到 27.1 亿美元,管理咨询服务外包年均增长 36.0%,达到 9.3 亿美元,服务外包从以信息技术外包为主转向三个外包领域的共同发展。

中国企业承接离岸服务外包在集成电路和电子电路设计、云计算、数字

①　从 2018 年开始统计新一代信息技术开发应用服务数据。

技术解决方案、新能源技术研发、工业设计、工业软件、医药（中医药）和生物技术医药等高技术、高附加值领域快速增长，呈现数字化和高端化趋势。作为我国服务外包产业发展的重要载体和平台，服务外包示范城市的带动引领作用明显，2021 年前三季度，31 个服务外包示范城市承接的离岸服务外包占全国的 83.8%，贡献率高达 77.1%。2021 年 11 月，烟台、贵阳、宜昌等 6 个城市新增为服务外包示范城市，至此服务外包示范城市数量已经达到 37 个。[①]

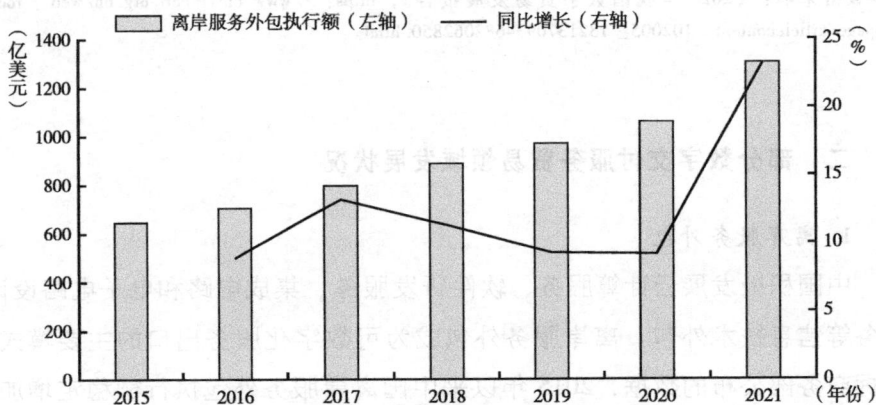

图 5-7　2015～2021 年中国离岸服务外包执行额及增速

数据来源：根据商务部《中国服务外包发展报告 2021》《中国服务外包发展报告 2019》整理。

2. 管理和咨询服务

如图 5-8 所示，2015～2022 年，我国管理咨询行业市场规模快速增长，2021 年同比增长率为历史最低值（3.42%），2022 年同比增长率大幅上升，达到历史峰值（9.38%）。管理咨询细分行业中，执行咨询的市场规模占比最高，2021 年达到 51.63%；管理咨询占比稳定在 33% 左右；信息咨询占比持续上升，2021 年达到 16.26%。

---

① 商务部：《新增 6 个城市为中国服务外包示范城市》，http://finance.people.com.cn/n1/2021/1119/c1004-32286670.html，2021 年 11 月 19 日。

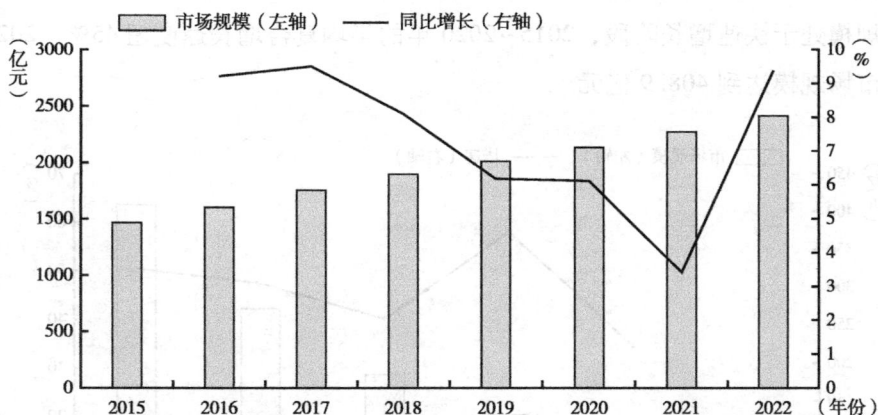

图 5-8　2015~2022 年中国管理咨询行业市场规模及增速

数据来源：《2022~2028 年中国管理咨询行业发展趋势与市场全景评估报告》，http：//www. cction. com/report/202203/274396. html，2022 年 3 月。

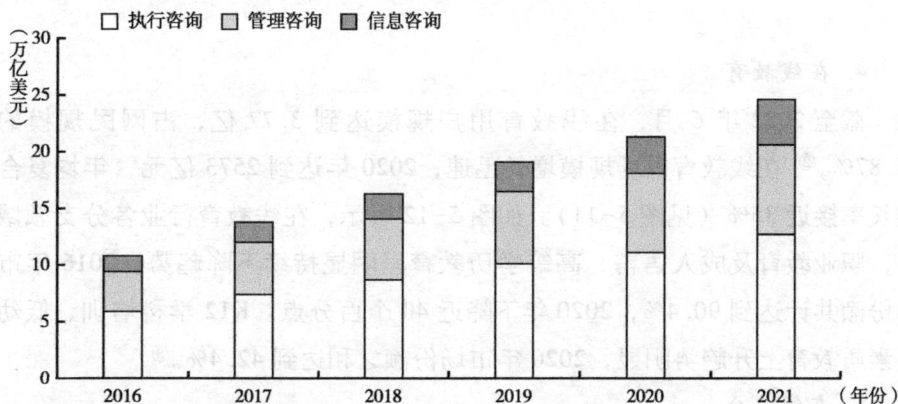

图 5-9　2016~2021 年中国管理咨询行业细分市场规模

数据来源：《2022 年中国咨询行业细分领域市场规模预测：信息咨询增速最快》，https：//www. askci. com/news/chanye/20220624/1547411901575. shtml，2022 年 6 月 24 日。

3. 远程医疗

截至 2022 年 6 月，我国在线医疗用户规模达 3.00 亿，较 2021 年 12 月增长 196 万，占网民整体的 28.5%。① 如图 5-10 所示，中国互联网医疗市场规模处于快速增长阶段，2015~2020 年的年均复合增长速度超 45%，2020年市场规模达到 408.9 亿元。

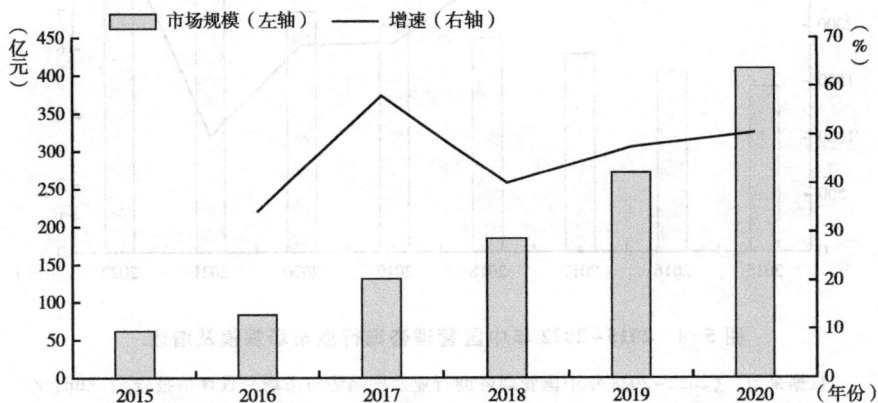

图 5-10　2015~2020 年中国互联网医疗市场规模及增速

数据来源：华经产业研究院，https://www.huaon.com/channel/trend/765166.html。

4. 在线教育

截至 2022 年 6 月，在线教育用户规模达到 3.77 亿，占网民规模的35.87%，② 在线教育市场规模增长迅速，2020 年达到 2573 亿元，年均复合增长率接近 35%（见图 5-11）。如图 5-12 所示，在线教育行业各分支领域中，职业教育及成人语言、高等学历教育呈明显持续下降趋势，2016 年市场份额共计达到 90.4%，2020 年下降近 40 个百分点。K12 学科培训、低幼及素质教育上升趋势明显，2020 年市场份额之和达到 42.4%。③

5. 在线办公

2020~2022 年，受到新冠疫情影响，我国在线办公用户规模快速增长。根据中国互联网络信息中心公布的数据，2021 年在线办公用户规模达

---

① 中国互联网络信息中心《第 50 次〈中国互联网络发展状况统计报告〉》，2022 年 9 月 1 日。
② 中国互联网络信息中心：《第 50 次〈中国互联网络发展状况统计报告〉》，2022 年 9 月 1 日。
③ 《2020 年中国在线教育行业研究报告》，https://report.iresearch.cn/report/202101/3724.shtml，2021 年 1 月。

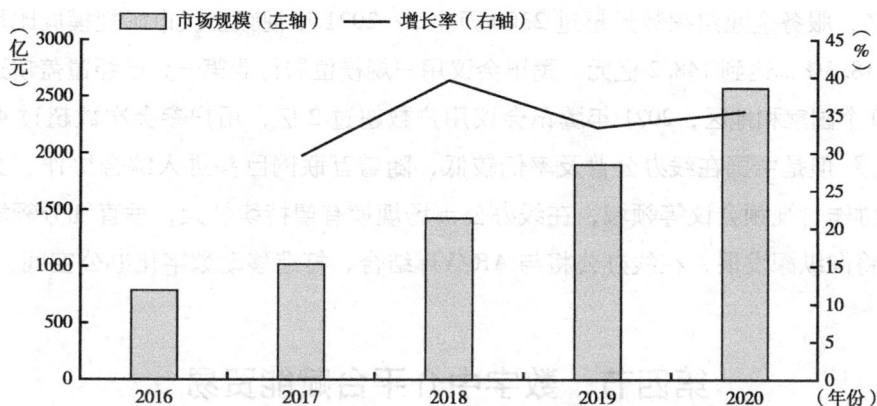

图 5-11　2016～2020 年中国在线教育行业市场规模及增速

数据来源：艾瑞咨询：《2020 年中国在线教育行业研究报告》。

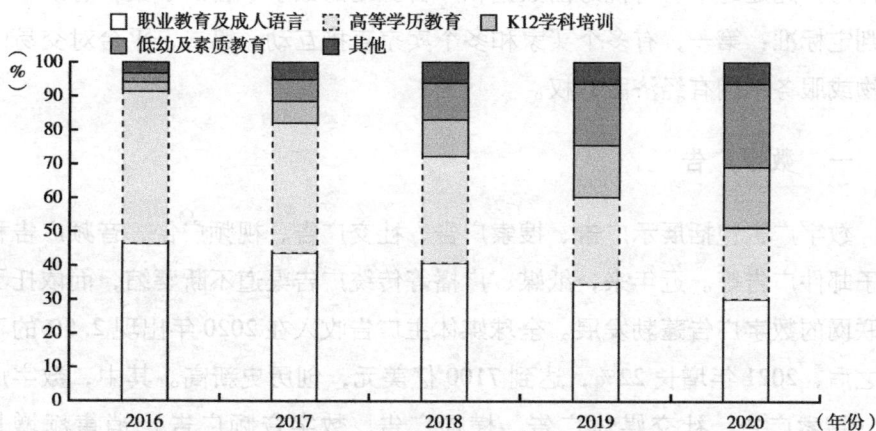

图 5-12　2016～2020 年在线教育领域结构

数据来源：艾瑞咨询：《2020 年中国在线教育行业研究报告》。

到 4.67 亿，使用率为 45.4%。① 中国在线办公行业涵盖远程通信、协同办公、综合协作平台、文档协作、视频会议平台等，能更好地解决远程协作问题，助力企业内部和企业间数字化。截至 2022 年 9 月，钉钉用户数量超过

---

① 中国互联网络信息中心：《第 50 次〈中国互联网络发展状况统计报告〉》，2022 年 9 月 1 日。

6亿，服务企业组织数量超过2300万个，[①] 2021年视频会议市场规模同比增长18.3%，达到148.2亿元。腾讯会议用户规模位居行业第一，已经覆盖超过220个国家和地区，2021年腾讯会议用户数超过2亿，用户参会次数超过40亿。[②] 但是中国在线办公普及率仍较低，随着互联网巨头进入综合协作、文档协作、视频会议等领域，在线办公市场规模有望持续扩大，垂直细分领域也将向纵深发展，在线办公将与AR/VR结合，打造移动数字化办公空间。

第四节　数字中介平台赋能贸易

数字中介平台赋能贸易指的是为买卖双方提供交易平台和中介服务的贸易行为。此处的平台可视为由数据和广告驱动的数字平台的子集，有以下两个判定标准：第一，有多个买家和多个卖家直接互动。第二，平台对交易的货物或服务不拥有经济所有权。

一　数字广告

数字广告包括展示广告、搜索广告、社交广告、视频广告、音频广告和电子邮件广告等。近年来，纸媒、广播等传统广告渠道不断萎缩，而依托于互联网的数字广告蓬勃发展。全球媒体主广告收入在2020年出现2.5%的下滑之后，2021年增长22%，达到7100亿美元，创历史新高。其中，数字广告（搜索广告、社交媒体广告、横幅广告、数字音频广告）销售额增长1050亿美元（+31%），达到4420亿美元，占全球广告销售总额的62%。[③] 因此，数字广告支出数据可以在一定程度上反映互联网广告乃至数字中介平台赋能贸易的情况。目前，中国已成为仅次于美国的全球第二大广告市场，

[①] 《用户超6亿，钉钉发布7.0版本：面向企业间协同办公，核心产品全面升级》，https://new.qq.com/rain/a/20221228A04LZO00，2022年12月28日。

[②] 《腾讯会议用户数近2亿、参会次数超过40亿，中国在线（远程）办公发展前景预测分析》，艾媒网，2021年11月3日。

[③] 盟博：《全球广告市场再创新高，超越疫情前水平——2021年12月版MAGNA全球广告预测》，《中国广告》2022年第2期。

基于全产业链数字化转型的趋势，预计到 2027 年中国数字广告市场规模将达到 1393 亿美元。① 同时，数字广告支出持续增加，2016 年以来中国数字广告支出占全球的比重基本维持在 19% ~22%（见表 5-10）。

表 5-10　2016~2019 年中国数字广告支出情况

单位：亿美元，%

年份	数字广告支出	增长率	占全球数字广告支出的比重
2016	389.4	—	20
2017	494.5	27	19
2018	654.2	32	22
2019	749.1	15	22

数据来源：《我国数字贸易发展现状——对标 OECD - WTO 体系》，https：//www. cics - cert. org. cn/web_ root/webpage/articlecontent_ 102005_ 1321373243105349633. html。

中关村互动营销实验室发布的《2021 中国互联网广告数据报告》显示，2021 年互联网行业广告收入同比增长 9.32%，达到 5435 亿元。其中，电商广告市场份额保持在 29%，展示广告市场份额下降为 29%，搜索广告市场份额持续下降至 11.9%，视频广告市场份额增长势头强劲，达到 20.4%。随着直播带货热潮的兴起，互联网广告与营销不断融合，短视频由于传播便捷、内容丰富，深受用户追捧，电商和短视频逐渐成为我国数字广告的主要载体。根据中国互联网络信息中心发布的数据，截至 2022 年 6 月，我国短视频用户规模增长最为明显，达 9.62 亿，占网民数量的 91.5%，网络直播用户规模达 7.16 亿，占网民数量的 68.1%，② 用户的增加为电商广告和视频广告的快速发展奠定了基础。

二　支付平台

截至 2022 年 6 月，我国网络支付用户规模达 9.04 亿，占网民整体

---

① 姚曦、商超余：《中国广告产业发展的内生动力、首要任务及创新路径》，《武汉大学学报》（哲学社会科学版）2022 年第 1 期。
② 中国互联网络信息中心：《第 50 次〈中国互联网络发展状况统计报告〉》，2022 年 9 月 1 日。

的86.0%。① 自 2018 年开始，我国银行处理的电子支付额快速增加，2021年达到 2976.22 万亿元，同比增长 9.75%。其中，网上支付额占比最大，但呈现下降趋势，2021 年占比跌破 80%；移动支付额占比则呈上升趋势，由 2015 年的 4.32% 上升到 2021 年的 17.71%；电话支付额占比最小（见图 5-13）。

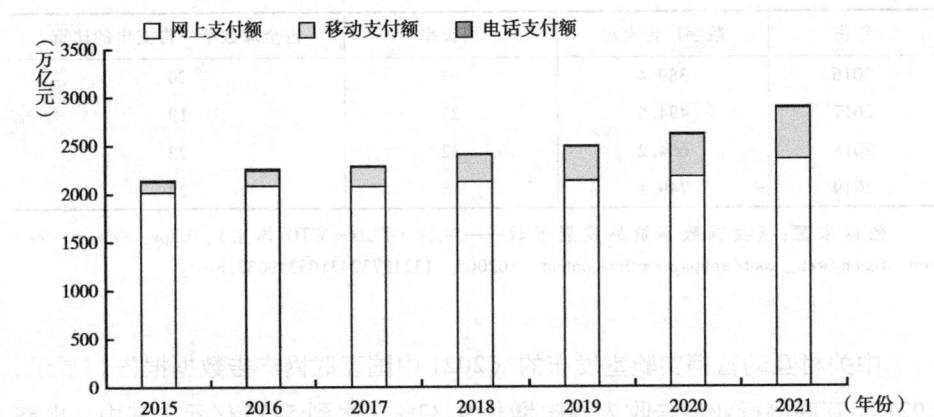

图 5-13　2015~2021 年银行处理电子支付业务发展

数据来源：2014 ~ 2021 年《支付体系总体运行情况》，http://www.pbc.gov.cn/goutongjiaoliu/113456/113469/4523666/index.html。

非银行机构处理网络支付业务量和金额快速增加，2021 年业务量同比增长 24.30%，金额同比增长 20.67%。

表 5-11　2015~2021 年非银行机构处理网络支付业务发展

单位：亿笔，万亿元

年份	业务量	金额
2015	821.45	49.48
2016	1639.02	99.27
2017	2867.47	143.26

① 中国互联网络信息中心：《第 50 次〈中国互联网络发展状况统计报告〉》，2022 年 9 月 1 日。

续表

年份	业务量	金额
2018	5306.10	208.07
2019	7199.98	249.88
2020	8272.97	294.56
2021	10283.22	355.46

数据来源：2014～2021年《支付体系总体运行情况》，http：//www.pbc.gov.cn/goutongjiaoliu/113456/113469/4523666/index.html。

　　非银行平台上的第三方移动支付是中国领先于全球的金融科技领域之一。第三方支付的迅速普及得益于技术、电子商务和社交媒体的普及，以及中国在货币数字化领域的后发优势。银行逐步失去在传统消费市场的优势，逐渐变成这些线上支付服务提供商的支付渠道、中介或者后台，并且越来越依赖于第三方服务提供商提供的金融服务运营技术支撑。支付宝是最早进入电子支付行业的企业，2004年该公司在母公司阿里巴巴旗下的电商平台上推出了电子支付选项。此后，移动支付应用程序成倍增长，其使用量也大幅增长。第三方支付市场的行业集中度很高，2020年第一季度，支付宝占据半壁江山（48.44%），微信支付位居第二（33.59%），居第三位的银联商务占比不足8%，三者市场份额总和接近90%。[①] 支付宝将区块链、云计算、人工智能等技术应用到支付业务中，衍生出刷脸支付、区块链跨境支付等，支付服务更加便捷、高效、透明，并从传统支付领域扩展到金融供应链的其他领域，核心业务范围拓宽，建立了联系消费者和客户的金融服务综合生态系统。第三方支付平台还积极从数字人民币试点中寻求发展机会。例如，拉卡拉参与了全部数字人民币试点地区的试点工作，并开发出一系列数字人民币应用产品；支付宝上线的"数字人民币"搜索功能，支持一站式使用数字人民币收付

---

① 《2020年中国第三方支付行业市场规模及竞争格局分析 支付宝、腾讯金额垄断地位稳固》，https：//www.qianzhan.com/analyst/detail/220/201113 - 77c2ab15.html，2011年1月。

款、转账和银行卡管理等功能，截至 2022 年 5 月 5 日，近 600 万个数字人民币子钱包已被推送至支付宝服务的商户。①

三 搜索引擎

截至 2022 年 6 月，我国搜索引擎用户规模达到 8.21 亿，较 2021 年 12 月减少 737 万，占网民整体的 78.2%。② 据 StatCounter 统计，百度在中国搜索引擎市场处于绝对领先位置，市场份额在 70% 波动；谷歌的市场份额明显下降，2010 年为 37.44%，仅次于百度，2022 年下降近 34.45 个百分点，仅为 2.99%（见图 5-14）。③

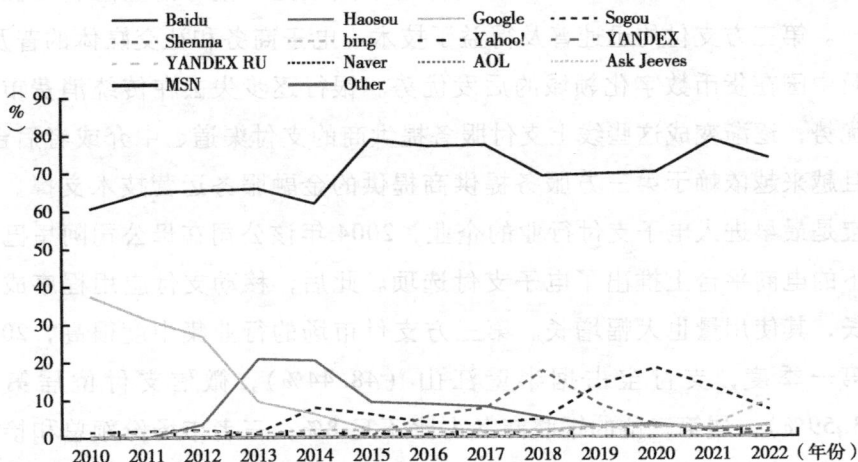

图 5-14 2010~2022 年中国搜索引擎市场格局变化

数据来源：根据 StatCounter 数据整理。

互联网企业持续深耕搜索引擎领域。腾讯、百度、阿里巴巴、字节跳动等世界级数字服务公司在搜索引擎服务领域已经成为国内行业的主导者，并在国际市场具有相当大的影响力。2022 年，字节跳动推出的悟空搜索与头

---

① 支付宝官方微信公众号，https://mp.weixin.qq.com/s/PGzRMDgttZ6PLne7Yb4seg。
② 中国互联网络信息中心：《第 50 次〈中国互联网络发展状况统计报告〉》，2022 年 9 月 1 日。
③ https://gs.statcounter.com/search-engine-market-share/all/china/#yearly-2010-2023.

条搜索和抖音搜索形成产品矩阵，多维度引流，应用内搜索用户数量持续增长，微信"搜一搜"能够满足用户多元需求，更好地将用户与内容创作者、服务提供者和入驻商户连接起来。截至 2021 年，微信"搜一搜"月活跃用户数超过 7 亿，部分类目搜索流量提升 139%，[1] 已经成为用户在手机端进行搜索的重要工具。

① 中国互联网络信息中心：《第 50 次〈中国互联网络发展状况统计报告〉》，2022 年 9 月 1 日。

第六章
数字贸易发展水平测度
——基于 2015~2021 年 50 个国家的面板数据分析

2017 年以来，我国连续五年居世界货物贸易第一大国的位置。在实体经济与数字经济深度融合发展的趋势下，我国在传统外贸领域的竞争优势已难以适应数字时代的发展要求。党的二十大报告提出，要促进数字经济和实体经济深度融合，发展数字贸易，加快建设贸易强国。本章构建包含 4 个一级指标、12 个二级指标和 20 个三级指标的数字贸易发展水平测度指标体系，基于熵值法、Z-score 方法、BP 时间序列模型和聚类分析法等多元化分析方法，对 2015~2021 年 50 个样本国家的数字贸易发展水平进行分析与预测，并在此基础上，为我国推进数字贸易强国建设、提升数字贸易水平提出政策建议。

第一节　数字贸易发展水平测度指标体系构建与方法选择

一　指标体系构建的基本原则

为了获得客观科学的研究结果，本章基于以下原则构建指标体系。

（一）科学性原则

在现有成熟的统计学理论指导下，遵循科学构建的程序，考虑数字贸易发展的阶段特征、层次结构，选取能够真实客观反映样本国家数字贸易发展情况的三级指标，通过熵值法等计量方法构建指标体系，并对研究结果进行分类评析。

（二）可操作性原则

本指标体系的构建遵循可获得性、可比性、可延续性、公开性与可靠性。数据来源于世界银行、OECD、联合国官网、中国统计数据库等渠道，具有权威性和客观性。考虑到数字贸易研究领域部分数据获取难度较大，尽量选取概念清晰、数据可得的替代指标。例如，因各国尚未就数字贸易概念和内涵达成共识，本文选取 ICT 产品出口额占产品出口总额的比例，以及数字服务出口额占服务出口总额的比例来衡量数字贸易规模。

（三）综合性原则

全面反映样本国家数字贸易发展情况，主要侧重于从数字贸易潜力、数字贸易基础、数字贸易环境、数字贸易风险四个方面考查数字贸易的影响因素，通过理清各因素间的相互关系，构建综合性指标评价体系。

二 数字贸易发展水平测度指标体系构建与数据来源

1. 构建指标体系

通过借鉴中国信息通信研究院发布的《中国数字经济发展白皮书（2021 年）》[①] 中构建的数字经济测算指标，扬子江国际数字贸易创新发展研究院发布的《2022 年中国城市数字贸易指数（DTI）蓝皮书》中构建的数字贸易指数，马述忠等[②]、沈玉良等[③]构建的指标体系，本章采取三级指标架构，构建了涵盖 4 个一级指标、12 个二级指标和 20 个三级指标的数字贸易发展水平测度指标体系，如表 6-1 所示。指标设置力求能更为全面、客观、清晰地反映一国数字贸易发展情况和发展潜能。

[①] 中国信息通信研究院：《中国数字经济发展白皮书（2021 年）》，2021 年 4 月。

[②] 马述忠、房超、郭继文：《世界与中国数字贸易发展蓝皮书》，浙江大学区域开放与发展研究中心，2018。

[③] 沈玉良、彭羽、高疆、陈历幸：《数字贸易发展新动力：RTA 数字贸易规则方兴未艾——全球数字贸易促进指数分析报告（2020）》，《世界经济研究》2021 年第 1 期。

表 6-1　数字贸易发展水平测度指标体系

一级指标	权重	二级指标	权重	三级指标	权重	数据来源
数字贸易潜力	0.220	经济发展潜力	0.098	人均 GDP（美元）	0.046	世界银行 WDI 数据库*
				进出口贸易总额（亿美元）	0.052	世界银行 WDI 数据库
		数字人才潜力	0.122	高等教育毛入学率（%）	0.071	世界银行 WDI 数据库
				每百万人中研发技术人员的数量（人）	0.051	世界银行 WDI 数据库
数字贸易基础	0.394	数字经济基础	0.095	电子商务销售额（亿美元）	0.057	联合国 UN Comtrade 数据库**，各国商务部门统计数据整理
				服务贸易总额（亿美元）	0.038	联合国 UN Comtrade 数据库
		数字基础设施	0.187	每百人移动电话用户数（个）	0.057	国际电信联盟（ITU）ICT 指标数据库
				互联网覆盖率（%）	0.081	国际电信联盟（ITU）ICT 指标数据库
				网络就绪度指数***	0.049	世界经济论坛、美国波图兰研究所、牛津大学赛德商学院《网络就绪度指数》
		数字贸易规模	0.112	ICT 产品出口额占产品出口总额的比例（%）	0.065	根据 UNCTAD 数据库、联合国 UN Comtrade 数据库数据计算
				数字服务出口额占服务出口总额的比例（%）	0.047	联合国 UN Comtrade 数据库
数字贸易环境	0.124	数字贸易营商环境	0.044	营商便利指数	0.044	世界银行 WDI 数据库
		数字贸易开放程度	0.08	数字贸易产业开放度	0.038	UNCTAD 数据库
				全球化指数	0.042	KOF 数据库

续表

一级指标	权重	二级指标	权重	三级指标	权重	数据来源
数字贸易风险	0.262	主权风险	0.041	政局稳定性和安全性	0.041	世界银行 WGI 数据库****
		政策风险	0.045	政策稳定程度	0.045	世界银行 WGI 数据库
		外债风险	0.046	外债/GDP 比重(%)	0.046	根据世界银行 WGI 数据库数据计算
		网络风险	0.048	全球网络安全指数*****	0.048	国际电信联盟第 4 版《全球网络安全指数》调查报告
		数字贸易壁垒	0.082	数字贸易限制指数******	0.043	欧洲国际政治经济中心(ECIPE)*******
				数字服务贸易限制指数(数字 STRI)	0.039	OECD

注："*"世界银行 WDI 数据库网址，https：//databank. worldbank. org/source/world-development-indicators；

"**"联合国 UN Comtrade 数据库网址，https：//comtrade. un. org/；

"***"网络就绪度指数（Networked Readiness Index）是由世界经济论坛推出的一套指标体系，对全球主要经济体利用信息和通信技术推动经济发展及竞争力的成效进行打分和排名，从而对各经济体的信息科技水平进行评估；

"****"世界银行 WGI 数据库网址，http：//info. worldbank. org/governance/wgi/；

"*****"国际电信联盟（ITU）《全球网络安全指数》（Global Cybersecurity Index，GCI），对各国在网络安全方面的双边和多边国际合作，促进网络安全同题上的承诺和动进行衡量，能力建设和相关合作 5 个方面考察各国在加强网络安全方面所做出的努力和承诺。指数聚焦法律框架、组织框架、能力建设和相关合作 5 个方面考察各国在加强网络安全方面所做出的努力和承诺；

"******"国际政治经济中心（ECIPE）于 2018 年 4 月提出了数字贸易限制指数（Digital Trade Restrictiveness Index，DTRI），包含一级指标 4 项、二级指标 13 项、具体指标 100 项，其中一级指标包括财政限制、机构成立限制、数据限制、贸易限制。本章各国历年的数字贸易壁垒取值取自数字贸易限制指数，因数据来源限制，值越大表明限制越严。指数取值范围为 0~1，0 代表完全开放，1 代表完全限制；

"*******"ECIPE，"Digital Trade Restrictiveness Index，"https：//ecipe. org/dte/dte-report/，2020 年 12 月 10 日。

2. 指标体系有效性检验

为确保数字贸易发展水平测度指标体系内容与结果的合理性、可信度和有效性，通过信度与冗余度分析对其进行检验。

（1）信度分析

运用克隆巴赫系数 α[①]（Cronbach's α）测量指标体系的信度，并运用 stata17 软件进行 Cronbach 信度分析。Cronbach's α 系数的取值为 $0 \leqslant \alpha \leqslant 1$，根据纪江明[②]的判断标准，Cronbach 指标的信度系数值越大，说明可信度越高，一般大于 0.6 的信度即为可接受。统计分析结果显示，数字贸易发展水平测度指标体系的 Cronbach's α 系数为 0.891，说明本章的指标体系的可靠程度较高。

（2）冗余度分析

依据冗余度 $\leqslant 0.5$、灵敏度 $\leqslant 5$ 的判断标准，借鉴付允和刘怡君[③]的测度方法，可计算数字贸易发展水平测度指标体系的冗余度为 0.213、灵敏度为 0.097，说明该指标体系的指标选取合理有效。

三 数字贸易发展水平测度方法

1. 熵值法简介

本章采用熵值法对数字贸易发展水平进行客观评价。熵值法是多指标综合评价中的一种客观赋权法，区别于主观赋权法由评价者根据主观态度确定权重。熵值法以评价对象指标数据的变异程度为依据计算指标权重，得到的结果更为客观。熵值法根据熵值来判断某指标的离散程度，熵值越小，离散程度越大（数据越多越分散），因而其权重即对综合评价的影响就越大。因此，可根据各项指标的变异程度，利用信息熵这一工具，确定各个指标的权重，为多指标综合评价提供依据。

2. 具体测度步骤

本章通过熵值法计算数字贸易潜力、数字贸易基础、数字贸易环境、数

---

① Cronbach 于 1951 年提出 α 信度系数法，因其在获取样本和问卷数据设计等方面的要求相对较低，弥补了其他信度方法的缺陷，是目前社会科学研究中较常使用的信度检验方法。

② 纪江明：《我国城市公共服务公众满意度熵权 TOPSIS 指数及影响因素研究》，中国社会科学出版社，2016。

③ 付允、刘怡君：《指标体系有效性的 RST 评价方法及应用》，《管理评论》2009 年第 7 期。

字贸易风险四个一级指标得分，测度 2015~2020 年各样本国家的数字贸易发展水平。从样本国家选取的范围来看，2015~2021 年，50 个样本国家的数字服务贸易进出口总额占全球的比重超过 90%，样本数据具有很强的代表性。

采用熵值法对数字贸易发展水平进行客观评价，确定各指标权重，并计算综合指标得分。

具体计算步骤为：

（1）指标标准化处理

本章选取的指标存在属性、量级的差异，并且各项指标数值之间的差异显著，因此需要首先对数字贸易的各项指标进行标准化处理。这里采用极差标准化方法，计算公式为：

$$正向指标：X'_{ij} = \frac{X_{ij} - \text{Min } X_{ij}}{\text{Max } X_{ij} - \text{Min } X_{ij}}$$

$$负向指标：X'_{ij} = \frac{\text{Max } X_{ij} - X_{ij}}{\text{Max } X_{ij} - \text{Min } X_{ij}}$$

其中，X'_{ij} 为标准化后的指标观察值，X_{ij} 为指标原始观察值，$\text{Max } X_{ij}$ 为指标原始观察值的最大值，$\text{Min } X_{ij}$ 为指标原始观察值的最小值。

（2）计算指标比重

在指标标准化处理的基础上，计算第 i 个指标在第 j 年的比重 D_{ij}。

$$D_{ij} = \frac{X'_{ij}}{\sum_{i=1}^{n} X'_{ij}}$$

（3）计算信息熵

计算各指标的贡献率之后，据此计算信息熵。信息熵度量了系统的无序程度，某项指标的指标值变异程度越大，信息熵越小，该指标提供的信息量越大，对综合评价的效用越高，该指标的权重也应越大。

$$E_j = -\frac{1}{\ln n} \sum_{j=1}^{n} X_{ij} \times \ln X_{ij}, 0 \leq E_j \leq 1$$

（4）计算指标权重

根据计算得出的熵值计算指标差异系数 G_j，进而得出各指标权重 W_j。

$$G_j = 1 - E_j$$

$$W_j = \frac{G_j}{\sum_{j=1}^{n} G_j}$$

（5）加权计算综合指标

各指标权重与无量纲化处理后的指标加权求和得到数字贸易发展水平测度指标体系。

$$D_j = \sum_{j=1}^{n} D_{ij} W_j$$

运用熵值法计算出各指标权重，从表6-1可知，四个一级指标权重排序为：数字贸易基础>数字贸易风险>数字贸易潜力>数字贸易环境。

第二节　数字贸易发展水平测度

一　基于熵值法测度数字贸易发展水平

采用熵值法对50个样本国家的数字贸易发展水平进行测度，列出2015~2021年各国数字贸易发展指数得分情况，如表6-2所示。2015~2021年，数字贸易发展指数平均得分最高的前5个国家分别是美国（0.847）、新加坡（0.786）、韩国（0.754）、丹麦（0.752）、德国（0.751），说明这几个国家数字贸易发展的基础和环境较好、潜力较大，数字贸易风险较小。

从测算结果可知，国际数字贸易竞争呈现"一超多强"格局。美国牢牢占据全球数字贸易领先地位，居于数字经济产业上游，在国际数字贸易规则领域拥有主导权，国内数字贸易基础环境成熟、贸易结构平衡、贸易体量庞大且增长迅速，拥有强大的数字贸易发展潜力，已经成为全球数字贸易第一大国，国际市场占有率为16.7%，超过英国（9.6%）、德国（6.4%）、中国（4.5%）等。[①] 此外，数个经济发达国家紧随其后，澳大利亚（0.741）、日本

---

① 张雪春、曾园园：《美国数字贸易现状与中美数字贸易关系展望》，《南方金融》2022年第4期。

（0.739）、荷兰（0.714）、英国（0.707）、法国（0.702）等国家数字贸易发展指数平均得分也较高，说明这些国家数字贸易发展也处于领先地位。从单个年份的数字贸易发展指数得分来看，2015~2021年，美国仅在2019年位列第2，其他年份均居第一位。新加坡和韩国实力相当，7年间，新加坡有1年位居第一、4年位居第二、1年位居第四、1年位居第五，韩国有1年位居第八、1年位居第二、1年位居第七、2年位居第三、2年位居第六。

　　整体上看，发达国家数字贸易发展水平较高。在新兴经济体中，中国、马来西亚、巴西、阿根廷、俄罗斯、墨西哥、泰国、印度尼西亚、印度等国的数字贸易发展水平相对较高。

　　从我国的得分可以看出，2015~2021年我国数字贸易发展指数得分呈现增长趋势，从0.642上升至0.643，7年平均排名为第23名。作为数字贸易大国，我国拥有庞大的市场规模，发展潜力巨大，但与数字贸易领先国家相比还存在较大差距，在提升数字基础设施普及程度、优化数字贸易结构、改善数字贸易环境方面还有较大的空间。

表6-2　2015~2021年50个国家数字贸易发展水平测度结果

国家	2015年	2016年	2017年	2018年	2019年	2020年	2021年	7年均值	均值排名
美国	0.822	0.903	0.875	0.828	0.793	0.846	0.859	0.847	1
新加坡	0.801	0.794	0.782	0.734	0.812	0.762	0.817	0.786	2
韩国	0.714	0.797	0.725	0.762	0.782	0.753	0.743	0.754	3
丹麦	0.758	0.779	0.745	0.757	0.756	0.745	0.725	0.752	4
德国	0.753	0.745	0.727	0.795	0.753	0.772	0.713	0.751	5
澳大利亚	0.738	0.743	0.734	0.721	0.718	0.762	0.769	0.741	6
日本	0.712	0.723	0.725	0.744	0.724	0.792	0.754	0.739	7
荷兰	0.712	0.753	0.761	0.701	0.685	0.684	0.704	0.714	8
英国	0.784	0.729	0.712	0.637	0.696	0.618	0.774	0.707	9
法国	0.728	0.725	0.709	0.698	0.691	0.679	0.683	0.702	10
瑞典	0.703	0.720	0.703	0.694	0.699	0.683	0.687	0.698	11
芬兰	0.695	0.703	0.698	0.690	0.686	0.686	0.694	0.693	12
新西兰	0.683	0.687	0.695	0.697	0.699	0.675	0.667	0.686	13
西班牙	0.712	0.714	0.689	0.683	0.692	0.684	0.627	0.686	14
加拿大	0.643	0.765	0.665	0.677	0.661	0.614	0.675	0.671	15
奥地利	0.672	0.674	0.685	0.667	0.615	0.695	0.637	0.664	16
爱尔兰	0.677	0.683	0.663	0.657	0.661	0.650	0.650	0.663	17

国家	2015 年	2016 年	2017 年	2018 年	2019 年	2020 年	2021 年	7 年均值	均值排名
卢森堡	0.686	0.688	0.671	0.653	0.644	0.635	0.650	0.661	18
阿联酋	0.624	0.691	0.624	0.675	0.663	0.625	0.696	0.657	19
挪威	0.664	0.667	0.648	0.649	0.656	0.647	0.646	0.654	20
爱沙尼亚	0.653	0.656	0.648	0.647	0.656	0.651	0.653	0.652	21
瑞士	0.648	0.626	0.635	0.654	0.634	0.684	0.673	0.651	22
中国	0.642	0.653	0.665	0.649	0.647	0.639	0.643	0.648	23
比利时	0.593	0.619	0.631	0.628	0.657	0.667	0.674	0.638	24
马来西亚	0.619	0.627	0.618	0.617	0.631	0.609	0.615	0.619	25
巴西	0.606	0.612	0.615	0.614	0.623	0.626	0.626	0.617	26
以色列	0.612	0.613	0.613	0.607	0.604	0.607	0.610	0.610	27
意大利	0.593	0.613	0.607	0.587	0.611	0.613	0.630	0.608	28
阿根廷	0.598	0.611	0.610	0.605	0.597	0.595	0.603	0.603	29
俄罗斯	0.586	0.601	0.600	0.598	0.610	0.596	0.618	0.601	30
白俄罗斯	0.623	0.626	0.618	0.595	0.586	0.575	0.585	0.601	31
葡萄牙	0.591	0.584	0.585	0.588	0.608	0.599	0.612	0.595	32
捷克	0.563	0.571	0.573	0.589	0.611	0.596	0.610	0.587	33
立陶宛	0.601	0.584	0.573	0.562	0.579	0.577	0.590	0.581	34
希腊	0.587	0.582	0.567	0.545	0.568	0.558	0.573	0.568	35
冰岛	0.536	0.541	0.538	0.531	0.545	0.542	0.544	0.539	36
斯洛文尼亚	0.482	0.484	0.486	0.483	0.482	0.468	0.469	0.479	37
拉脱维亚	0.482	0.511	0.484	0.440	0.468	0.468	0.470	0.475	38
波兰	0.474	0.461	0.471	0.465	0.468	0.436	0.440	0.459	39
匈牙利	0.466	0.466	0.463	0.473	0.464	0.420	0.435	0.455	40
斯洛伐克	0.467	0.463	0.463	0.437	0.461	0.420	0.430	0.449	41
智利	0.466	0.468	0.461	0.433	0.414	0.435	0.430	0.444	42
墨西哥	0.462	0.463	0.475	0.419	0.417	0.439	0.413	0.441	43
埃及	0.403	0.419	0.431	0.428	0.437	0.467	0.474	0.437	44
泰国	0.464	0.467	0.418	0.419	0.436	0.417	0.416	0.434	45
印度尼西亚	0.433	0.436	0.418	0.417	0.436	0.431	0.433	0.429	46
印度	0.419	0.427	0.418	0.417	0.431	0.409	0.415	0.419	47
越南	0.406	0.412	0.415	0.414	0.423	0.426	0.426	0.417	48
罗马尼亚	0.412	0.413	0.413	0.407	0.404	0.407	0.410	0.410	49
巴基斯坦	0.403	0.413	0.407	0.387	0.411	0.413	0.430	0.409	50

二　基于 Z-score 方法评价数字贸易发展水平一级指标

本章将一级指标得分通过 Z-score 标准化方法①处理，表 6-3 列出 50 个国家 4 项一级指标 2015~2021 年的年均得分。

表 6-3　2015~2021 年 50 个国家一级指标平均得分

国家	数字贸易潜力		数字贸易基础		数字贸易环境		数字贸易风险	
	年均得分	排名	年均得分	排名	年均得分	排名	年均得分	排名
美国	100.000	1	85.500	3	100.000	1	69.181	6
新加坡	80.573	2	77.209	11	65.317	8	69.829	3
韩国	22.289	11	100.000	1	48.719	14	66.841	9
丹麦	45.717	4	78.836	10	38.521	22	69.578	5
德国	37.986	5	76.324	12	32.368	31	69.607	4
澳大利亚	51.918	3	56.606	30	32.061	32	100.000	1
日本	25.080	8	74.527	15	75.483	6	67.023	8
荷兰	20.572	13	82.291	5	43.150	19	60.638	16
英国	22.163	12	69.070	20	70.344	7	65.170	11
法国	17.746	16	79.050	9	11.882	45	59.849	18
瑞典	26.885	7	65.325	26	28.543	34	69.114	7
芬兰	8.897	33	68.918	21	64.273	9	60.824	15
新西兰	8.536	34	79.606	7	95.195	2	55.627	23
爱沙尼亚	8.038	35	32.642	40	6.182	47	75.233	2
加拿大	24.171	9	55.418	32	32.052	33	65.821	10
奥地利	22.892	10	71.635	16	34.785	29	62.663	14
爱尔兰	17.137	17	67.779	23	42.363	20	55.934	22
卢森堡	19.484	14	81.516	6	46.771	15	60.194	17
阿联酋	14.417	20	79.330	8	22.309	39	56.598	20
挪威	13.751	24	65.521	25	58.997	12	56.024	21
西班牙	9.021	31	68.612	22	9.220	46	63.069	13
瑞士	13.135	25	82.770	4	38.550	21	58.697	19
中国	33.579	6	88.489	2	33.286	30	39.444	40

---

①　也称标准差标准化法。当某个指标的最大值和最小值未知，或有超出取值范围的离群数值时，采用 Z-score 方法进行标准化较为适用。

国家	数字贸易潜力		数字贸易基础		数字贸易环境		数字贸易风险	
	年均得分	排名	年均得分	排名	年均得分	排名	年均得分	排名
比利时	18.026	15	22.874	45	78.828	5	64.241	12
马来西亚	16.453	18	52.283	33	27.858	36	54.505	24
巴西	13.866	21	74.616	14	46.487	16	48.603	30
以色列	13.865	22	67.762	24	52.955	13	49.413	29
意大利	5.974	37	70.058	19	20.458	41	51.121	28
阿根廷	9.648	28	31.633	42	93.011	3	45.600	32
俄罗斯	7.548	36	75.309	13	45.464	18	51.703	27
白俄罗斯	3.398	42	70.515	17	19.469	42	21.232	47
葡萄牙	9.997	27	65.079	27	21.201	40	52.931	26
捷克	9.647	29	48.988	37	24.828	38	54.250	25
立陶宛	9.565	30	50.545	34	45.493	17	46.379	31
希腊	5.851	40	50.295	35	60.831	11	44.005	34
冰岛	2.243	44	63.922	29	25.021	37	42.720	36
斯洛文尼亚	13.804	23	64.421	28	17.228	43	43.318	35
拉脱维亚	3.715	41	70.072	18	37.924	24	39.813	39
波兰	13.002	26	31.607	43	38.366	23	34.795	42
匈牙利	2.195	45	37.226	39	37.393	25	41.745	38
斯洛伐克	9.003	32	55.523	31	0.022	50	31.460	43
智利	5.899	39	25.800	44	35.735	28	42.082	37
墨西哥	3.098	43	22.866	46	35.845	27	28.181	45
埃及	1.468	47	31.785	41	28.494	35	28.186	44
泰国	0.245	48	49.196	36	0.036	48	39.286	41
印度尼西亚	5.965	38	22.066	47	36.872	26	22.753	46
印度	2.110	46	14.439	48	62.058	10	44.700	33
越南	0.124	49	40.634	38	12.867	44	17.080	48
罗马尼亚	15.675	19	6.141	50	80.731	4	9.293	49
巴基斯坦	0.101	50	9.049	49	0.030	49	8.118	50

1. 数字贸易潜力指标

数字贸易潜力指标包括经济发展潜力和数字人才潜力两个二级指标，人均 GDP、进出口贸易总额、高等教育毛入学率、每百万人中研发技术人员的数量 4 个三级指标。

从数字贸易潜力指标得分来看，美国得分最高，我国位列第 6，原因在于美国的人均 GDP、高等教育毛入学率、每百万人中研发技术人员的数量等在世界范围内均名列前茅，新加坡、澳大利亚、丹麦、德国等国在该指标上的得分也较高。

2. 数字贸易基础指标

数字贸易基础指标包括数字经济基础、数字基础设施、数字贸易规模 3 个二级指标，电子商务销售额、服务贸易总额、每百人移动电话用户数、互联网覆盖率、网络就绪度指数、ICT 产品出口额占产品出口总额的比例、数字服务出口额占服务出口总额的比例 7 个三级指标。

从数字贸易基础指标得分来看，韩国得分最高，我国位列第 2。我国在电子商务销售额、服务贸易总额等方面具有相对优势。荷兰、卢森堡、瑞士的数字基础设施发展较好，该项指标总体得分较高。

3. 数字贸易环境指标

数字贸易环境指标包括数字贸易营商环境、数字贸易开放程度两个二级指标，营商便利指数、数字贸易产业开放度、全球化指数 3 个三级指标。

从数字贸易环境指标得分来看，美国得分最高，新西兰位列第 2。中国列第 30 位，泰国、巴基斯坦和斯洛伐克得分排最后三位，这三个国家在营商便利指数、数字贸易产业开放度、全球化指数等指标上得分均较低。

4. 数字贸易风险指标

数字贸易风险指标包括主权风险、政策风险、外债风险、网络风险、数字贸易壁垒 5 个二级指标，政局稳定性和安全性、政策稳定程度、外债/GDP 比重、全球网络安全指数、数字贸易限制指数、数字服务贸易限制指数（数字 STRI） 6 个三级指标。

从数字贸易风险指标得分来看，澳大利亚、爱沙尼亚和新加坡居前三位。中国列第 40 位，说明我国在数字贸易风险指标方面处于相对劣势地位，与领先国家具有较大差距。尤其是在数字贸易壁垒方面，我国数字贸易壁垒指标得分较高，原因之一在于本章构建的指标体系中，衡量数字贸易壁垒的指标之一为数字贸易限制指数，按欧洲国际政治经济中心（ECIPE）公布的数字贸易限制指数得分，中国贸易限制得分最高① （0.7 分），排第二名的是俄罗斯 （0.46 分）。相较而言，美国、新西兰、丹麦的数字贸易风险较低，澳大利亚、爱沙尼亚、新加坡、德国、丹麦等国的数字贸易限制较少，因而其数字贸易风险指标的得分排名靠前。

从各项一级指标得分可知，我国数字贸易发展的优势主要集中在数字贸易潜力、数字贸易基础方面，而在数字贸易环境和数字贸易风险方面具有一定的劣势。

三　基于 BP 时间序列模型预测数字贸易发展水平

1. BP 时间序列预测模型

BP 时间序列预测模型是一种数据统计与预测的运算模型，通过模拟生物神经元传输系统，对时间序列的有限观测样本历史数据进行总结模拟和迭代演算，解释数据的规律并进行预测，其数据预测结果具有较高的精度和稳定性。

2. 数字贸易发展水平预测

本章运用 Matlab 2017a 将构建的 BP 时间序列预测模型进行循环迭代计算，得到 2022~2025 年样本国家数字贸易指数的预测值，结果见表 6-4。

表 6-4　50 个样本国家数字贸易发展指数 BP 时间序列预测结果

国家	2021 年真实值	2021 年预测值	相对误差绝对值(%)	2022 年预测值	2023 年预测值	2024 年预测值	2025 年预测值
美国	0.859	0.862	0.414	0.860	0.863	0.866	0.868
新加坡	0.817	0.822	0.001	0.819	0.821	0.811	0.813
韩国	0.743	0.735	0.005	0.745	0.776	0.794	0.815
丹麦	0.725	0.712	0.067	0.716	0.721	0.713	0.707
德国	0.713	0.721	0.066	0.714	0.722	0.726	0.732
澳大利亚	0.769	0.757	0.047	0.771	0.775	0.778	0.781
日本	0.754	0.746	0.004	0.756	0.758	0.764	0.771
荷兰	0.704	0.714	0.068	0.707	0.712	0.723	0.727

① 0 分为完全开放，1 分为完全限制。

续表

国家	2021年真实值	2021年预测值	相对误差绝对值（%）	2022年预测值	2023年预测值	2024年预测值	2025年预测值
英国	0.774	0.769	0.041	0.776	0.782	0.785	0.790
法国	0.683	0.677	0.101	0.686	0.689	0.691	0.695
瑞典	0.687	0.687	1.604	0.688	0.691	0.694	0.696
芬兰	0.694	0.694	1.011	0.697	0.701	0.704	0.707
新西兰	0.667	0.667	1.766	0.668	0.674	0.677	0.678
西班牙	0.627	0.627	0.647	0.628	0.634	0.635	0.637
加拿大	0.675	0.675	0.011	0.677	0.682	0.685	0.689
奥地利	0.637	0.637	0.014	0.638	0.641	0.644	0.652
爱尔兰	0.650	0.651	0.017	0.651	0.654	0.663	0.663
卢森堡	0.650	0.651	0.004	0.651	0.655	0.656	0.658
阿联酋	0.696	0.683	0.171	0.702	0.706	0.707	0.714
挪威	0.646	0.646	0.461	0.647	0.652	0.655	0.654
爱沙尼亚	0.653	0.653	0.117	0.654	0.657	0.662	0.663
瑞士	0.673	0.669	0.042	0.678	0.681	0.687	0.685
中国	0.643	0.645	0.016	0.668	0.685	0.703	0.711
比利时	0.674	0.674	0.071	0.675	0.678	0.678	0.682
马来西亚	0.615	0.617	0.164	0.620	0.623	0.624	0.622
巴西	0.626	0.631	0.016	0.627	0.622	0.632	0.634
以色列	0.610	0.614	0.424	0.611	0.609	0.612	0.613
意大利	0.630	0.636	0.002	0.631	0.632	0.636	0.635
阿根廷	0.603	0.603	0.006	0.604	0.605	0.609	0.606
白俄罗斯	0.618	0.619	0.065	0.619	0.621	0.623	0.622
俄罗斯	0.585	0.587	0.056	0.550	0.548	0.549	0.546
葡萄牙	0.612	0.612	0.046	0.613	0.614	0.612	0.613
捷克	0.610	0.612	0.004	0.611	0.612	0.613	0.611
立陶宛	0.590	0.592	0.065	0.592	0.596	0.593	0.591
希腊	0.573	0.573	0.041	0.574	0.571	0.568	0.569
冰岛	0.544	0.544	0.103	0.545	0.548	0.550	0.552
斯洛文尼亚	0.469	0.469	0.104	0.470	0.471	0.473	0.476
拉脱维亚	0.470	0.47	0.011	0.472	0.430	0.475	0.476
波兰	0.440	0.44	0.206	0.441	0.442	0.444	0.448
匈牙利	0.435	0.439	0.045	0.436	0.435	0.441	0.442
斯洛伐克	0.430	0.421	0.022	0.433	0.428	0.425	0.431
智利	0.430	0.43	0.024	0.431	0.427	0.423	0.432

国家	2021 年 真实值	2021 年 预测值	相对误差 绝对值(%)	2022 年 预测值	2023 年 预测值	2024 年 预测值	2025 年 预测值
墨西哥	0.413	0.413	0.026	0.414	0.419	0.408	0.412
埃及	0.474	0.466	0.004	0.476	0.468	0.469	0.454
泰国	0.416	0.416	0.161	0.417	0.412	0.418	0.424
印度尼西亚	0.433	0.435	0.026	0.434	0.446	0.448	0.455
印度	0.415	0.419	0.362	0.457	0.455	0.456	0.439
越南	0.426	0.424	0.116	0.427	0.422	0.425	0.423
罗马尼亚	0.410	0.413	0.040	0.413	0.411	0.419	0.419
巴基斯坦	0.430	0.432	0.051	0.433	0.432	0.428	0.425

3. 结果分析

在表 6-4 中，将 2021 年样本国家数字贸易发展指数的真实值作为检验数据，其真实值与预测值之间的相对误差绝对值小于 2%，平均相对误差绝对值仅为 0.17%，说明 BP 时间序列预测模型的拟合效果良好、精确度较高，预测结果可信度较高。

从预测结果可知，2022～2025 年，美国、韩国、新加坡、澳大利亚、日本等数字贸易强国的数字贸易发展水平依然保持领先地位，巴基斯坦、罗马尼亚、越南、印度、泰国、埃及、墨西哥、智利、斯洛伐克等国数字贸易发展相对缓慢，需要采取高效的改革措施推进数字贸易发展。2025 年，中国的数字贸易发展指数排名从 2021 年的第 22 位跃居第 10 位，说明虽然当前我国数字贸易发展指数得分较低，但发展潜力巨大，到 2025 年仍有机会赶超其他数字贸易领先国家。

第三节　基于聚类分析法的数字贸易发展阶段分析

一　样本国家数字贸易发展的四大阵营

为更好说明 50 个样本国家数字贸易发展所处的不同阶段，本节运用

stata17 软件的系统聚类分析法，将 50 个国家分成四类，并与前文表 6-2 的数字贸易发展指数 7 年均值得分结果对应起来（见表 6-5）。因此，50 个样本国家划分为数字贸易发达国家（数字贸易发展指数 7 年均值 ≥ 0.70）、数字贸易较发达国家（数字贸易发展指数 7 年均值位于 0.65 ~ 0.70）、数字贸易发展中国家（数字贸易发展指数 7 年均值位于 0.45 ~ 0.65）和数字贸易欠发展国家（数字贸易发展指数 7 年均值 < 0.45）四大阵营。

表 6-5　50 个样本国家数字贸易发展的四大阵营

阵营	数量（个）	样本国家	数字贸易发展指数 7 年均值
第一阵营：数字贸易发达国家	10	美国、新加坡、韩国、丹麦、德国、澳大利亚、日本、荷兰、英国、法国	≥0.70
第二阵营：数字贸易较发达国家	12	瑞典、芬兰、新西兰、西班牙、加拿大、奥地利、爱尔兰、卢森堡、阿联酋、挪威、爱沙尼亚、瑞士	0.65 ~ 0.70
第三阵营：数字贸易发展中国家	18	中国、比利时、马来西亚、巴西、以色列、意大利、阿根廷、俄罗斯、白俄罗斯、葡萄牙、捷克、立陶宛、希腊、冰岛、斯洛文尼亚、拉脱维亚、波兰、匈牙利	0.45 ~ 0.65
第四阵营：数字贸易欠发展国家	10	斯洛伐克、智利、墨西哥、埃及、泰国、印度尼西亚、印度、越南、罗马尼亚、巴基斯坦	<0.45

组间方差分析的结果显示，四类阵营间数字贸易发展程度存在明显差异（$p < 0.001$），说明四类阵营在数字贸易发展程度上有明显的阶段性差异，也说明当前全球数字贸易发展不平衡状况较为突出。

第一阵营由 10 个数字贸易发达国家构成，在样本国家中占比 20%。这些国家在数字贸易发展总体水平上领先全球，拥有先进的数字技术，数字领域人力资源丰富，数字贸易开放程度高、营商环境好。

第二阵营由 12 个数字贸易较发达国家构成，在样本国家中占比 24%。

这些国家数字贸易发展整体水平与第一阵营国家相比差距不大，但部分国家在数字贸易若干指标方面存在明显不足。例如，数字贸易环境居第 9 位的芬兰，因数字贸易潜力得分偏低而归入第二阵营。

第三阵营由 18 个数字贸易发展中国家构成，在样本国家中占比 36%。这些国家的数字贸易整体发展水平明显落后于前两个阵营，但在数字贸易的某些方面有较高的水平。例如中国的数字贸易基础一级指标 7 年平均得分居样本国家第 2 位。

第四阵营由 10 个数字贸易欠发展国家组成，在样本国家中占比 20%。这一阵营国家基本是亚非拉国家，数字贸易发展水平远远低于前三个阵营的其他样本国家。其中，罗马尼亚的数字贸易环境指标明显领先第四阵营的其他国家，但其他指标得分较低，导致整体指标排名靠后。

测算的 50 个样本国家主要来自欧洲（30 国）、亚洲（12 国）、美洲（6 国）和大洋洲（2 国），其中欧洲国家占比 60%，且有 24 个国家为欧盟成员国。在欧洲国家中，除了丹麦、德国、荷兰、英国、法国 5 国属于第一阵营，斯洛伐克和罗马尼亚属于第四阵营外，其他 23 国分属第二和第三阵营，且以第三阵营国家为主。亚洲国家在四个阵营的分布出现断层现象，新加坡、韩国、日本等 3 个发达国家位列第一阵营，中国、马来西亚、以色列属于第三阵营，埃及、泰国等 6 国位于第四阵营，第二阵营中没有亚洲国家。

二 四大阵营数字贸易发展的区间差异

表 6-6 中列出了四个阵营国家在数字贸易发展水平测度指标体系中的 4 个一级指标的均值差异，可以发现当前导致全球数字贸易发展不平衡的主要因素有：第一，第四阵营"数字贸易欠发展国家"的数字贸易发展程度远远低于其他国家，其与第三阵营国家的数字贸易发展程度差距也明显高于其他几个阵营国家间的差距。第二，四个阵营国家在数字贸易潜力、数字贸易基础、数字贸易环境、数字贸易风险四个一级指标上的组间方差都非常显著（$p < 0.001$），说明数字贸易发展不平衡不是由某个单独因素造成的，而是表现为全方位不平衡，导致总体发展程度差异较大。第三，发展不平衡程度最

小的一级指标是"数字贸易环境",不平衡程度最高的一级指标是"数字贸易潜力"。

表 6-6 四大阵营国家数字贸易发展的差异

阵营	数字贸易潜力	数字贸易基础	数字贸易环境	数字贸易风险	数字贸易发展指标均值
第一阵营国家	42.404	77.941	51.784	69.772	64.739
第二阵营国家	15.533	68.256	39.936	61.649	51.414
第三阵营国家	10.680	57.538	40.338	45.878	42.041
第四阵营国家	4.370	27.749	29.269	27.113	22.627
方差检验 F 值	156.720 ***	19.04 ***	15.610 ***	18.780 ***	120.840 ***

注:"***"表示 $p < 0.001$。

由此可见,在世界各国数字贸易发展不平衡现象加剧的同时,数字贸易也为发展中国家带来新的发展机遇,通过大力发展关键数字技术研发创新,加快数字化转型,加强数字基础设施建设,培育数字贸易人才,提高数字贸易开放程度,优化数字贸易营商环境,就有可能在全球数字贸易中获得比较优势,从而更广泛地参与全球数字服务分工,为本国带来新的经济增长动力。

第四节 研究结论与政策建议

一 研究结论

本章梳理了 2015~2021 年全球 50 个样本国家的数字贸易相关数据,基于由数字贸易潜力、数字贸易基础、数字贸易环境、数字贸易风险 4 个一级指标,以及 12 个二级指标、20 个三级指标构建的数字贸易发展水平测度指标体系,使用熵值法测算权重,计算数字贸易发展水平,并采用 BP 时间序列预测模型对 2022~2025 年样本国家数字贸易发展水平测度指标值进行预测,分析其未来演变趋势。同时采用聚类分析法依据数字贸易发展水平对

50 个样本国家进行分类，具体结论如下。

从熵值法测算结果可知，数字贸易发展水平测度指标体系中，由数字经济基础、数字基础设施和数字贸易规模构成的数字贸易基础对绿色发展影响最大，数字贸易潜力和数字贸易风险影响适中，数字贸易环境影响相对较低。各国应积极发挥营商环境和开放程度对数字贸易发展的驱动作用，提升数字贸易发展水平。2015～2021 年，50 个样本国家数字贸易发展水平总体呈波动上升趋势。与 2019 年相比，2020 年有 21 个样本国家数字贸易发展水平下降，这主要是受新冠疫情全球蔓延影响。2021 年全球数字贸易发展逐渐恢复。

2015～2021 年，美国、新加坡、韩国、丹麦、德国的数字贸易发展指数均位居世界前列，总体来看发达国家的数字贸易发展水平高于发展中国家和新兴经济体。这一时期我国数字贸易发展指数得分呈现增长趋势，平均排名居发展中国家之首。从数字贸易发展指数的一级指标得分来看，我国在数字贸易潜力、数字贸易基础方面具有优势，而在数字贸易环境和数字贸易风险方面则具有一定的劣势，数字贸易开放程度较低，网络风险和数字贸易壁垒较高。

BP 模型预测结果显示，2022～2025 年领先国家的数字贸易发展水平将进一步攀升，现阶段排名相对靠后国家的数字贸易发展状况得到改善，但依旧保持较低水平，说明这些国家现有的发展模式不能使本国数字贸易得到良好改善，需要采取更加开放的数字贸易改革举措。据预测结果，2025 年中国的数字贸易发展指数排名从 2021 年的第 23 位跃居第 10 位，发展潜力巨大。

样本国家数字贸易发展阶段分析的结果显示，全球数字贸易集中在美国、新加坡、欧盟等国家和地区。少数国家成为全球数字贸易的主导者，促使国际数字贸易规则的参与度更加集中，这将使多边框架下的数字贸易规则构建面临一定的挑战。数字贸易规则涉及的新兴产业发展与监管、数据要素流动和安全等议题与各国未来经济发展直接相关，各国应当从共同利益出发，发挥多边主义关键作用和积极作用，在多边框架下就数字贸易规则开展协商，共同应对全球挑战。

二　政策建议

（一）大力提升数字贸易开放程度

我国应提升数字贸易便利度，进一步扩大开放，推动增值电信、教育、医疗等领域的开放度进一步提升；推动行政审批便利化、人员跨境往来便利化，简化外国人来华审批流程。积极推进高水平自由贸易区的建立，打造具有国内示范作用和全球辐射效应的数字贸易示范区。同时，遴选试点城市大力发展数字贸易，多途径提升数字贸易开放程度，全力打造数字贸易示范区。在国际合作方面，不仅要加强国际交流与合作，加快建设数字贸易全球合作共享中心，还要积极推动与其他国家在新兴数字技术、金融技术等方面的合作，提高电子商务开放程度，鼓励我国数字贸易中介平台"走出去"。

（二）积极参与数字贸易国际规则构建

数字贸易浪潮席卷全球，积极主动参与数字贸易国际规则构建是维护一国权益的必由之路，置身于国际规则之外必然在多方博弈中处于下风。我国应积极开展数字贸易及规则研究，对标 CPTPP 和 DEPA 等高标准数字贸易规则，不断推进数字产品市场准入、知识产权保护以及数字营商环境等方面规则的研究与完善。还要同步加强国内数字贸易、数字知识产权保护相关立法，尤其是与数字贸易有关的典型数据立法；积极参与全球数字经济和数字贸易规则谈判与国际标准制定，关注数据跨境流动、隐私保护、源代码保护、电子传输关税和数字服务税等焦点问题，推动建立各方普遍接受的、符合发展中国家普遍利益的国际规则。在多边框架下，进一步加快推进 RTA 高水平数字贸易规则谈判进程，为尽快形成统一的国际数字贸易标准贡献中国智慧、中国方案、中国力量。

（三）全面筑牢数字贸易安全屏障

我国应加快建立完善的数据安全系统，提高数字风险识别能力，保障数据采集、数据存储、数据流动安全，建立数据跨境流动安全评估机制，强化风险监管。同时，提升数字贸易网络基础设施的安全性，参考发达国家已有标准，构建关键领域数字基础设施的安全防护体系。要尽快构建起保护网络个人信息，如线上消费者隐私的法律框架，同步做好跨境数据交换的网络安全监管与治理工作，确保数据在开放共享中的安全可控，为我国营造良好的数字贸易网上生态圈提供安全保障。

（四）加快推进数字基础设施建设

我国应着力推动城乡数字基础设施建设，尤其需要积极推进农村地区互联网普及率的增长以及网络宽带的广泛使用。一是要进一步降低数字基础设施的使用成本，支持数字技术在下沉市场的应用，努力弥合数字鸿沟；二是要让数字基础设施朝着高速、安全、智能的方向进一步发展，加快建设以5G、数据中心、下一代互联网为代表的数字基础设施，同时，鼓励相关企业积极探索更加广阔的数字基础设施应用领域；三是要有序推动农业、工业、服务业的数字化转型与数字化产业的结构升级，大力发展数字贸易相关产业，加快工业互联网、物联网技术、区块链技术、云计算等数字技术与实体经济的融合，持续推动数字技术的进步和数字经济的发展。

第七章
中国数字贸易区域发展的
异质性分析

本章从数字基础设施、数字技术创新、数字产业发展和数字贸易基础四个方面构建数字贸易发展水平评价指标体系，基于 2013~2021 年 31 个省区市的面板数据，对我国数字贸易区域发展水平进行测度，分析其演变趋势，并构建固定效应模型探究数字贸易发展对地区经济增长的影响路径，发现数字贸易的四个因素（数字基础设施、数字技术创新、数字产业发展和数字贸易基础）能够有效促进区域经济发展，且促进作用存在区域异质性。

第一节　区域数字贸易发展水平测算

一　指标体系构建与数据来源

本章借鉴已有文献中数字贸易发展水平评价指标体系的选取思路，[①] 综合考虑数据可得性，从数字基础设施、数字技术创新、数字产业发展、数字

[①]　易靖韬、王悦昊：《数字化转型对企业出口的影响研究》，《中国软科学》2021 年第 3 期；吴庆勇、冯立、岳磊磊：《中国金融市场发展水平测度及异质性分析》，《经济纵横》2022 年第 6 期；梁兴辉、张旭冉：《数字经济能否促进区域经济充分发展？——基于省际面板数据的实证研究》，《燕山大学学报》（哲学社会科学版）2023 年第 1 期。

贸易基础四个维度构建区域数字贸易发展水平评价指标体系，共包括 22 个具体指标，如表 7-1 所示。

表 7-1　数字贸易发展水平评价指标体系

一级指标	二级指标	影响方向	指标代码
数字基础设施	移动电话交换机容量（万户）	+	A_1
	长途光缆线路长度（万公里）	+	A_2
	邮政业务总量（亿元）	+	A_3
	移动电话普及率（部/百人）	+	A_4
	域名数（万个）	+	A_5
	互联网宽带接入端口（万个）	+	A_6
数字技术创新	R&D 人员全时当量（人年）	+	B_1
	R&D 项目平均经费（万元/件）	+	B_2
	有效发明专利数（件）	+	B_3
	技术市场成交额（万元）	+	B_4
数字产业发展	电信业务总量（亿元）	+	C_1
	企业每百人使用计算机数（台）	+	C_2
	每百家企业拥有网站数（个）	+	C_3
	有电子商务交易活动的企业数比重（%）	+	C_4
	电子商务销售额（亿元）	+	C_5
数字贸易基础	地区生产总值/年末人口数（万元）	+	D_1
	各省份人均第一产业增加值（亿元）	+	D_2
	各省份人均第二产业增加值（亿元）	+	D_3
	各省份人均第三产业增加值（亿元）	+	D_4
	各省份城镇单位就业人口占总人口比例（%）	+	D_5
	人均进出口总额（千美元，按经营单位所在地）	+	D_6
	全体居民人均消费支出（元）	+	D_7

数据来源：根据历年《中国统计年鉴》和各省区市统计年鉴整理。

本节以 2013~2021 年全国 31 个省区市的 22 个二级指标为研究对象筛选数据，对于缺失值采用插值法补充，数据主要来自国家统计局数据和各省区市统计年鉴等。

二　确定指标权重

结合 2013~2021 年我国 31 个省区市 22 个指标的面板数据，使用客观赋权法中的熵权法为各指标进行客观赋权，通过每个二级指标的权重计算各省区市的综合得分，从而实现对各省区市数字贸易发展综合水平的客观评价。本章对于面板数据的熵权法通过 Matlab 代码实现。设有 r 个年份、n 个省份、m 个指标，则 X_{tij} 表示第 t 年第 i 个省份第 j 个指标的值。

（一）指标的标准化处理

不同的指标有不同的量纲和单位，因此需要进行标准化处理，且本章所采用的指标均为正向指标，采用的标准化公式为：

$$X'_{tij} = \frac{X_{tij} - X_{min}}{X_{max} - X_{min}}$$

其中，X_{tij} 是第 t 年第 i 个省份第 j 个指标的原始数据，X_{max}、X_{min} 分别表示第 j 个指标在第 i 个省份 r 个年份中的最大值、最小值。指标标准化处理后，X'_{tij} 的取值范围为 $[0, 1]$，X'_{tij} 表示在 n 个省份 r 个年份中的相对大小。

（二）非负平移

$$X'_{tij} = X'_{tij} + 0.001$$

标准化后，可能会对小于等于 0 的数据取对数，从而产生 null 值或者 NAN。一般对所有数据加上很小的数来避免这种影响。

（三）计算权重

$$\lambda_{tij} = X'_{tij} \bigg/ \sum_{t}^{r} \sum_{i}^{n} X'_{tij}$$

（四）计算熵值

$$S_j = -P \sum_{t}^{r} \sum_{i}^{n} \lambda_{tij} \ln(\lambda_{tij})$$
$$P = 1/\ln(rn)$$

（五）计算差异系数

第 j 项指标的差异系数为：

$$E_j = 1 - S_j$$

（六）计算第 j 项指标的权重

$$W_j = E_j / \sum_j^m E_j$$

（七）计算每个省份每个年份下的综合得分

指标权重与标准化后的指标值相乘：

$$U_{ti} = \sum_j^m W_j (X'_{tij})^T$$

三 测算结果

依据 31 个省区市 2013～2021 年的数据，根据表 7-1 构建的数字贸易发展水平评价指标体系和熵权法为各指标进行客观赋权、计算各省份的数字贸易发展水平综合得分，各二级指标权重如表 7-2 所示。

表 7-2 二级指标权重

指标	A_1	A_2	A_3	A_4	A_5	A_6	B_1	B_2	B_3	B_4	C_1
权重	0.0243	0.0208	0.1056	0.0154	0.0705	0.0315	0.0742	0.0141	0.1009	0.1017	0.0643
指标	C_2	C_3	C_4	C_5	D_1	D_2	D_3	D_4	D_5	D_6	D_7
权重	0.0234	0.0050	0.0150	0.0744	0.0274	0.0156	0.0243	0.0427	0.0372	0.0925	0.0192

（一）各省区市数字贸易发展水平及变化趋势

从 2013～2021 年 31 个省区市数字贸易发展水平词云图（见图 7-1）可知，整体来看，我国数字贸易发展水平呈现出逐年增长趋势，广东、北京、江苏、上海和浙江这 5 个省市一直扮演"领头羊"的角色。其中，广东省的表现最为突出。同时，图 7-2 中 31 个省区市数字贸易发展水平可视化结果表明，2013 年以来，我国各省区市数字贸易发展水平呈现出两极分化特征，此外还有典型的区域集群分布特征。

因此，本节将从空间和时间两个角度对我国 31 个省区市数字贸易发展

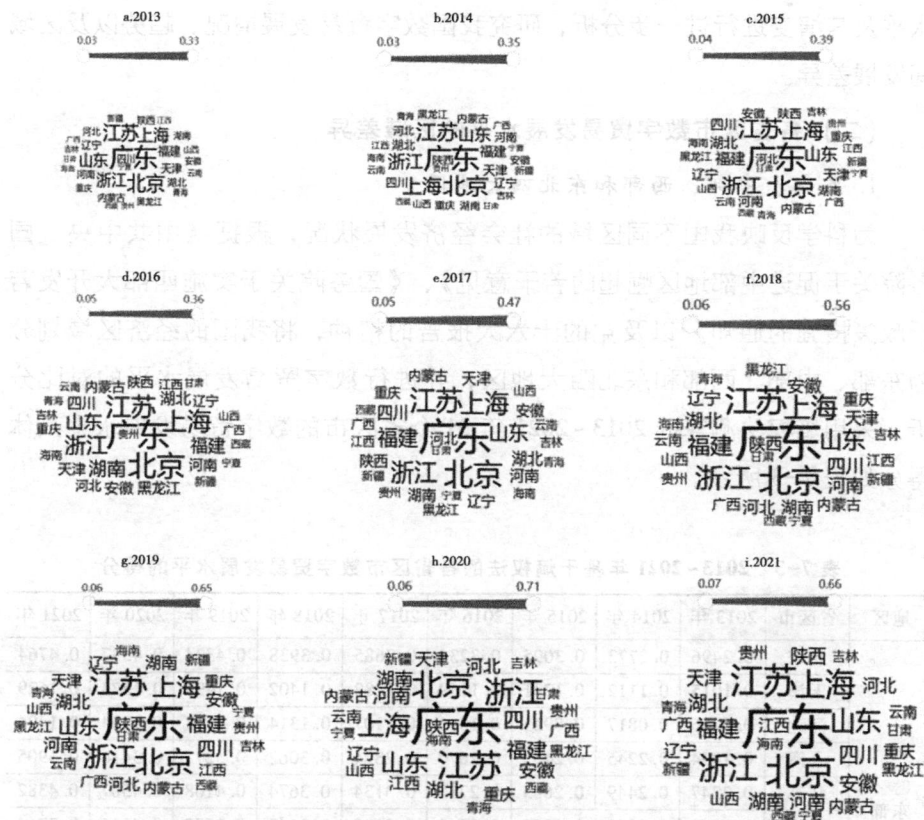

图 7-1 2013~2021 年 31 个省区市数字贸易发展水平词云图

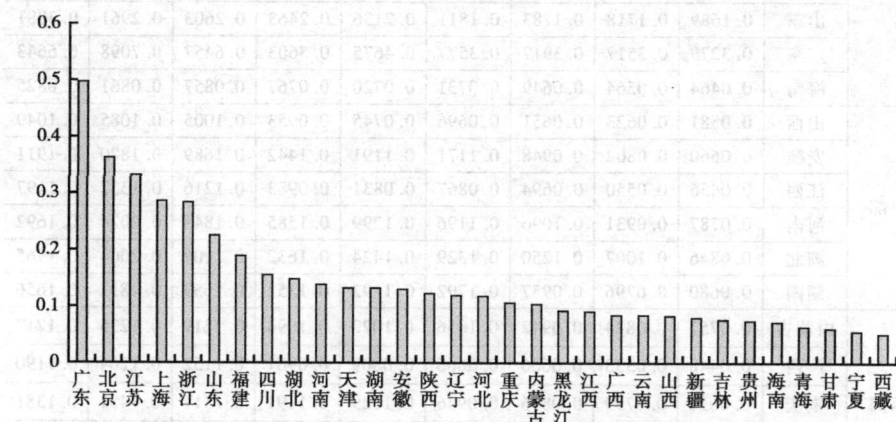

图 7-2 2013~2021 年 31 个省区市数字贸易发展水平

水平及其演变进行进一步分析，研究我国数字贸易发展情况、趋势以及区域间发展差异。

（二）各省区市数字贸易发展水平的区域差异

1. 东部、中部、西部和东北四大地区

为科学反映我国不同区域的社会经济发展状况，根据《中共中央 国务院关于促进中部地区崛起的若干意见》、《国务院关于实施西部大开发若干政策措施的通知》以及党的十六大报告的精神，将我国的经济区域划分为东部、中部、西部和东北四大地区，并进行数字贸易发展水平的对比分析。采用熵权法测算的 2013~2021 年 31 个省区市的数字贸易发展水平具体得分如表 7-3 所示。

表 7-3　2013~2021 年基于熵权法的各省区市数字贸易发展水平的得分

地区	省区市	2013 年	2014 年	2015 年	2016 年	2017 年	2018 年	2019 年	2020 年	2021 年
东部	北京	0.2496	0.2773	0.3095	0.3234	0.3685	0.3938	0.4334	0.4337	0.4764
	天津	0.1015	0.1112	0.1231	0.1169	0.1282	0.1402	0.1495	0.1574	0.1629
	河北	0.0736	0.0817	0.0921	0.1011	0.1107	0.1314	0.1541	0.1734	0.1494
	上海	0.1894	0.2245	0.2455	0.2670	0.2824	0.3062	0.3271	0.3416	0.3905
	江苏	0.2247	0.2449	0.2665	0.2715	0.3134	0.3674	0.4108	0.4507	0.4382
	浙江	0.1764	0.1943	0.2259	0.2248	0.2698	0.3143	0.3675	0.4115	0.3714
	福建	0.1147	0.1275	0.1450	0.1648	0.2184	0.2279	0.2432	0.2277	0.2313
	山东	0.1689	0.1718	0.1783	0.1811	0.2136	0.2463	0.2603	0.2961	0.3081
	广东	0.3279	0.3517	0.3917	0.3577	0.4675	0.5603	0.6457	0.7098	0.6643
	海南	0.0464	0.0564	0.0649	0.0731	0.0720	0.0767	0.0857	0.0861	0.0825
中部	山西	0.0581	0.0623	0.0651	0.0696	0.0745	0.0953	0.1005	0.1085	0.1049
	安徽	0.0660	0.0802	0.0948	0.1171	0.1191	0.1442	0.1689	0.1880	0.1911
	江西	0.0456	0.0550	0.0694	0.0867	0.0831	0.0983	0.1216	0.1332	0.1197
	河南	0.0787	0.0931	0.1096	0.1196	0.1299	0.1585	0.1848	0.2024	0.1692
	湖北	0.0846	0.1007	0.1250	0.1329	0.1424	0.1632	0.1909	0.2004	0.1965
	湖南	0.0680	0.0796	0.0957	0.1792	0.1192	0.1351	0.1659	0.1812	0.1656
西部	内蒙古	0.0757	0.0824	0.0942	0.1056	0.1022	0.1094	0.1219	0.1235	0.1217
	广西	0.0448	0.0533	0.0606	0.0666	0.0809	0.0961	0.1152	0.1264	0.1190
	重庆	0.0616	0.0759	0.0846	0.0946	0.1029	0.1191	0.1317	0.1451	0.1381
	四川	0.0824	0.0977	0.1152	0.1228	0.1438	0.1776	0.2147	0.2360	0.2080
	贵州	0.0349	0.0440	0.0535	0.0621	0.0687	0.0835	0.1027	0.1110	0.1034

续表

地区	省区市	2013 年	2014 年	2015 年	2016 年	2017 年	2018 年	2019 年	2020 年	2021 年
西部	云南	0.0489	0.0581	0.0665	0.0689	0.0787	0.0952	0.1147	0.1258	0.1033
	西藏	0.0279	0.0346	0.0403	0.0534	0.0507	0.0579	0.0612	0.0635	0.0667
	陕西	0.0728	0.0844	0.0969	0.1042	0.1162	0.1366	0.1553	0.1666	0.1652
	甘肃	0.0345	0.0404	0.0485	0.0549	0.0573	0.0680	0.0758	0.0843	0.0747
	青海	0.0487	0.0526	0.0554	0.0571	0.0600	0.0686	0.0706	0.0784	0.0766
	宁夏	0.0360	0.0422	0.0467	0.0519	0.0564	0.0628	0.0650	0.0695	0.0686
	新疆	0.0577	0.0661	0.0677	0.0709	0.0749	0.0853	0.0954	0.0987	0.0941
东北	辽宁	0.0917	0.0981	0.1129	0.1020	0.1148	0.1299	0.1416	0.1470	0.1375
	吉林	0.0477	0.0599	0.0640	0.0699	0.0755	0.0853	0.0947	0.1004	0.0871
	黑龙江	0.0668	0.0745	0.0767	0.1212	0.0840	0.0909	0.1015	0.1087	0.0992
全国		0.0938	0.1057	0.1189	0.1288	0.1413	0.1621	0.1830	0.1963	0.1899

2013~2021 年，各经济区域的数字贸易发展水平均有所提升，特别是在 2016 年前后东部地区开始飞速发展（见图 7-3）。究其原因，一方面是我国经济飞速发展，人民消费需求不断增长，为数字贸易的发展提供了源源不断的动力。另一方面，我国在政策层面开始积极推动数字贸易产业发展，陆续出台了多项有效促进数字贸易发展的支持政策，如 2015 年 7 月和 8 月相继发布《国务院关于积极推进"互联网+"行动的指导意见》和《促进大数据发展行动纲要》，对数字技术发展做出规划；2016 年 7 月发布《国家信息化发展战略纲要》，提出大力发展跨境电子商务；同年 12 月国务院出台《"十三五"国家信息化规划》，提出促进数字内容产业健康发展，支持移动电商和跨境电商等新型电商模式发展。

然而，从全国均值的角度来看，在样本考察期全国数字贸易发展水平虽然整体增长，但水平一直较低。从四大经济区域数字贸易发展水平比较来看，2013~2021 年由高到低分别是东部、中部、东北和西部，如图 7-3 所示。从数字贸易发展水平的空间分布变化来看，数字贸易发展最早的是东部地区，而后是中部地区、东北地区、西部地区。

四大区域的数字贸易发展呈现出明显的不平衡特征，主要表现为东部地区在数字贸易发展上一直有着很明显的领先优势，这种优势随着时间的推移而增强。同时，东部地区数字贸易发展的增长势头也较为强劲；而中部地区的数字贸易发展水平居中，增速平稳；东北地区和西部地区的数字贸易发展水平较低，增速较为平稳。此外，各区域内部也呈现出发展不平衡的特征，尤其是东部地区各省市数字贸易发展水平差距较大，发展水平高的少，发展水平低的多；中部、西部和东北地区内部各省区市间虽然也有差距，但相对较小。

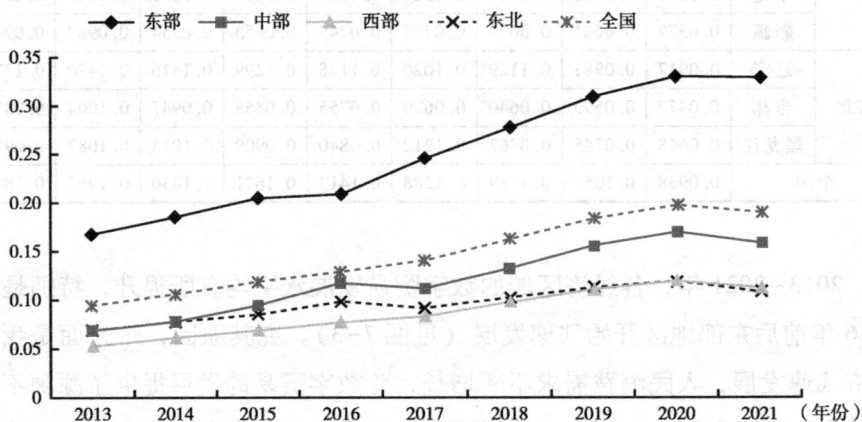

图7-3 2013～2021年四大经济区域和全国数字贸易发展水平变化趋势

从四大经济区域的数字贸易发展水平的变化趋势来看，各区域间数字贸易发展水平呈现出同步变化（同增同减）趋势，说明各区域之间数字贸易发展具有一定的相关性。

从图7-3可以发现，2020年前后，四大经济区域的数字贸易发展势头都趋于放缓甚至后退，究其原因，可能是新冠疫情全球蔓延带来的直接和间接影响。

2. 长江三角洲、环渤海地区、泛珠三角地区

对长江三角洲、环渤海地区、泛珠三角地区三大经济圈进行分析，采用熵权法测算2013～2021年三大经济圈所包含省区市的数字贸易发展水平，具体结果如表7-4所示。

表 7-4　2013~2021 年三大经济圈所包含城市的数字贸易发展水平得分

地区	省区市	2013 年	2014 年	2015 年	2016 年	2017 年	2018 年	2019 年	2020 年	2021 年
长江三角洲	上海	0.1894	0.2245	0.2455	0.2670	0.2824	0.3062	0.3271	0.3416	0.3905
	江苏	0.2247	0.2449	0.2665	0.2715	0.3134	0.3674	0.4108	0.4507	0.4382
	浙江	0.1764	0.1943	0.2259	0.2248	0.2698	0.3143	0.3675	0.4115	0.3714
	安徽	0.0660	0.0802	0.0948	0.1171	0.1191	0.1442	0.1689	0.1880	0.1911
环渤海地区	北京	0.2496	0.2773	0.3095	0.3234	0.3685	0.3938	0.4334	0.4337	0.4764
	天津	0.1015	0.1112	0.1231	0.1169	0.1282	0.1402	0.1495	0.1574	0.1629
	河北	0.0736	0.0817	0.0921	0.1011	0.1107	0.1314	0.1541	0.1734	0.1494
	山西	0.0581	0.0623	0.0651	0.0696	0.0745	0.0953	0.1005	0.1085	0.1049
	内蒙古	0.0757	0.0824	0.0942	0.1056	0.1022	0.1094	0.1219	0.1235	0.1217
	辽宁	0.0917	0.0981	0.1129	0.1020	0.1148	0.1299	0.1416	0.1470	0.1375
	山东	0.1689	0.1718	0.1783	0.1811	0.2136	0.2463	0.2603	0.2961	0.3081
泛珠三角地区	福建	0.1147	0.1275	0.1450	0.1648	0.2184	0.2279	0.2432	0.2277	0.2313
	江西	0.0456	0.0550	0.0694	0.0867	0.0831	0.0983	0.1216	0.1332	0.1197
	湖南	0.0680	0.0796	0.0957	0.1792	0.1192	0.1351	0.1659	0.1812	0.1656
	广东	0.3279	0.3517	0.3917	0.3577	0.4675	0.5603	0.6457	0.7098	0.6643
	广西	0.0448	0.0533	0.0606	0.0666	0.0809	0.0961	0.1152	0.1264	0.1190
	海南	0.0464	0.0564	0.0649	0.0731	0.0720	0.0767	0.0857	0.0861	0.0825
	四川	0.0824	0.0977	0.1152	0.1228	0.1438	0.1776	0.2147	0.2360	0.2080
	贵州	0.0349	0.0440	0.0535	0.0621	0.0687	0.0835	0.1027	0.1110	0.1034
	云南	0.0489	0.0581	0.0665	0.0689	0.0787	0.0952	0.1147	0.1258	0.1033
均值		0.1145	0.1276	0.1435	0.1531	0.1715	0.1965	0.2223	0.2384	0.2325
全国		0.0938	0.1057	0.1189	0.1288	0.1413	0.1621	0.1830	0.1963	0.1899

从表 7-4 可知，三大经济圈的数字贸易发展水平在整体上高于全国平均水平，但同样存在显著的发展不平衡问题，主要体现在长江三角洲数字贸易发展水平高、环渤海地区和泛珠三角地区发展水平相对较低。如图 7-4 所示，三大经济圈在数字贸易发展水平上的差距并没有明显的扩大趋势，尤其是环渤海地区和泛珠三角地区 2013~2021 年数字贸易发展水平趋于持平。

（三）各省区市数字贸易发展水平的演进发展阶段

为了研究各省区市数字贸易发展水平变化情况，对 2013~2021 年 31 个省区市的数字贸易发展水平进行聚类分析，结果如图 7-5 所示。根据谱系图，

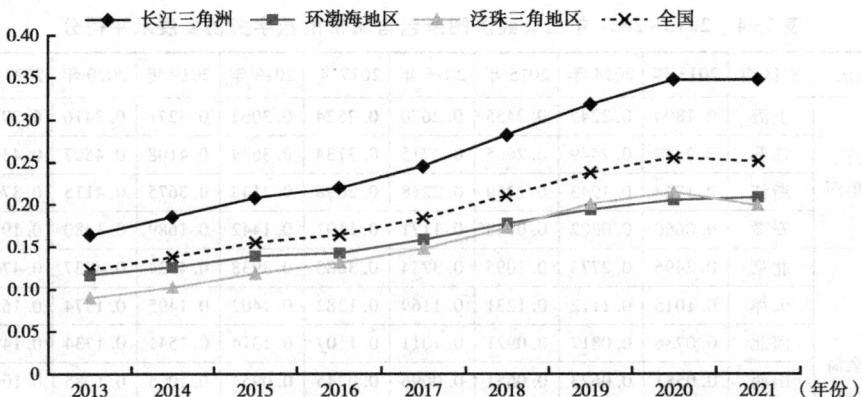

图7-4　2013~2021年三大经济圈数字贸易发展水平变化趋势

可以将2013~2021年各省区市的数字贸易发展水平划分为三个阶段：第一阶段（2013~2016年），为缓慢发展阶段，数字贸易发展水平较低，但增速逐渐加快；第二阶段（2017~2018年），为快速发展阶段，各省区市数字贸易发展水平不断提升；第三阶段（2019~2021年），为减速发展阶段，此阶段各省区市数字贸易发展水平较高，但增速减缓。

第二节　数字贸易发展促进地区经济增长的实证分析

一　研究设计

（一）模型构建

本节旨在通过实证研究考察数字贸易发展对地区经济的影响，具体的计量模型设定如下：

$$rgdp_{it} = \alpha + \beta \, digital_{it} + \gamma \, X_{it} + \mu_{it} + \varepsilon_{it}$$

式中，i 表示省份，t 表示年份。$rgdp_{it}$ 表示 t 时第 i 个省份的人均 GDP，$digital_{it}$ 表示 t 时第 i 个省份的数字贸易发展水平，μ_{it} 是个体效应，ε_{it} 为随机

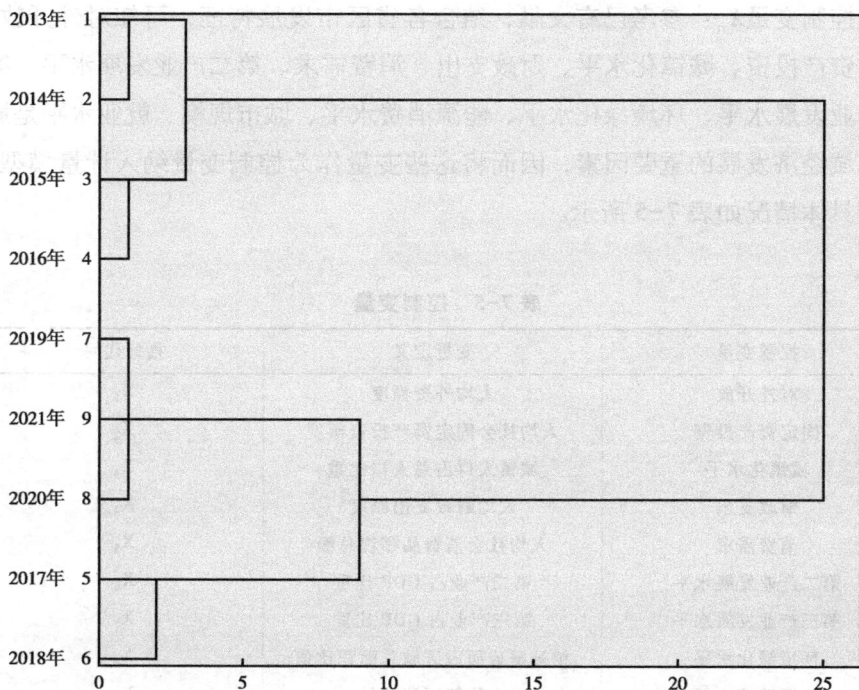

图 7-5　2013~2021 年 31 个省区市数字贸易发展水平聚类谱系图

误差项，X_{it} 代表其他的控制变量。

数据类型方面，为了尽可能地减少异方差出现的可能性以及消除量纲的影响，使得模型更加合理，本节对所述各变量均进行对数化处理。

（二）变量设置和说明

被解释变量 $rgdp_{it}$：人均国内生产总值（$rgdp$）作为衡量经济发展最重要的指标，比较客观地反映了一个国家的经济发展水平。为研究数字贸易发展对地区经济的影响，将人均 GDP 作为被解释变量。

核心解释变量 $digital_{it}$：关于数字贸易发展情况目前仍没有可直接使用且较为统一的衡量指标，本节采用前文的测算结果进行衡量，即基于数字基础设施、数字技术创新、数字产业发展和数字贸易基础四个维度的 22 个具体指标构建我国数字贸易发展水平评价指标体系，并采用熵权法确定上述 22 个指标的权重，测算我国 31 个省区市 2013~2021 年数字贸易发展水平。

控制变量 X_{it}：参考已有文献，结合各省区市发展特征，可知对外开放、固定资产投资、城镇化水平、财政支出、消费需求、第二产业发展水平、第三产业发展水平、环境绿化水平、能源消费水平、城市规模、就业水平是影响区域经济发展的重要因素，因而将这些变量作为控制变量纳入计量模型，变量具体情况如表 7-5 所示。

表 7-5　控制变量

控制变量	变量定义	指标代码
对外开放	人均外资额度	X_1
固定资产投资	人均社会固定资产投资额度	X_2
城镇化水平	城镇人口占总人口比重	X_3
财政支出	人均财政支出额度	X_4
消费需求	人均社会消费品零售总额	X_5
第二产业发展水平	第二产业占 GDP 比重	X_6
第三产业发展水平	第三产业占 GDP 比重	X_7
环境绿化水平	植被覆盖面占区域总面积比值	X_8
能源消费水平	人均能源消费量	X_9
城市规模	城市区域面积占区域总面积比值	X_{10}
就业水平	就业人口占总人口比重	X_{11}

表 7-5 中数据主要来自各省区市历年统计年鉴、国家统计局和 Wind 数据库。

（三）变量的描述性统计

本节采用 2013~2021 年 31 个省区市的面板数据进行实证分析，描述性统计具体情况如表 7-6 所示。可知模型中总体样本数量为 279 个，数据的特征表现为均值较小、标准差较小，且数值比较集中。

表 7-6　描述性统计

变量	均值	标准差	最小值	最大值	观测值
lnrgdp	1.685	0.422	0.786	2.912	279
lndigital	−2.139	0.635	−3.579	−0.343	279

续表

变量	均值	标准差	最小值	最大值	观测值
$\ln x_1$	4.515	1.429	-0.615	7.220	279
$\ln x_2$	10.670	0.370	9.493	11.490	279
$\ln x_3$	-0.548	0.218	-1.439	-0.110	279
$\ln x_4$	9.537	0.439	8.688	11.040	279
$\ln x_5$	9.979	0.460	8.913	11.190	279
$\ln x_6$	-0.954	0.230	-1.835	-0.584	279
$\ln x_7$	-0.685	0.149	-1.060	-0.178	279
$\ln x_8$	3.683	0.100	2.894	3.898	279
$\ln x_9$	1.252	0.422	0.517	2.399	279
$\ln x_{10}$	-3.627	1.732	-8.195	0	279
$\ln x_{11}$	-0.565	0.109	-0.871	-0.239	279

（四）　相关性分析

相关性分析的结果如图 7-6 所示。可见，被解释变量 $\ln rgdp$ 与 $\ln digital$、$\ln x_3$、$\ln x_5$ 的相关系数绝对值均在 0.8 以上，相关程度较高，与 $\ln x_6$、$\ln x_9$、$\ln x_{11}$ 的相关系数绝对值均在 0.3 以下，相关程度较低。

二　实证结果及分析

（一）　方法选择

为考察数字贸易发展水平对我国各省区市经济的影响，本节选取 2013~2021 年 31 个省区市样本数据（不包括港澳台地区），就数字贸易发展水平对区域经济的影响进行面板数据模型估计，对样本数据分别进行混合回归、固定效用回归和随机效用回归，再使用豪斯曼检验方法进行模型的筛选，最终选择面板固定效应模型进行分析。

由于固定效应的自相关和异方差检验的结果显示 p 值小于 0.05，即拒绝原假设，说明固定效应回归结果存在异方差以及自相关问题，故接下来需要对回归进行修正，运用聚类稳健标准误得到修正后的回归结果，如表 7-7 所示。

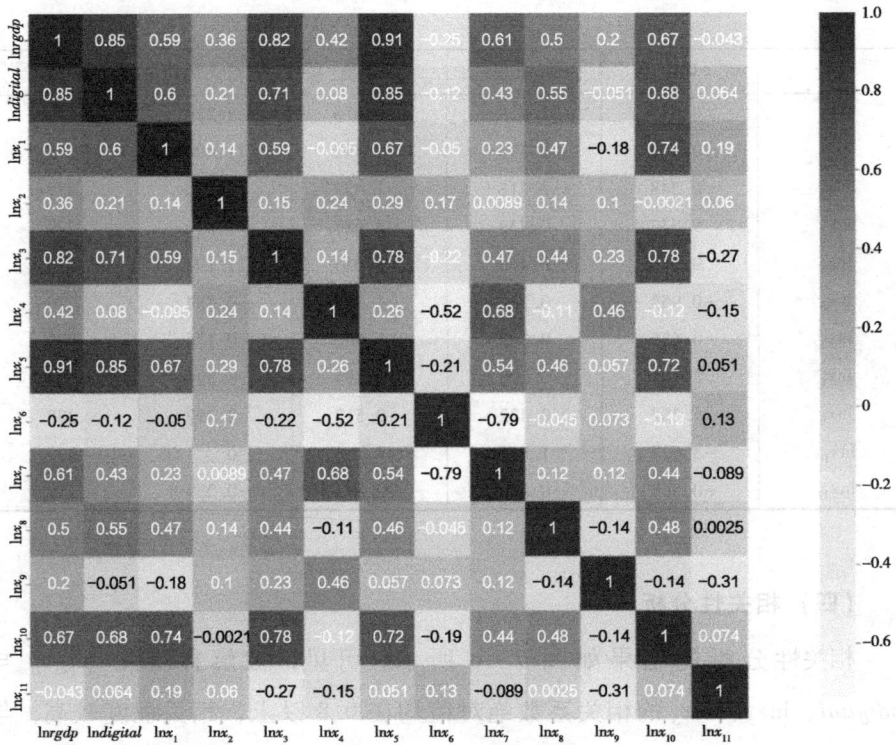

图 7-6　相关性分析结果

表 7-7　回归结果

变量	回归系数
ln*digital*	0.257 *** (3.92)
其他变量	控制

注：Robust t-statistics in parentheses；*** p<0.01，** p<0.05，* p<0.1。

从表 7-7 可见，数字贸易发展水平对我国地区经济的影响效应估计系数为正，且在统计上显著。这表明数字贸易发展水平对我国地区经济发展有显著的正向赋能作用，与预期理论一致。使用修正后的面板固定效应模型估计的系数为 0.257，即数字贸易发展水平每提高 1%，区域经济增长 0.257%。

（二）稳定性检验

为保证实证结果的可靠性，对面板数据分别进行 OLS 回归、固定效应回归、随机效应回归分析，结果显示除变量系数大小和显著性水平出现变化外，变量系数符号均未发生变化，如表 7-8 所示，说明实证分析结果具有稳定性。

表 7-8　回归结果

变量	OLS	固定效应回归	随机效应回归
ln*digital*	0.221***	0.257***	0.163***
	(3.87)	(3.92)	(6.50)
其他变量	控制	控制	控制

注：Robust t-statistics in parentheses；*** $p<0.01$，** $p<0.05$，* $p<0.1$。

（三）地区异质性分析

考虑到我国幅员辽阔，各省区市经济发展基础、地理位置等因素的差异性，以及各地对数字贸易发展重视程度的异质性，本节构建两个分类标准进行地区的异质性分析研究。一是按东、中、西将 31 个省区市样本归类为三大区域后进行分区域回归，二是对长江三角洲、环渤海地区、泛珠三角地区三大经济圈进行分区域回归，以考察数字贸易发展对各地经济的异质性影响，回归的结果如表 7-9、表 7-10 所示。

表 7-9　数字贸易发展水平对三大区域经济的回归结果

变量	回归系数（东部）	回归系数（中部）	回归系数（西部）
数字贸易发展水平	0.376***	0.046	0.210**
	(4.02)	(0.69)	(2.60)
是否显著	显著	不显著	显著
其他变量	控制	控制	控制

注：Robust t-statistics in parentheses；*** $p<0.01$，** $p<0.05$，* $p<0.1$。

表 7-9 的实证分析结果表明，数字贸易发展对区域经济的正向促进效应在东、中、西之间依然存在很明显的异质性。具体而言，数字贸易发展对

区域经济的影响，东部地区表现最明显，西部地区次之，而中部地区表现不显著，结论基本与预期一致。

东部地区的数字贸易发展在1%的显著性水平下对经济增长产生了积极的影响，这是因为一方面东部地区一直以来数字贸易发展水平高，拥有丰富的数字资源和完善的数字贸易基础设施，数字贸易渗透率高；另一方面，东部地区对数字贸易的重视程度高，数字政策支持力度大，这在很大程度上鼓励了数字贸易发展，增强了数字贸易发展优势，为地区经济发展不断增添新动力。

中部地区数字贸易发展对地方经济的促进作用不明显，这可能是因为中部地区数字资源尚不充足，数字化基础完善程度也不及东部，数字贸易渗透率不高，不能充分发挥数字贸易对经济发展的促进作用。同时，中部地区具有劳动力资源丰富、市场庞大、生产要素成本相对较低等优势，各因素在促进经济增长上都大有可为，因而可能对数字贸易发展不够重视，没有充分挖掘数字贸易发展对经济增长的促进作用。

西部地区的数字贸易发展水平在5%的显著性水平下对经济增长产生了积极的影响，这是因为一方面数字经济发展所带来的效率提升、信息溢出、市场规模扩大等效应，将会使落后地区获得更大的后发优势，有利于实现追赶乃至跨越式发展；另一方面，西部地区经济基础更加薄弱，在数字贸易发展水平和数字化基础建设等方面都不及中部和东部地区，但西部地区作为东部地区产业转移的承接地，具有较为完善的产业体系。随着国家政策不断加大对西部地区的支持力度，数字化建设不断加快，数字经济在产业间不断渗透，西部地区的数字经济将发挥出巨大的发展潜力。

表 7-10　数字贸易发展水平对三大经济圈的回归结果

变量	回归系数 （长江三角洲）	回归系数 （环渤海地区）	回归系数 （泛珠三角地区）
数字贸易发展水平	0.470 ** (3.91)	0.520 ** (2.50)	0.181 * (2.07)
是否显著	显著	显著	显著
其他变量	控制	控制	控制

注：Robust t-statistics in parentheses；*** p<0.01，** p<0.05，* p<0.1。

表 7-10 的实证分析结果表明，长江三角洲、环渤海地区和泛珠三角地区的数字贸易发展分别在 5%、5%、10% 的显著性水平下对经济增长产生积极的影响。具体而言，数字贸易发展对区域经济的影响，在环渤海地区表现最明显，长江三角洲地区次之，泛珠三角地区最弱，结论基本和预期一致。数字贸易发展之所以能在三大经济圈中发挥促进经济增长的作用，首先是三大经济圈经济基础好；其次是目前全国数字贸易发展水平较高的地区均被三大经济圈所覆盖，数字贸易发展基础好；最后，三大经济圈交通方便，科技力量雄厚，劳动力丰富，为数字贸易发挥积极的促进区域经济增长的作用创造了良好的条件。

第三节　数字贸易发展影响区域经济增长的路径分析

数字贸易发展有丰富的内涵，本章构建的区域数字贸易发展水平评价指标体系包括 4 个一级指标和 22 个二级指标，前文分析了数字贸易发展对区域经济增长的影响，本节就数字贸易发展水平评价指标体系中各一级指标对区域经济增长的影响展开实证分析，探究数字贸易发展影响区域经济增长的不同路径。

一　描述性分析

本节回归所涉及的变量及其描述性统计具体见表 7-11，数据的特征表现为均值较小，标准差较小，且数值比较集中。

表 7-11　描述性统计

变量	均值	标准差	最小值	最大值
$\ln A_1$	8.716	0.762	5.974	10.080
$\ln A_2$	0.925	0.867	-2.408	2.529
$\ln A_3$	4.682	1.555	0.737	8.667
$\ln A_4$	4.630	0.210	4.128	5.244
$\ln A_5$	3.802	1.513	-0.693	6.783
$\ln A_6$	7.407	0.969	3.786	9.141

变量	均值	标准差	最小值	最大值
lnB_1	10.510	1.696	3.761	13.470
lnB_2	5.610	0.345	4.586	6.490
lnB_3	9.189	1.679	3.466	13.150
lnB_4	4.822	2.207	-3.219	8.854
lnC_1	6.695	1.159	3.495	9.617
lnC_2	3.272	0.357	2.485	4.382
lnC_3	3.903	0.232	2.708	4.304
lnC_4	2.069	0.487	0.405	3.157
lnC_5	7.518	1.439	3.447	10.540
lnD_1	1.685	0.422	0.786	2.912
lnD_2	-0.923	0.670	-3.214	0.207
lnD_3	0.731	0.427	-0.203	1.806
lnD_4	1.000	0.526	0.046	2.710
lnD_5	-2.100	0.337	-2.628	-0.984
lnD_6	17.630	1.713	12.650	20.970
lnD_7	9.684	0.359	8.749	10.730

二 相关性分析

相关性分析的结果如图 7-7 所示。被解释变量 $lnrgdp$ 与 lnD_3 的相关系数绝对值在 0.8 以上，相关程度较高，与 lnA_1、lnB_2、lnC_3 的相关系数绝对值均在 0.3 以下，相关程度较低。并且一些被解释变量与解释变量之间呈负相关，与先前所规定的符号不符合，经济逻辑不符合，这是由于各指标之间存在共线性，共线性的存在会导致 OLS 估计不再有效、参数估计符号出错等问题，本节接下来采用逐步回归法来解决共线性问题。

三 逐步回归与检验

为了更好地过滤和消除多重共线性的影响，使用 SPSS 对模型逐步进行回归分析，将上述可能影响区域经济的 22 个二级指标逐个引入回归方程，判断其对被解释变量的影响程度，进而剔除不显著变量。经过逐步回归，最终保留效应显著的自变量，如表 7-12 所示。为确保参数估计量的无偏性，

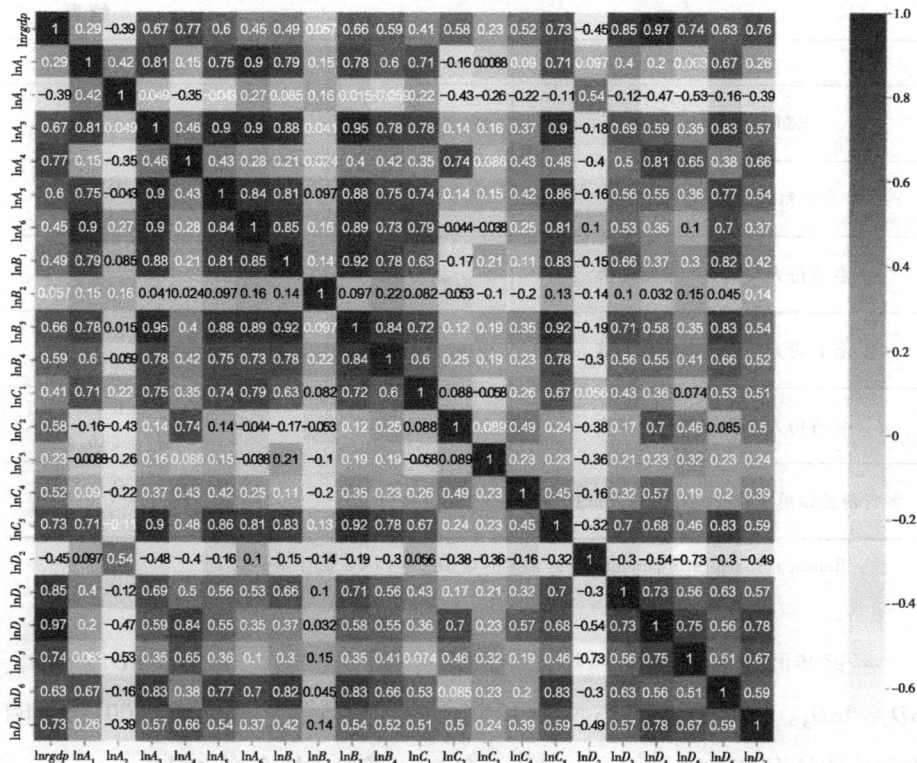

图 7-7　相关性分析

避免"伪回归"问题的存在，对残差项进行 BP 检验，结果为 p 值等于 0.2361，表明不拒绝原假设，即回归方程的残差不存在异方差现象。由于自相关检验的结果为 p 值小于 0.01，表明拒绝原假设，即回归方程存在自相关问题，要建立一个 OLS 与聚类稳健标准差法修正，综合修正后的最终结果如表 7-12 所示。

表 7-12　修正结果

变量名称	一级指标	代码	回归系数
移动电话交换机容量	数字基础设施	$\ln A_1$	0.019*** (2.81)

变量名称	一级指标	代码	回归系数
R&D 项目平均经费	数字技术创新	$\ln B_2$	0.010 (1.18)
企业每百人使用计算机数	数字产业发展	$\ln C_2$	0.045 ** (2.16)
各省份人均第一产业增加值	数字贸易基础	$\ln D_2$	0.054 *** (8.27)
各省份人均第二产业增加值		$\ln D_3$	0.312 *** (18.95)
各省份人均第三产业增加值		$\ln D_4$	0.630 *** (16.17)
各省份城镇单位就业人口占总人口比例		$\ln D_5$	0.068 *** (3.61)

注：Robust t-statistics in parentheses; *** $p<0.01$, ** $p<0.05$, * $p<0.1$。

经逐步回归和修正后最终保留的自变量包括 $\ln A_1$、$\ln C_2$、$\ln D_2$、$\ln D_3$、$\ln D_4$、$\ln D_5$。这六个变量通过了 t 检验，方程整体的 p 值小于 0.001，说明模型总体是很显著的，同时，R^2 为 0.9967，模型的拟合度也很高。

四 实证结果分析

从实证分析的最终结果可知，数字贸易发展水平中的数字基础设施、数字产业发展、数字贸易基础等都对我国区域经济发展具有显著的正向作用，具体而言，数字基础设施中移动电话交换机容量的影响最为显著；数字产业发展中企业每百人使用计算机数的影响最为显著；数字贸易基础中各省份人均第一、二、三产业增加值和各省份城镇单位就业人口占总人口比例的影响最为显著。具体表现为，移动电话交换机容量每增加 1%，将带来人均 GDP 增长 0.019%；企业每百人使用计算机数每提高 1%，将带来人均 GDP 增长 0.045%；各省份人均第一产业增加值每增加 1%，将带来人均 GDP 增长 0.054%；各省份人均第二产业增加值每增加 1%，将带来人均 GDP 增长 0.312%；各省份人均第三产业增加值每增加 1%，将带来人均 GDP 增长

0.630%；各省份城镇单位就业人口占总人口比例每增加 1%，将带来人均
GDP 增长 0.068%。

第四节　本章结论

首先，本章通过构建包含 4 个一级指标和 22 个二级指标的数字贸易发展水平评价指标体系，使用 2013~2021 年我国 31 个省区市的面板数据，采用熵权法对各指标进行赋权并计算出各省份的数字贸易发展水平，在此基础上从空间和时间两个角度对我国 31 个省区市数字贸易发展水平及其演变进行进一步分析，研究我国数字贸易发展情况、趋势以及区域间发展差异。研究发现，在样本考察期，①从全国整体上看，全国数字贸易发展水平呈现增长态势，但水平一直较低。②从四大经济区域数字贸易发展水平来看，东部地区数字贸易发展水平最高，中部地区次之，西部和东北地区最低。四大经济区域之间和区域内部都存在明显的发展不平衡特征，主要体现为数字贸易发展水平高的省份较少，且集中在东部地区；数字贸易发展水平低的省份多，主要集中在西部地区。同时，东部和中部、西部、东北地区之间的发展差距逐年扩大。③从三大经济圈的数字贸易发展水平来看，长江三角洲数字贸易发展水平较高，环渤海地区和泛珠三角地区发展水平相对较低，但在整体上三大经济圈的数字贸易发展水平高于全国平均水平。虽然同样呈现出发展不平衡的特征，但三大经济圈之间数字贸易发展水平的差距并没有呈明显的扩大趋势，尤其是环渤海地区和泛珠三角地区 2013~2021 年数字贸易发展水平几乎维持在同等水平。④2013~2021 年我国各省份的数字贸易发展水平可以分为缓慢发展阶段（2013~2016 年）、快速发展阶段（2017~2018 年）、减速发展阶段（2019~2021 年）。

其次，本章基于 2013~2021 年 31 个省区市的面板数据，通过实证方法探究数字贸易发展对地区经济增长的影响及其机理，同时还进行了分区域异质性的分析。研究结果表明，①数字贸易发展水平对我国整体经济发展具有显著的正向赋能作用，但区域间经济发展的影响效应存在明显的异质性，即

这种影响在东部地区最强，西部地区次之，但在中部地区表现不显著；在环渤海地区最强，长江三角洲次之，泛珠三角地区最弱。②数字基础设施中移动电话交换机容量、数字产业发展中企业每百人使用计算机数、数字贸易基础中各省份人均第一、二、三产业增加值和各省份城镇单位就业人口占总人口比例等因素显著影响地区经济发展。

最后，我国的数字贸易发展水平整体仍然较低，需要进一步加强数字化基础建设、推动产业数字化和数字化产业，实现产业早日转型升级，同时鼓励数字技术创新，增强我国数字贸易竞争力，进一步推动数字贸易发展。就各区域而言，中部地区对于数字贸易发展的重视度不够，导致现有的数字贸易发展难以促进区域经济增长。贸易数字化是大势所趋，建议中部地区加强数字化建设、推广前沿的数字化技术，提升企业数字竞争力，以充分发挥数字贸易对经济增长的促进作用。西部地区的数字贸易发展水平并不高，但其对区域经济增长有显著的影响，同时随着"东数西算"工程全面启动，数字贸易发展对西部地区经济增长的促进作用将更加明显。建议加快西部地区数字化基础建设，吸引数字化人才深入西部数字基地，加快推进"东数西算"工程，从而快速提升西部地区数字贸易发展水平，促进西部地区经济发展，缩小区域间发展差异。

第八章
基于"钻石模型"的中国数字贸易
国际竞争力实证研究

随着信息技术发展和全球数字化进程加快,全球数字经济蓬勃发展,数字贸易不断升级,为全球经济发展注入了新的活力。在全球数字贸易发展格局中,欧美发达国家占据主导地位,列全球数字贸易发展的第一梯队。比较而言,中国的数字贸易发展综合竞争力相对较弱,因此推动数字贸易高质量发展、提高数字贸易的国际竞争力是目前需要关注的重点问题。本章通过指标分析方法对我国数字贸易的国际竞争力进行统计分析和横向比较,并基于"钻石模型",从六项影响因素的角度,选取 11 个指标作为解释变量,建立回归模型分析影响数字贸易国际竞争力的因素,并就提升我国数字贸易国际竞争力提出对策建议。

第一节 我国数字贸易竞争力测度指标与方法

一 数字贸易竞争力评价指标

(一)国际市场占有率(International Market Share,MS)

国际市场占有率是反映一个国家贸易竞争力的绝对性指标,用于计算本国某行业出口额与世界该行业出口额之比。

国际市场占有率的公式为：

$$MS_{id} = X_{id}/X_{wd}$$

其中，衡量数字贸易总体竞争力时，MS_{id} 代表 i 国数字贸易的国际市场占有率，X_{id} 代表 i 国数字贸易出口额，X_{wd} 代表全球数字贸易出口额。若衡量数字贸易分行业的国际竞争力，则 MS_{id} 代表 i 国数字贸易分行业的国际市场占有率，X_{id} 代表分行业数字贸易出口额，X_{wd} 代表分行业全球数字贸易出口额。MS_{id} 越大，则表示该行业的国际竞争力越强，反之则国际竞争力越弱。

（二）显示性比较优势指数（Revealed Comparative Advantage Index，RCA）

显示性比较优势指数衡量的是一个国家某种产品或服务的出口与世界平均出口水平相比，其所拥有的优势，指某国某行业出口额在该国出口总额中所占比例与世界出口中该行业所占比例的比值，计算公式如下：

$$RCA = (\frac{X_{id}}{X_i})/(\frac{X_{wd}}{X_w})$$

其中，X_{id} 代表 i 国数字贸易的出口额，X_i 代表 i 国的服务贸易出口额；X_{wd} 表示全世界数字贸易的总出口额，X_w 表示全世界服务贸易的总出口额；分行业测算数字贸易时，X_{id} 代表分行业数字贸易出口额，X_i 代表分行业服务贸易出口额；X_{wd} 表示全世界分行业的数字贸易总出口额，X_w 表示全世界服务贸易总出口额。

RCA 从出口贸易的结果间接评判比较优势，反映了一国某行业出口状况相较于世界平均出口水平的相对优势，也能反映出贸易结构和贸易依存度情况，具体如下：当 RCA>2.5 时，代表该国该行业的国际竞争力极强；当 1.25<RCA≤2.5 时，代表该国该行业的国际竞争力很强；当 0.8<RCA≤1.25 时，代表该国该行业的国际竞争力较强；当 RCA<0.8 时，代表该国该行业的国际竞争力较弱。当 RCA 属于（0，1）时一国某种商品或服务具有比较劣势，当其在（1，+∞）时，一国的某种产品或服务具有比较优势，值越大，比较优势越显著。

（三）贸易竞争力指数（Trade Competitive Index，TC）

贸易竞争力指数反映某国某项产品或服务的净出口能力，用某国数字贸易进出口差额和数字贸易进出口总额的比重来衡量，计算公式如下：

$$TC = (X_{id} - M_{id})/(X_{id} + M_{id})$$

其中，X_{id} 是在 i 国数字贸易的出口额，M_{id} 是在 i 国数字贸易的进口额；在衡量数字贸易分行业的国际竞争力时，X_{id} 是分行业的数字贸易出口额，M_{id} 是分行业的数字贸易进口额，TC 的取值范围是 [-1, 1]。TC>0.4，代表该产品或服务具有极强的国际竞争力，有比较优势；0.1<TC<0.4，说明该产品或服务具有较强的国际竞争力；0<TC<0.1，表明该产品或服务有中等的国际竞争力；当 TC 越接近 1 时，表明该产品或服务竞争优势越明显，反之越弱；-0.4<TC<0 时，表明该产品或服务具有较弱的国际竞争力；TC<-0.4 时，该产品或服务不具备国际竞争力；TC = 1 时，代表 i 国该产品或服务分行业的数字贸易额只有出口没有进口；TC = -1 时，代表 i 国该产品或服务分行业的数字贸易额只有进口没有出口。

（四）MI 指数①（Michaely Index，MI）

MI 反映数字贸易竞争力波动程度，衡量一国某产品或服务的比较优势和国际竞争力水平或波动程度。用本国该行业出口额占出口总额的比重与进口额占进口总额的比重之差来衡量，计算公式如下：

$$MI = (X_{id}/X_i) - (M_{id}/M_i)$$

其中，MI 的取值范围为 [-1, 1]。MI>0，表示该产品或服务在国际市场上具有比较优势，且数值越大，优势越显著；MI<0，则说明该产品或服务在国际市场上处于劣势地位，且数值越小，劣势越明显。

二　数字贸易竞争力综合评价方法

利用前文介绍的熵值法，按指标标准化处理—计算指标比重—计算信息

---

① MI 指数主要用于衡量经济变量每年变动的平均程度，即经济变量的稳定程度。

熵—计算指标权重并加权计算综合指标等步骤进行计算，得到 2005 ~ 2021 年 11 个国家和地区的数字贸易 MS、TC、MI、RCA 四项指标权重，并根据所得权重计算综合竞争力指数及其排名。

第二节 我国数字贸易国际竞争力分析

一 分指标测度数字贸易国际竞争力

当前国际上尚无统一的数字贸易概念及相关统计标准，因此本章参考中国信息通信研究院发布的《全球数字经济新图景（2020 年）》，选取 UNCTAD 数据库中的"数字化交付的服务贸易"进出口额来代替数字贸易进出口额。并利用国际市场占有率、显示性比较优势指数、贸易竞争力指数、MI 指数四个指标对美国、英国、德国、日本、澳大利亚、中国内地、中国香港、印度、俄罗斯、巴西和新加坡等主要经济体展开分析。其中，美国、英国、德国、日本、澳大利亚属于发达经济体，中国、印度、俄罗斯和巴西属于发展中国家，整体上看，能够从较为全面的视角分析数字贸易竞争力水平。

（一）国际市场占有率

如表 8-1 所示，美国、英国、德国三国数字贸易的国际市场占有率稳居前三位，美国和德国数字贸易的国际市场占有率在 2005 ~ 2021 年基本稳定，但英国则呈现下滑趋势，由 2005 年的 14.79% 下降到 2021 年的 9.27%。第二梯队包括印度、日本、新加坡、中国内地和中国香港，印度 2005 ~ 2021 年国际市场占有率整体上升，但是日本和中国香港则整体略微下降，中国内地和新加坡的国际市场占有率较低，但 2005 ~ 2021 年中国内地保持上升态势，从 2005 年的 1.45% 增长到 2021 年的 5.11%，说明数字贸易的出口竞争力增强，并且发展前景较好。澳大利亚、巴西和俄罗斯的数字贸易国际市场占有率较低，且整体呈下降趋势，其中澳大利亚的下降趋势最为明显。2005 ~ 2021 年，3 个经济体国际市场占有率增加，分别是中国内地、印度、新加坡，其中中国内地和新加坡的年均增长速度最高，分别为 8.95%和 7.07%。

从经济发展程度的对比可以发现，发展中经济体数字贸易的国际市场占有率增长态势明显优于发达经济体。但发达经济体依然具有明显优势，2005~2021 年美国国际市场占有率虽然下降了 0.74 个百分点，但仍远高于中国的国际市场占有率，英国、美国、德国 2021 年的国际市场占有率仍为世界的 1/3 左右。

表 8-1　2005~2021 年主要经济体数字贸易的国际市场占有率情况

单位：%，个百分点

年份	澳大利亚	巴西	中国内地	中国香港	德国	印度	日本	俄罗斯	新加坡	英国	美国
2005	0.60	0.59	1.45	1.33	6.79	3.11	3.66	0.66	1.34	14.79	16.82
2006	0.65	0.65	1.53	1.41	6.76	3.66	3.71	0.74	1.69	14.94	16.75
2007	0.67	0.72	2.40	1.42	6.60	3.76	3.37	0.85	1.75	14.79	16.69
2008	0.62	0.84	2.63	1.31	6.84	4.20	3.52	1.01	1.84	12.86	16.47
2009	0.57	0.86	2.73	1.35	7.20	3.80	3.59	0.91	1.93	12.13	17.40
2010	0.63	0.88	3.07	1.47	6.46	4.42	3.46	0.92	2.11	11.55	17.98
2011	0.65	0.96	3.49	1.39	6.43	4.42	3.42	0.94	2.29	11.71	17.57
2012	0.68	1.00	3.32	1.45	6.47	4.69	2.88	1.02	2.55	11.41	17.99
2013	0.65	0.91	3.46	1.41	6.51	4.60	2.82	1.08	2.75	11.31	17.41
2014	0.59	0.97	3.79	1.37	6.58	4.29	3.34	0.92	2.85	11.01	16.97
2015	0.55	0.85	3.69	1.49	6.49	4.48	3.41	0.76	3.22	10.81	17.64
2016	0.54	0.80	3.58	1.40	6.75	4.45	3.71	0.68	3.20	10.32	17.68
2017	0.55	0.76	3.62	1.40	6.69	4.32	3.59	0.69	3.36	9.89	17.87
2018	0.53	0.68	4.21	1.35	6.69	4.23	3.41	0.67	3.62	10.12	16.44
2019	0.53	0.65	4.37	1.24	6.35	4.50	3.63	0.65	3.72	9.48	16.55
2020	0.49	0.56	4.62	1.18	6.10	4.65	3.48	0.61	3.99	9.80	16.58
2021	0.49	0.57	5.11	1.11	6.36	4.86	3.21	0.64	3.89	9.27	16.08
占比变化	-0.11	-0.02	3.66	-0.22	-0.43	1.75	-0.45	-0.02	2.55	-5.52	-0.74
年均增速	-1.13	0.21	8.95	-0.99	-0.34	3.07	0.52	0.31	7.07	-2.80	-0.23

资料来源：根据 UNCTAD 数据计算得出。

（二）显示性比较优势指数

印度和英国、美国的显示性比较优势指数在 11 个国家和地区中名列前茅，其数字贸易国际竞争力很强（见表 8-2）；其次为巴西、德国、日本和新加坡，属于数字贸易国际竞争力较强的阵营。美国、巴西等的显示性比较优势指数在 2005~2021 年轻微波动，但总体较为稳定，日本和新加坡等的显示性比较优势指数整体增加。2005 年中国内地在 11 个经济体中显示性比较优势指数较低，但有明显的增长趋势，从竞争力较弱行列跻身较强行列。总体而言，发达经济体的显示性比较优势指数略优于发展中经济体，亚洲地区主要经济体的显示性比较优势指数增长趋势更为明显。

表 8-2　2005~2021 年主要经济体数字贸易的显示性比较优势指数情况

年份	澳大利亚	巴西	中国内地	中国香港	德国	印度	日本	俄罗斯	新加坡	英国	美国
2005	0.50	1.03	0.49	0.76	1.10	1.60	0.96	0.62	0.79	1.59	1.19
2006	0.55	1.07	0.49	0.79	1.09	1.60	1.03	0.63	0.88	1.58	1.20
2007	0.56	1.15	0.65	0.80	1.10	1.58	1.01	0.70	0.86	1.58	1.22
2008	0.52	1.19	0.66	0.77	1.14	1.62	1.02	0.72	0.84	1.59	1.24
2009	0.47	1.20	0.70	0.76	1.16	1.50	1.09	0.73	0.87	1.56	1.22
2010	0.49	1.14	0.68	0.73	1.14	1.50	1.03	0.74	0.84	1.58	1.23
2011	0.50	1.16	0.78	0.68	1.15	1.43	1.09	0.72	0.86	1.55	1.22
2012	0.53	1.19	0.76	0.68	1.18	1.48	0.97	0.75	0.91	1.53	1.21
2013	0.55	1.17	0.82	0.66	1.17	1.51	1.02	0.76	0.95	1.51	1.18
2014	0.53	1.27	0.91	0.67	1.15	1.43	1.07	0.74	0.97	1.47	1.18
2015	0.50	1.26	0.85	0.71	1.16	1.44	1.05	0.74	1.05	1.44	1.15
2016	0.47	1.22	0.87	0.72	1.17	1.40	1.07	0.69	1.07	1.44	1.15
2017	0.47	1.22	0.88	0.74	1.17	1.29	1.06	0.66	1.09	1.46	1.18
2018	0.46	1.17	0.95	0.73	1.15	1.26	1.07	0.63	1.08	1.48	1.16
2019	0.47	1.19	0.97	0.76	1.13	1.32	1.07	0.65	1.09	1.43	1.17
2020	0.51	1.01	0.85	0.92	1.02	1.19	1.11	0.65	0.98	1.32	1.18
2021	0.65	1.04	0.79	0.88	1.02	1.23	1.16	0.68	1.03	1.35	1.23
指数变化	0.15	0.01	0.30	0.12	−0.08	−0.37	0.20	0.06	0.24	−0.24	0.04

资料来源：根据 UNCTAD 数据计算得出。

（三）贸易竞争力指数

英国和印度在 11 个经济体中贸易竞争力最强，具有明显的净出口优势，且在 2005～2021 年保持着较高的竞争力水平；其次是美国、中国香港等。澳大利亚、巴西、日本和俄罗斯的贸易竞争力较弱，2005～2021 年并无明显变化。中国内地和新加坡的贸易竞争力较弱，但净出口能力迅速增长，是 11 个经济体中唯二从数字贸易赤字逆转为数字贸易盈余的国家，但是贸易竞争力依旧处于中等水平。

表 8-3　2005～2021 年主要经济体数字贸易的贸易竞争力指数情况

年份	澳大利亚	巴西	中国内地	中国香港	德国	印度	日本	俄罗斯	新加坡	英国	美国
2005	-0.04	-0.23	-0.29	0.27	0.01	0.30	-0.05	-0.21	-0.19	0.41	0.23
2006	0.00	-0.19	-0.30	0.30	0.03	0.31	-0.05	-0.20	-0.11	0.42	0.20
2007	-0.04	-0.15	-0.13	0.31	0.04	0.34	-0.05	-0.21	-0.09	0.46	0.22
2008	-0.12	-0.14	-0.15	0.28	0.06	0.41	-0.05	-0.21	-0.09	0.43	0.21
2009	-0.15	-0.22	-0.12	0.23	0.08	0.38	-0.05	-0.23	-0.07	0.42	0.19
2010	-0.16	-0.30	-0.09	0.21	0.04	0.31	-0.05	-0.25	-0.09	0.42	0.21
2011	-0.15	-0.28	-0.09	0.22	0.03	0.35	-0.05	-0.25	-0.08	0.44	0.24
2012	-0.15	-0.28	-0.09	0.24	0.06	0.36	-0.12	-0.25	-0.04	0.44	0.25
2013	-0.16	-0.31	-0.11	0.25	0.03	0.39	-0.11	-0.26	-0.03	0.42	0.26
2014	-0.15	-0.28	-0.02	0.26	0.07	0.42	-0.08	-0.28	-0.08	0.42	0.26
2015	-0.17	-0.30	0.04	0.26	0.06	0.41	-0.09	-0.27	-0.01	0.40	0.26
2016	-0.12	-0.28	-0.02	0.26	0.07	0.37	-0.06	-0.27	0.00	0.41	0.25
2017	-0.12	-0.30	-0.01	0.27	0.06	0.34	-0.06	-0.26	-0.02	0.40	0.25
2018	-0.11	-0.28	0.03	0.27	0.04	0.34	-0.07	-0.26	0.04	0.37	0.27
2019	-0.08	-0.29	0.06	0.26	0.05	0.34	-0.08	-0.24	0.07	0.36	0.27
2020	-0.13	-0.29	0.07	0.25	0.06	0.33	-0.11	-0.23	0.04	0.36	0.26
2021	-0.10	-0.19	0.08	0.26	0.07	0.36	-0.11	-0.22	0.05	0.35	0.27
指数变化	-0.06	0.04	0.37	-0.01	0.06	0.06	-0.06	-0.01	0.24	-0.06	0.04

资料来源：根据 UNCTAD 数据计算得出。

（四）MI 指数

印度、英国、美国、德国、中国内地和中国香港等的 MI 指数在 2005～2021 年保持着优势。印度作为发展中经济体，其 MI 指数在 11 个经济体中最高，说明印度的数字贸易竞争力很强。澳大利亚、巴西和俄罗斯总体不具有竞争力。日本作为发达经济体，2005～2013 年 MI 指数均为正值，但是从 2015 年开始处于劣势地位。中国内地 2005 年 MI 指数在 11 个经济体中最低，但 2021 年 MI 指数位列第 5，说明中国数字贸易竞争力提升很快，新加坡的情况相似，但增长势头稍弱。

表 8-4　2005～2021 年主要经济体数字贸易的 MI 指数情况

年份	澳大利亚	巴西	中国内地	中国香港	德国	印度	日本	俄罗斯	新加坡	英国	美国
2005	-0.01	-0.03	-0.15	0.17	0.11	0.38	0.08	-0.03	-0.07	0.30	0.13
2006	0.00	0.01	-0.17	0.20	0.11	0.38	0.07	-0.04	-0.05	0.29	0.11
2007	-0.01	0.08	-0.11	0.19	0.11	0.39	0.07	-0.03	-0.03	0.31	0.10
2008	-0.04	0.09	-0.12	0.16	0.13	0.37	0.06	-0.04	-0.07	0.29	0.09
2009	-0.04	0.06	-0.13	0.13	0.11	0.35	0.05	-0.05	-0.03	0.28	0.08
2010	-0.05	0.04	-0.03	0.09	0.11	0.33	0.05	-0.03	-0.08	0.27	0.07
2011	-0.04	0.07	0.01	0.07	0.11	0.32	0.07	-0.02	-0.08	0.26	0.08
2012	-0.02	0.07	0.05	0.07	0.12	0.34	0.02	-0.01	-0.08	0.25	0.07
2013	-0.02	0.09	0.09	0.05	0.13	0.36	0.01	0.00	-0.07	0.23	0.05
2014	-0.03	0.13	0.22	0.05	0.12	0.35	0.00	0.01	-0.04	0.23	0.06
2015	-0.05	0.07	0.23	0.07	0.11	0.34	-0.05	0.00	0.02	0.22	0.05
2016	-0.04	0.05	0.23	0.08	0.12	0.32	-0.04	-0.07	0.02	0.22	0.05
2017	-0.05	0.08	0.24	0.09	0.11	0.27	-0.05	-0.05	0.01	0.22	0.05
2018	-0.04	0.07	0.25	0.08	0.11	0.28	-0.06	-0.06	0.04	0.21	0.08
2019	-0.04	0.08	0.25	0.09	0.10	0.29	-0.05	-0.06	0.04	0.19	0.08
2020	-0.21	-0.03	0.18	0.16	0.07	0.26	-0.01	-0.09	0.06	0.12	0.07
2021	-0.17	0.01	0.12	0.15	0.08	0.32	-0.01	-0.07	0.04	0.15	0.13
指数变化	-0.16	0.04	0.27	-0.02	-0.03	-0.06	-0.09	-0.04	0.11	-0.15	0.00

资料来源：根据 UNCTAD 数据计算得出。

二 我国数字贸易国际竞争力综合评价

上述指标仅能表示某方面的数字贸易竞争力状况，为了更准确、全面地衡量数字贸易竞争力，运用熵权法赋权计算 2005～2021 年 11 个主要经济体的数字贸易国际竞争力指标及其排名（见表 8-5、表 8-6）。

表 8-5　2005～2021 年主要经济体数字贸易国际竞争力指标权重

年份	MS	RCA	TC	MI
2005	0.27	0.28	0.22	0.23
2006	0.26	0.21	0.30	0.23
2007	0.29	0.22	0.22	0.26
2008	0.16	0.29	0.25	0.31
2009	0.16	0.23	0.38	0.23
2010	0.17	0.30	0.32	0.21
2011	0.12	0.25	0.35	0.28
2012	0.27	0.29	0.22	0.22
2013	0.20	0.21	0.26	0.33
2014	0.07	0.24	0.33	0.35
2015	0.14	0.28	0.34	0.23
2016	0.21	0.32	0.18	0.29
2017	0.20	0.26	0.25	0.28
2018	0.20	0.33	0.23	0.24
2019	0.28	0.25	0.24	0.23
2020	0.31	0.25	0.16	0.28
2021	0.40	0.25	0.18	0.17

英国、印度、美国和德国 2005～2021 年数字贸易竞争力排名居前，俄罗斯和澳大利亚排名始终靠后。巴西、日本和中国香港数字贸易竞争力则处于中游位置。中国内地和新加坡 2005～2021 年数字贸易竞争力整体呈提升态势，其中前者提升势头更强。

全球数字贸易市场中，美欧市场在资本和技术方面有明显优势，在马太效应下，发展中经济体很难超越。2021 年美国的数字服务贸易出口居世界首位，其次是英国，两国可数字化服务贸易出口额分别为 6130.12 亿美元和 3533.70 亿美元。① 近年来印度的数字经济规模稳步增长，2020 年已达 5419 亿美元。② 信息技术产业是推动数字经济发展的重要产业，印度的信息技术产业具有出口优势，美英两国一直是其主要进口国，凭借在 IT 服务业的价格优势，印度对亚太、拉美和中东地区的出口也不断增加。澳大利亚作为发达经济体，数字贸易竞争力近年来一直较低，作为 11 个主要经济体中唯一的大洋洲国家，大洋洲 2020 年的数字经济规模为 3020 亿美元，占世界的 0.9%，仅高于非洲③，属于数字经济发展不具有明显优势的地区。中国内地近年来数字贸易规模稳步增长，由 2011 年的 1648.4 亿美元增长至 2020 年的 2939.9 亿美元，数字服务贸易净出口值从 2011 年的逆差 148.2 亿美元扭转至 2020 年的顺差 147.7 亿美元，④ 在奠定产业基础、发展数字技术和相关支持政策的影响下，数字贸易国际竞争力不断增强。2020 年中国内地的数字经济规模仅次于美国，居世界第二，规模达 5.4 亿美元，数字经济同比增长居世界第一。

表 8-6　2005~2021 年主要经济体数字贸易国际竞争力排名

年份	1	2	3	4	5	6	7	8	9	10	11
2005	英国	印度	美国	德国	中国香港	日本	巴西	新加坡	澳大利亚	俄罗斯	中国内地
2006	英国	印度	美国	中国香港	德国	日本	巴西	新加坡	澳大利亚	俄罗斯	中国内地
2007	英国	印度	美国	德国	中国香港	巴西	日本	新加坡	澳大利亚	俄罗斯	中国内地

---

① UNCTAD 数据库。
② 中国信息通信研究院：《全球数字经济白皮书——疫情冲击下的复苏新曙光》，http://www.caict.ac.cn/kxyj/qwfb/bps/202108/P020210913403798893557.pdf，2021 年 8 月。
③ 中国信息通信研究院：《全球数字经济白皮书（2020 年）》，http://www.caict.ac.cn/kxyj/qwfb/bps/202212/P020221207397428021671.pdf，2022 年 12 月。
④ 前瞻产业研究院：《2022 年中国及全球数字贸易发展趋势研究》，2022 年 8 月。

续表

年份	1	2	3	4	5	6	7	8	9	10	11
2008	印度	英国	美国	德国	中国香港	巴西	日本	新加坡	俄罗斯	中国内地	澳大利亚
2009	英国	印度	美国	德国	中国香港	日本	巴西	新加坡	中国内地	俄罗斯	澳大利亚
2010	英国	印度	美国	德国	中国香港	日本	巴西	新加坡	中国内地	俄罗斯	澳大利亚
2011	英国	印度	美国	德国	日本	中国香港	巴西	中国内地	新加坡	俄罗斯	澳大利亚
2012	英国	印度	美国	德国	巴西	中国香港	日本	新加坡	中国内地	俄罗斯	澳大利亚
2013	印度	英国	美国	德国	中国香港	巴西	日本	中国内地	新加坡	俄罗斯	澳大利亚
2014	印度	英国	美国	德国	中国内地	中国香港	巴西	日本	新加坡	俄罗斯	澳大利亚
2015	印度	英国	美国	德国	中国香港	中国内地	新加坡	巴西	日本	俄罗斯	澳大利亚
2016	英国	印度	美国	德国	新加坡	巴西	中国内地	日本	中国香港	俄罗斯	澳大利亚
2017	英国	印度	美国	德国	中国内地	新加坡	中国香港	巴西	日本	俄罗斯	澳大利亚
2018	英国	印度	美国	德国	中国内地	新加坡	巴西	日本	中国香港	俄罗斯	澳大利亚
2019	英国	印度	美国	德国	中国内地	新加坡	中国香港	日本	巴西	俄罗斯	澳大利亚
2020	英国	印度	美国	中国香港	德国	中国内地	新加坡	日本	巴西	俄罗斯	澳大利亚
2021	英国	印度	美国	德国	中国香港	新加坡	日本	中国内地	巴西	俄罗斯	澳大利亚

资料来源：根据 UNCTAD 数据计算得出。

第三节　我国数字贸易国际竞争力影响因素的实证分析

本节依据迈克尔·波特 1977 年提出的"钻石模型"①这一经典竞争力理论，构建模型分析影响数字贸易国际竞争力的因素。"钻石模型"提出，决定一个国家某个产业国际竞争力的因素包括四项基本要素以及两项辅助要素，其中四项基本要素指生产要素、需求条件、相关及支持产业、企业战略与同业竞争；两项辅助要素指的是外部机遇和政府政策。本节从 6 项影响因素的角度，结合数字贸易特征和数据可获得性，选取 11 个指标作为解释变量，以 UNCTAD 数据库的"数字化交付的产品和服务贸易出口额"替代数字贸易出口额作为被解释变量展开分析。

一　基于"钻石模型"的变量选择及解释

（一）生产要素

根据波特提出的"钻石模型"，生产要素包括劳动力、自然资源、资本和基础设施等。波特将生产要素分为初级生产要素和高级生产要素，初级生产要素主要指自然禀赋、人口统计状况、气候等；高级生产要素需通过系统化的投入和发展才能得到，包括现代化基础设施、熟练劳动力、科技研发机构等。考虑到数字贸易高度依赖于技术进步的特点，其发展需要高技能人才、技术进步以及信息化基础设施建设。因此，本章从人力资本、技术水平和信息化基础设施三个方面选取变量。其中，人力资本用科学研究与开发人员数量来衡量，记为 HR；技术水平使用科研经费支出占 GDP 比重和专利获申比例来衡量，分别记为 RD 和 PG；信息化基础设施使用互联网端口接入数量来衡量，记为 IAP。以上数据均来自历年《中国统计年鉴》。

---

① 迈克尔·波特在《国家竞争优势》中提出"国家竞争优势"理论，也称"钻石模型"或"菱形理论"。

（二）需求条件

波特的"钻石模型"强调国内市场需求对产业国际竞争力的影响，认为国内持续的市场需求是产业不断创新发展的动力。产业往往对最近的市场需求最敏感，如果一国的国内市场需求旺盛，有利于产业快速发展，形成规模经济，提高国际竞争力；如果国内市场的消费者有更高层次的需求，则会促进产业创新，进而在世界同类产品竞争中形成优势。因此本章选择能够反映购买力水平的指标——居民消费水平来衡量需求条件，记为 *CE*，数据来自《中国统计年鉴》。

（三）相关及支持产业

繁荣的相关产业和强大的上游支持产业对产业竞争力而言有至关重要的影响，上下游产业间建立良好的交流合作机制，有利于产生有效的产业集群效应，形成更强的竞争优势。根据 USITC 2014 年发布的《美国和全球中的数字贸易》，与数字贸易关联性较强的产业主要是第二产业和第三产业，本节参考马慧莲和康成文[①]的指标选取原则，选择第二产业和第三产业对国内生产总值增长的拉动百分比作为相关及支持产业的解释变量，分别记为 *CIG*2 和 *CIG*3，数据来自《中国统计年鉴》。

（四）企业战略与同业竞争

由于企业战略难以量化，数字贸易的影响因素更多地体现为同业竞争。在国内，激烈的市场竞争可以使一国的产业保持竞争力；在国际市场上还要面对来自海外同类产业的竞争，外商资本进入会加剧行业竞争，同时也为吸收先进技术和经验提供了机会，有利于国内产业发展。本章选择数字贸易产业开放度和实际利用外商投资额来衡量企业战略与同业竞争，其中用数字贸易进出口额占 GDP 的比重代表数字贸易产业开放度，分别记为 *TIO* 和 *FDI*，数据来自 UNCTAD 数据库和《中国统计年鉴》。

（五）外部机遇

外部机遇主要指有利的条件和环境，可以影响以上基本要素。我国只有

---

① 马慧莲、康成文：《我国数字贸易国际竞争力及其影响因素》，《中国流通经济》2022 年第11 期。

以更加开放的姿态融入全球数字贸易发展，才能激发源源不断的创新，享受有利的外部环境带来的数字红利。因此本章选取苏黎世联邦理工学院经济研究所（KOF）数据库中公布的 KOF 全球化指数来衡量外部机遇，记为 *GI*。

（六）政府政策

数字贸易的发展离不开政策支持，从 2016 年开始，我国中央和地方层面相继出台政策促进数字贸易发展。由于政策绩效的显现往往有一定的滞后性，本章以 2017 年为分界点，引入政府政策虚拟变量，2017 年以前记为 0，2017~2020 年则记为 1。

二 数据处理及模型构建

选取研究时间跨度为 2008~2019 年，由于数据类型为时间序列数据，为尽可能减少异方差出现的可能性以及消除量纲的影响，对除 *GOV* 虚拟变量外的其他变量进行对数化处理，由处理后的变量构建的模型如下：

$$\ln DT = \beta_0 + \beta_1 \ln HR + \beta_2 \ln RD + \beta_4 \ln PG + \beta_3 \ln IAP + \beta_5 \ln CE + \beta_6 \ln CIG2$$
$$+ \beta_7 \ln CIG3 + \beta_8 \ln TIO + \beta_9 \ln FDI + \beta_{10} \ln GI + \beta_{11} GOV$$

表 8-7 解释变量具体指标和数据来源

数字贸易国际竞争力影响因素	具体指标	解释变量	数据来源
生产要素	科学研究与开发人员数量	*HR*	历年《中国统计年鉴》
	科研经费支出占 GDP 比重	*RD*	
	专利获申比例	*PG*	
	互联网端口接入数量	*IAP*	
需求条件	居民消费水平	*CE*	
相关及支持产业	第二次产业对国内生产总值增长的拉动百分比	*CIG2*	
	第三次产业对国内生产总值增长的拉动百分比	*CIG3*	
企业战略与同业竞争	数字贸易产业开放度	*TIO*	UNCTAD 数据库
	实际利用外商投资额	*FDI*	历年《中国统计年鉴》
外部机遇	全球化指数	*GI*	KOF 数据库
政府政策	政府政策虚拟变量	*GOV*	

三　模型回归过程

1. 描述性统计

变量基本情况的描述性统计结果如表 8-8 所示。可知选取的各个变量方差较小，说明数据集比较集中，且没有异常值。

表 8-8　描述性统计

变量	Mean	Sd.	Min	Max
lnDT	11.920	0.510	10.800	12.590
lnHR	5.686	0.419	4.916	6.261
lnRD	0.607	0.187	0.278	0.880
lnPG	4.018	0.125	3.805	4.249
lnIAP	10.260	1.000	8.492	11.460
lnCE	7.173	0.380	6.541	7.681
ln$CIG2$	−1.046	0.323	−1.609	−0.511
ln$CIG3$	1.277	0.513	0.0953	1.960
lnTIO	0.699	0.137	0.484	0.976
lnFDI	6.987	0.248	6.458	7.275
lnGI	4.146	0.024	4.094	4.174
GOV	0.250	0.447	0	1

2. 相关性分析

相关性分析结果如表 8-9 所示，被解释变量 lnDT 与 lnHR、lnRD、lnIAP、lnCE、lnFDI、lnGI 的相关系数较高，均超过 0.9，但与 lnPG 和 GOV 的相关系数较低，同时与 ln$CIG2$、ln$CIG3$、lnTIO 呈负相关关系，与经济逻辑不符，其原因在于指标之间存在共线性问题，后文将采用逐步回归方式来解决这一问题。

表 8-9　相关性分析结果

变量	lnDT	lnHR	lnRD	lnPG	lnIAP	lnCE	ln$CIG2$	ln$CIG3$	lnTIO	lnFDI	lnGI	GOV
lnDT	1.00											
lnHR	0.98	1.00										

变量	lnDT	lnHR	lnRD	lnPG	lnIAP	lnCE	lnCIG2	lnCIG3	lnTIO	lnFDI	lnGI	GOV
lnRD	0.95	0.99	1.00									
lnPG	0.61	0.60	0.62	1.00								
lnIAP	0.96	0.99	0.98	0.51	1.00							
lnCE	0.96	0.99	0.98	0.52	1.00	1.00						
lnCIG2	−0.92	−0.93	−0.92	−0.58	−0.91	−0.92	1.00					
lnCIG3	−0.83	−0.88	−0.88	−0.43	−0.89	−0.89	0.87	1.00				
lnTIO	−0.58	−0.72	−0.76	−0.24	−0.77	−0.75	0.56	0.63	1.00			
lnFDI	0.98	0.98	0.96	0.63	0.96	0.96	−0.88	−0.81	−0.66	1.00		
lnGI	0.94	0.92	0.89	0.44	0.94	0.94	−0.90	−0.83	−0.57	0.90	1.00	
GOV	0.62	0.63	0.62	0.24	0.67	0.68	−0.67	−0.77	−0.36	0.57	0.71	1.00

3. 逐步回归

逐步回归的基本思路是，从所有解释变量中先选择影响最为显著的变量建立模型，然后将模型之外的变量逐个引入，每引入一个变量就对模型中的所有变量进行一次显著性检验，并剔除不显著变量，重复此操作直到模型之外所有变量均不显著为止。逐步回归的过程会自动剔除引起多重共线性的变量，防止出现多重共线性问题。将上述影响数字贸易竞争力的解释变量逐个引入，剔除不显著变量，经逐步回归后，最终保留的显著解释变量包括 lnHR、lnTIO、lnFDI 和 lnGI，如表 8-10 所示。

表 8-10　逐步回归结果

变量	Cof	Srd. Err.	t	p>|t|	
lnHR	0.699	0.132	5.280	0.000	$F(4,11)=824.04$
lnTIO	0.725	0.104	6.940	0.000	$Prob>F=0.0000$
lnFDI	0.869	0.173	5.010	0.000	Adj R-squared = 0.9955
lnGI	3.044	0.999	3.050	0.011	R-squared = 0.9967
_cons	−11.251	3.891	−2.890	0.015	

4. 检验

（1）多重共线性检验

在剔除引起多重共线性的变量后，再进行一次多重共线性检验。

由表 8-11 可知，mean VIF 值大于 10，说明存在多重共线性问题。为解决多重共线性问题，剔除方差膨胀因子最大的变量后进行回归，并进行多重共线性检验，结果如表 8-12 所示。

表 8-11　多重共线性检验 I

变量	VIF	1/VIF
lnHR	38.99	0.026
lnFDI	23.42	0.043
lnGI	7.37	0.136
lnTIO	2.59	0.386
mean VIF	18.09	

表 8-12　多重共线性检验 II

变量	VIF	1/VIF
lnFDI	6.11	0.164
lnGI	5.14	0.195
lnTIO	1.78	0.561
mean VIF	4.34	

对解释变量 lnFDI、lnGI 和 lnTIO 进行多重共线性检验，可得 mean VIF 小于 10，说明此时模型不存在多重共线性问题。

（2）平稳性检验

对于时间序列而言，数据的平稳性对于模型的构建而言非常重要，为防止出现"伪回归"现象，对模型的残差项进行 ADF 检验，检验结果如表 8-13 所示。

表 8-13　ADF 检验

变量	test statistic	1% Critical Value	5% Critical Value	10% Critical Value
z(t)	-3.148	-3.750	-3.000	-2.630

注：MacKinnon approximate p-value for Z (t) = 0.0232。

最终结果显示，t 检验统计值为 -3.148，在 5% 显著水平下可以拒绝存在单位根的原假设，因此该模型的时间序列是平稳的，不存在单位根，没有"伪回归"现象。

（3）异方差检验

为保证参数估计量的无偏性，对残差进行异方差检验。使用 BP 检验法检验模型是否存在异方差。检验结果为 chi2（1）= 1.38，Prob > chi2 = 0.2406，大于 0.05，因此接受原假设，即模型设定不存在异方差现象。

（4）自相关检验

为了使参数估计量无偏且有效，变量的显著性检验具有意义，因此进行残差无自相关检验。使用 Box－Pierce Q 检验进行自相关检验，检验结果为 Prob>chi2（6）= 0.2096，p 值大于 0.05，说明在 95% 的显著性水平下不能拒绝无自相关假设，即不存在显著的自相关关系。

5. 最终回归结果

经过逐步回归和排除可能存在的自相关、单位根和异方差问题后，得到最终的回归模型，回归结果如表 8-14 所示，通过了 t 检验和 F 检验，说明总体显著，调整后的 R^2 为 0.985，模型拟合度也很高。可得到最终模型为：

$$lnDT = -24.608 + 0.417lnTIO + 1.656lnFDI + 5.950lnGI$$

表 8-14 回归结果

变量	Cof	Srd. Err.	t	p>|t|
ln*TIO*	0.417	0.156	2.670	0.020
ln*FDI*	1.656	0.159	10.380	0.000
ln*GI*	5.950	1.502	3.960	0.002
_cons	-24.608	5.325	-4.620	0.001
R^2	0.988		Prob>F	0.000
调整 R^2	0.985		F(3,12)	336.070

四 实证结果分析

从模型最终回归结果可知，全球化指数、数字贸易产业开放度和实际利用外商投资额对我国数字贸易国际竞争力有显著的正向影响。

（一）全球化指数

通过最终回归结果发现，全球化指数与数字交付服务贸易出口额呈正相关关系。全球化指数每提高 1%，就会带来数字化交付的产品和服务贸易出口额提升 5.95%，说明外部环境中的机会对提升数字贸易国际竞争力具有很大的影响。

（二）数字贸易产业开放度

数字贸易产业开放度对提升数字贸易竞争力有显著影响。根据最终回归结果，数字贸易产业开放度每提高 1%，数字化交付的产品和服务贸易出口额就会增加 0.417%。

（三）实际利用外商投资额

实际利用外商投资额的提升对数字贸易竞争力有正向的影响。根据回归结果，实际利用外商投资额每提高 1%，数字化交付的产品和服务贸易出口额就会增加 1.656%。

五　结论与政策建议

（一）结论

本章通过对数字贸易国际竞争力的测度及其影响因素的建模实证分析发现，我国正处于数字贸易发展水平的提升阶段，数字贸易规模稳步增加，国际市场占有率增速居世界前列，但总体竞争力与英美等发达国家相比仍然较弱。根据"钻石模型"对影响我国数字贸易国际竞争力的因素进行分析，发现全球化指数、数字贸易产业开放度和实际利用外商投资额是提升我国数字贸易国际竞争力的重要因素。提高数字贸易产业开放度和实际利用外商投资额，一方面能够产生技术和知识溢出效应，带动我国数字经济发展；另一方面，随着数字贸易产业开放度的提高，数字贸易跨国企业会给我国同行业带来竞争压力，推动创新能力提升，进一步增强数字贸易国际竞争力。

（二）政策建议

根据本章的实证研究结果，提升数字贸易产业开放度和吸引外资有利于增强我国数字贸易国际竞争力。要提升数字贸易产业开放度，为数字贸易发展创造良好的条件，首先要加强与发达国家的交流与合作；其次，要营造良好的数字贸易营商环境，积极参与构建国际数字贸易规则体系。为此，需要我国加大科研投入，促进技术创新，培养高素质人才，促进沟通与交流，提高我国在构建数字贸易规则体系方面的话语权。此外，还要吸引外资进入数字贸易相关行业，产生学习和竞争效应。可以从政府的积极引导和调控出发，改善引资方式，优化外资结构，通过优惠政策将外资引入我国具备相对劣势的产业，带动我国的数字经济发展。

第九章
数字贸易的未来与展望

作为一种新的贸易形式，全球贸易数字化发展是大势所趋。展望未来，数字贸易的内在优势将进一步释放，贸易数字化发展的规模和质量将进一步提升。目前，各国尚未就数字贸易规则完全达成共识，全球数字治理体系尚未形成，加剧了数字贸易失衡。中国在数字贸易核心规则领域尚未形成系统性规则，从长远来看，中国应该坚持在数字贸易领域走开放、融合的道路，坚持多边主义和多边合作，在信息安全和贸易发展之间实现合理平衡。

第一节　我国数字贸易发展存在的不足

商务部国际贸易经济合作研究院发布的《全球数字贸易发展趋势报告2022》对全球 37 个主要经济体的数字贸易发展水平进行了全面综合评估，发现不同经济体间数字贸易发展差距较大，发达经济体在全球数字贸易发展中占据主导地位，其中美国遥遥领先，中国是排名前 10 的主要经济体中唯一的发展中经济体，远远领先于其他发展中经济体。虽然中国已发展为数字贸易大国，但在数字贸易发展过程中也存在数字贸易系统性战略有待进一步完善、数字服务产业的国际竞争力偏弱、数字贸易相关法律法规尚不健全、参与制定数字贸易国际规则的程度有待提升等方面不足，从而制约了数字贸易竞争优势的发挥。

一 我国数字贸易发展存在的问题

（一）数字贸易系统性战略有待进一步完善

我国对数字贸易的概念界定和发展定位并不明确，未将数字贸易发展充分纳入重大战略考量范畴。围绕数字贸易规划，在数据要素流动共享、税收、金融、人才、科研等方面还有待出台支持政策，以便与我国作为数字贸易大国的发展状况相适应，促进我国数字贸易快速发展、积极参与国际竞争。

（二）关键技术环节薄弱，数字服务产业的国际竞争力偏弱

我国数字服务出口规模小、占比低。从国家整体层面看，2020 年我国数字服务出口额为 1543.8 亿美元，仅相当于美国的 29.0%、英国的 53.8%、爱尔兰的 63.2%，在服务出口中的占比仅为 55.0%，在数字服务出口排名前十的国家中垫底。[①] 从行业发展层面看，中国数字服务产业优势集中体现在服务外包、电信/计算机和信息服务、维护和维修服务、加工服务等领域，而在知识产权、保险、个人、文化和娱乐服务等领域的国际竞争力较弱。并且由于我国仅在少数基础软件重点领域取得一定突破，在美国等引领的基础软件关键领域处于跟随地位，进口依赖度较高，处于数字服务价值链的中低端。从企业层面看，国内龙头数字平台企业的国际竞争力和影响力偏弱，不利于带动中小企业"走出去"。根据 UNCTAD 发布的全球百强数字跨国企业名单，中国仅有百度、阿里、滴滴和腾讯 4 家企业上榜，而欧洲国家有 22 家、美国有 59 家企业上榜。[②] 在国际业务份额方面，美国头部数字企业的国际收入占比均超 40%，而中国 4 家企业的国际收入占比均不超过 8%。[③] 此外，数字贸易所依赖的数字技术对劳动者素质要求较高，以信息通信技术

---

① 张春飞、岳云嵩：《我国数字贸易创新发展的现状、问题与对策研究》，http：//kns. cnki. net/kcms/detail/11. 5181. TP. 20221031. 1009. 006. html，2023 年 10 月 31 日。

② UNCTAD，" Global Investment Trends Monitor, No. 41," https：//unctad. org/ system/files/ official−document/diaeiainf2022d3_ en. pdf.

③ 孙方江、李俏莹：《加快平台经济国际化进程》，《中国金融》2022 年第 24 期。

领域为例，2021 年我国从事相关领域的专业人才占就业总人口的比重仅为 0.66%，[1] 数字贸易专业人才短缺在一定程度上制约了产业数字化转型和数字产业链的高端化发展。

（三）数字贸易相关法律法规尚不健全

我国数字贸易立法未能完全适应新业态发展形势，明显滞后于实践。目前关于数字贸易仅出台了一般性法律条款，涉及范围有限，重点关注改善数字贸易发展环境、提高贸易数字化水平以及建设数字贸易示范区等，需加快建立健全个人隐私保护、算法监管、数据流动与数据安全、反垄断和知识产权保护等方面的法律法规，推动制定相关法律法规细则，构建公平开放、有序竞争的市场环境，进一步激发数字贸易市场活力和内生发展动力。

（四）参与制定数字贸易国际规则的程度有待提升

由于在数字贸易概念界定、发展重点、法律法规等方面的差异，各国数字贸易规则主张存在较大分歧，发达国家积极通过签订自由贸易协定等推广其数字贸易规则主张，并通过已形成的数量众多且范围广、标准高、融合性强的区域贸易协定，在数字贸易规则制定中掌握主导权，形成了具有较强影响力和渗透力的"美式模板"和"欧式模板"。比较而言，中国虽然积极提出了数字贸易规则制定的相关建议，但影响力不大，明显处于被动的跟随地位。可以说，《区域全面经济伙伴关系协定》（RCEP）展现了我国参与构建数字贸易规则的最高水平，在"跨境数据自由流动""数据存储非强制本地化"等方面均实现了突破，[2] 但是目前我国签订的自由贸易协定中对数字贸易相关议题的关注度不够，并未形成明确的中国方案，侧重于推动跨境电子商务贸易便利化、改善跨境电子商务环境以及加强国际电子商务合作等议题，而对数据壁垒、源代码保护等问题仅持原则性立场，在数字贸易规则约束性、条款可预测性方面也包含了大量例外条款，导致 RCEP 协定数字贸易规则依然缺乏深度。

---

[1]　http://www.stats.gov.cn/.
[2]　徐向梅：《展现数字贸易活力与韧性》，《经济日报》2022 年 5 月 27 日。

二 对策

（一）加强数字贸易顶层设计，补齐数字人才短板

数字贸易已经成为拉动中国经济增长的重要动力，对于深度融入经济全球化和提升国际竞争力具有重要意义，因此必须明确我国数字贸易发展战略定位、战略目标和发展路径，全方位布局数字贸易发展。要明确数字贸易的概念和范围，制定有针对性的法律法规，基于我国实际出台数字贸易发展指导方案和相关举措，为各地数字贸易发展指明道路，为数字贸易发展营造开放统一、竞争有序的市场环境。同时，还要逐步补齐数字人才短板，加强数字经济相关学科建设，构建全方位、多层次的数字经济人才培养体系，大力培养数字贸易高端人才。注重发挥政策和市场的双重作用，促进形成综合性的人才培育体系，推动各类数字贸易人才的人尽其才、才尽其用。

（二）聚焦数字核心技术攻关，多举措促进数字贸易相关产业发展

集中精力攻克数字贸易发展关键领域的数字技术创新难题，瞄准新兴产业前沿开展产业链的补链、强链和固链行动。同时充分发挥国内超大规模市场和海量数据及应用场景优势，深化数字技术应用。还要加大关键基础数字技术投入，加快推动以 5G、人工智能、虚拟现实、区块链等技术为代表的数字技术前瞻性布局，加强基础设施属性平台建设，提升各行业数字技术运用创新能力，充分发挥龙头企业数字化转型的领头示范作用，促进各企业和各产业数字化融合发展，加强相关行业协同合作，加快"双循环"背景下的全球产业链、供应链和价值链的数字化构建。推进核心数字技术攻关，补齐数字贸易短板。积极为核心数字技术攻关创造有利条件和环境，激发自主创新活力。聚焦数字核心技术自主创新，提高数字技术研发能力，着力掌握发展数字贸易的自主权。推动制造业、服务业数字化转型，拓展多元化数字贸易。把握好数字化、网络化、智能化方向，推动数字技术与实体产业融合，提升贸易内容的数字技术含量，促进数字贸易从单一向多元拓展。建设数字贸易产业集聚区，培育数字贸易龙头平台。以跨境电商综合试验区、数字产业园、软件园和物联网基地为核心，搞好

数字贸易产业集聚区布局，带动企业数字化转型升级。

（三）完善国内法律法规，积极参与国际数字贸易规则制定

中国要提升数字贸易规则的制定权和话语权。加快完善国内数字贸易制度框架，借鉴欧美国家数字贸易治理的先进经验，优化数字贸易顶层设计，推动跨境数据流动与存储、个人信息保护、数据知识产权保护等相关法律法规细则落地，更好地指导数字贸易实践，保障数字贸易安全。加强国家和地方对数据流动的协同监管，评估数据跨境流动风险，加强数据保护，逐步扩大数字领域的对外开放。一些敏感议题可以在数字贸易先行示范区、数字贸易跨境服务集聚区、自由贸易试验区等先行先试，待成熟后再进一步推广，提高国内规则与国际标准的兼容性与可操作性。积极参与数字贸易多边规则制定，加强与各国在数字贸易相关领域的合作。一方面，要以共建"一带一路"为契机，加强与沿线国家的数字贸易合作，提出符合各方利益的高水平数字贸易规则，积极构建由中国主导的区域性数字贸易规则体系。另一方面，要正确认识并妥善处理与发达国家在数字贸易规则上的分歧，在保障网络安全、加强数字治理等与发达国家有共同关切的领域加强协作，主动参与全球数字贸易治理，以更高水平自贸协定为载体，充分利用金砖国家峰会、G20峰会等多边交流平台发出中国声音。积极构建普惠型数字贸易规则，进一步提升我国在数字贸易领域规则制定方面的话语权与影响力，并由此形成符合中国国情的数字贸易规则"中式模板"。

第二节　全球数字贸易发展趋势

一　新一轮技术革命将极大地改变数字贸易业态

当前，新一轮科技革命方兴未艾。围绕数据这一核心关键要素，产业链的各个环节都在不断实现新的突破，数字贸易的规模、形式和业态也随之发生巨大变化。随着数字技术与传统产业的进一步融合，更多的线下贸易转移到线上，传统货物贸易和服务贸易将持续发生重大转变，突破原有的贸易框架和格局，拓展贸易边界，引领服务贸易创新发展。在此背景下，需要各国积极营造良好的政策环境，加快探索数字贸易创新发展。

二　国家间博弈更加激烈

作为各国关注的重点领域，数字贸易领域的竞争会更加激烈。一是在人工智能、云计算、5G、大数据等先进数字技术领域，各国都力图保持优势和领导地位。二是贸易规则的主导权和话语权之争。例如美欧一直试图全面推广"美式模板"和"欧式模板"，虽然不同模板下倡导的数字贸易治理路径各不相同，但最终目的都是在跨境数据流动、数据储存本地化、数字知识产权保护等关键议题上力争利用规则来维持其优势地位。

三　全球数字贸易保护主义抬头

数字贸易的主体形式为数字服务贸易，具有服务贸易的基本特征。而服务贸易与货物贸易不同，市场准入和国民待遇都属于具体承诺而非普遍义务，其保护手段很难受到世贸组织统一规则的制约，因此各国在数字服务贸易领域纷纷采取隐蔽的贸易壁垒措施来维护自身利益。此外，数字贸易与数字技术、数字产品、数据信息安全等密切相关，各国产业发展基础和经济政策主张各不相同，数字化技术水平存在巨大差异，采取的信息安全规制方式也必然存在较大差异，不可避免地会出现以保护本国信息安全之名、行贸易保护之实的现象。

四　各国尚需协同探索数字贸易规则体系

随着数字贸易的发展，数字贸易自由化必然面临来自各国国家规制权的挑战。数字贸易规则是21世纪国际贸易规则的核心内容，但由于各国数字贸易的发展基础与发展理念不同，在监管治理方面也存在显著差异，全球统一的数字贸易规则体系尚未形成。WTO内部就数字贸易议题进行了长期磋商，2018年4月12日，美国向WTO提交了《电子商务倡议联合声明》草案，就数字贸易新问题作出讨论，试图在跨境数据流动、数据本地化和电子传输等一系列争议较大的议题上谋求新进展。可见，美国仍然寄希望于通过

WTO 多边规则平台来促进数字贸易的全球治理。鉴于各国数字贸易规则的碎片化、差异化特征，主要国家建立协同的数字贸易治理框架，在此基础上构建全球统一的数字治理框架是可行的发展方向，需要通过国际密切合作，借助于政府间国际组织特别是 WTO 的协调管理，发挥其谈判与竞争规则体系的积极作用，形成全球统一的数字贸易规则体系。

第三节 对全球数字贸易的未来展望

一 数字贸易领域分歧在所难免

数字贸易通过数字技术和数字服务带来了各领域的颠覆性创新，推动产业链、供应链、价值链加速整合优化，为全球经济增长注入新动能。但是，由于发展水平不同，发达国家与发展中国家之间，以及发达国家内部和发展中国家内部在数字贸易规则的核心问题上必然存在分歧。当前美国和欧盟的数字贸易规则和实际做法具有很强的影响力，其所推行的严格的数据隐私保护规则与数据跨境自由流动主张并举，而发展中国家面临较多制约因素，主要表现在关键核心技术领域研发创新能力不足、数字贸易治理手段相对落后、数字贸易领域开放程度有待提升、相关法律法规尚不能完全适应数字贸易发展需要，围绕数字贸易规则核心问题的分歧在所难免。

二 各方积极寻求共同利益

党的二十大报告指出，坚持经济全球化正确方向，推动贸易和投资自由化便利化，推进双边、区域和多边合作，促进国际宏观经济政策协调，共同营造有利于发展的国际环境，共同培育全球发展新动能，反对保护主义，反对"筑墙设垒"、"脱钩断链"，反对单边制裁、极限施压。面对严峻的全球数字经济规则的挑战，应该积极寻求公约数，使各方数字利益最大化。从长远来看，各国发展数字贸易的根本目的是要把握数字技术革命浪潮，推动科学技术引领本国经济发展。各国在弥合全球数字鸿沟、创造经济效益、加强数字技术合作、保障数据安全等方面具有共同利益，可进一步制定更具包容性的数字贸易发展战略，以具有代表性的数字贸易协定为抓手，探索在多边层面达成更加平衡的数字贸易规则，打造成功实践案例并予以推广，完善全球贸易治理体系。

三 全方位参与国际数字贸易合作

我国应该全方位地参与多边、区域和双边数字贸易规则制定，在多边层面，积极参与 WTO 谈判和国际数字贸易规则制定，积极参加世贸组织与贸易有关的电子商务议题谈判；在区域和双边层面，继续推进自由贸易协定电子商务议题谈判，参与上合组织等区域贸易安排框架下的数字贸易议题磋商，不断提高数字贸易便利化和国际合作水平。积极与发达经济体就数字贸易规则开展对话，推动形成数字经济国际治理新机制。进一步扩大数字贸易对外开放，积极参加国际数字贸易合作，尤其是加强与"一带一路"沿线国家的数字贸易合作，同时，大力发展"丝路电商"，以国内数字贸易重要城市为节点辐射沿线国家和地区，共同提升数字贸易发展效率。

附　录

附表1　2012~2021年全球30个经济体数字贸易进出口额情况

单位：亿美元

国家或地区	2012 年			2013 年		
	出口额	进口额	总额	出口额	进口额	总额
美国	3995.53	2400.27	6395.80	4156.24	2440.61	6596.85
爱尔兰	909.53	1023.45	1932.98	1016.50	1072.93	2089.44
英国	2533.89	982.83	3516.72	2699.53	1053.07	3752.60
德国	1438.03	1337.53	2775.55	1554.15	1449.57	3003.72
中国大陆	736.54	886.83	1623.38	825.48	1025.49	1850.97
荷兰	1039.80	878.69	1918.48	1101.82	942.44	2044.26
法国	1152.13	1021.45	2173.58	1322.81	1177.75	2500.55
新加坡	566.95	683.36	1250.31	655.62	791.17	1446.79
日本	640.44	821.75	1462.19	673.76	839.75	1513.51
印度	1041.26	493.23	1534.49	1099.26	477.33	1576.60
卢森堡	636.06	443.88	1079.94	733.08	526.52	1259.60
瑞士和列支敦士登	813.58	752.22	1565.80	813.85	787.55	1601.39
比利时	546.97	487.41	1034.38	636.12	537.18	1173.30
加拿大	536.83	505.19	1042.02	547.63	518.64	1066.27
意大利	477.89	524.37	1002.26	469.65	525.02	994.68
韩国	244.15	422.29	666.44	265.29	427.91	693.21
瑞典	405.48	282.51	688.00	478.26	313.43	791.70
西班牙	389.90	340.12	730.02	389.93	313.69	703.63
以色列	195.61	94.37	289.97	231.47	92.90	324.37
奥地利	224.71	166.61	391.32	251.59	200.13	451.72
中国香港	322.99	196.58	519.56	336.72	202.60	539.32
波兰	139.91	159.10	299.01	147.35	163.85	311.21

续表

国家或地区	2012 年			2013 年		
	出口额	进口额	总额	出口额	进口额	总额
俄罗斯	226.27	378.43	604.70	258.62	429.76	688.39
丹麦	163.61	173.15	336.76	162.93	165.99	328.93
巴西	222.87	398.41	621.27	216.52	409.86	626.38
芬兰	157.29	183.52	340.81	159.68	170.80	330.48
中国台湾	106.61	213.82	320.43	117.62	199.64	317.26
挪威	189.95	195.52	385.47	197.72	212.21	409.93
澳大利亚	150.96	205.86	356.82	155.52	214.56	370.07
泰国	90.84	171.97	262.81	95.68	185.51	281.19

国家或地区	2014 年			2015 年		
	出口额	进口额	总额	出口额	进口额	总额
美国	4429.58	2602.90	7032.48	4461.38	2619.77	7081.15
爱尔兰	1167.66	1287.49	2455.15	1159.22	1642.03	2801.25
英国	2873.27	1175.61	4048.87	2733.45	1158.82	3892.27
德国	1716.94	1507.12	3224.06	1642.87	1431.98	3074.85
中国大陆	990.24	1023.69	2013.93	933.13	861.28	1794.41
荷兰	1348.43	1373.69	2722.12	1347.84	1641.90	2989.74
法国	1442.35	1321.73	2764.08	1331.28	1291.40	2622.68
新加坡	743.68	877.98	1621.65	815.28	828.32	1643.60
日本	872.14	1025.91	1898.05	862.02	1031.94	1893.96
印度	1119.87	462.57	1582.44	1132.85	471.43	1604.28
卢森堡	830.03	604.44	1434.48	814.13	579.60	1393.73
瑞士和列支敦士登	880.90	872.59	1753.48	863.01	865.74	1728.75
比利时	717.60	637.14	1354.74	657.61	599.18	1256.79
加拿大	537.95	513.41	1051.36	488.56	478.94	967.50
意大利	479.56	556.42	1035.97	397.48	499.17	896.65
韩国	322.65	456.40	779.05	320.52	440.69	761.20
瑞典	504.80	360.97	865.77	476.12	327.57	803.69
西班牙	434.70	349.80	784.50	388.25	322.38	710.63
以色列	237.92	96.02	333.95	239.52	95.20	334.72
奥地利	268.80	222.11	490.91	227.41	195.57	422.98
中国香港	356.59	209.64	566.23	376.27	215.94	592.21
波兰	165.53	175.56	341.09	159.83	158.92	318.75
俄罗斯	241.13	429.32	670.45	192.20	333.04	525.24

续表

国家或地区	2014 年			2015 年		
	出口额	进口额	总额	出口额	进口额	总额
丹麦	165.37	175.09	340.47	147.10	161.02	308.12
巴西	252.83	446.39	699.22	215.39	401.70	617.09
芬兰	164.73	165.54	330.28	158.19	149.15	307.35
中国台湾	127.89	207.03	334.92	136.37	192.58	328.94
挪威	195.96	215.22	411.18	172.02	192.55	364.57
澳大利亚	154.73	210.64	365.37	139.86	196.00	335.87
泰国	103.67	180.18	283.85	101.38	179.48	280.86

国家或地区	2016 年			2017 年		
	出口额	进口额	总额	出口额	进口额	总额
美国	4628.93	2790.28	7419.21	5059.93	3013.59	8073.52
爱尔兰	1325.77	2061.88	3387.65	1614.64	2166.45	3781.09
英国	2703.18	1144.15	3847.34	2800.35	1208.22	4008.58
德国	1768.09	1540.26	3308.35	1922.16	1690.12	3612.28
中国大陆	937.01	970.70	1907.71	1025.67	1053.84	2079.52
荷兰	1280.44	1334.77	2615.21	1507.05	1555.60	3062.65
法国	1405.58	1314.78	2720.36	1404.15	1318.56	2722.71
新加坡	836.59	839.58	1676.17	950.14	980.97	1931.10
日本	970.24	1102.48	2072.72	1016.42	1138.32	2154.74
印度	1166.06	532.49	1698.55	1222.94	603.38	1826.32
卢森堡	822.14	582.82	1404.96	885.99	639.08	1525.07
瑞士和列支敦士登	900.03	904.11	1804.15	891.99	953.67	1845.66
比利时	668.72	593.68	1262.40	723.53	641.00	1364.53
加拿大	492.37	492.16	984.53	528.41	527.77	1056.18
意大利	419.33	517.12	936.45	471.93	573.91	1045.84
韩国	347.34	436.60	783.94	370.87	501.23	872.10
瑞典	469.88	332.69	802.57	466.83	383.99	850.82
西班牙	425.95	342.75	768.69	448.43	353.25	801.68
以色列	271.06	103.41	374.46	297.03	118.04	415.07
奥地利	237.83	207.22	445.05	262.78	236.57	499.34
中国香港	367.20	215.61	582.81	395.00	226.29	621.29
波兰	179.00	171.02	350.02	213.97	189.91	403.88
俄罗斯	178.84	313.12	491.96	194.70	348.43	543.12
丹麦	157.09	180.92	338.00	176.64	182.87	359.51

国家或地区	2016 年			2017 年		
	出口额	进口额	总额	出口额	进口额	总额
巴西	208.82	371.89	580.72	214.26	396.05	610.30
芬兰	169.88	154.09	323.97	185.34	159.62	344.96
中国台湾	146.18	178.76	324.94	170.80	177.28	348.08
挪威	176.46	208.32	384.78	155.07	202.94	358.00
澳大利亚	140.69	178.47	319.16	156.39	197.91	354.30
泰国	124.63	185.11	309.74	109.90	187.41	297.31

国家或地区	2018 年			2019 年		
	出口额	进口额	总额	出口额	进口额	总额
美国	5157.50	2940.58	8098.08	5441.08	3120.97	8562.05
爱尔兰	1977.44	2237.98	4215.42	2302.41	3545.49	5847.90
英国	3173.34	1458.64	4631.99	3118.32	1480.00	4598.32
德国	2098.90	1823.81	3922.71	2086.98	1879.88	3966.86
中国大陆	1321.66	1240.64	2562.30	1435.48	1282.63	2718.10
荷兰	1749.71	1837.54	3587.25	1911.94	1915.62	3827.56
法国	1614.08	1463.82	3077.90	1568.81	1413.83	2982.64
新加坡	1133.97	1036.42	2170.39	1222.58	1068.76	2291.34
日本	1070.72	1234.15	2304.87	1194.81	1416.36	2611.17
印度	1328.31	648.18	1976.49	1479.29	730.71	2210.00
卢森堡	986.10	720.55	1706.64	1026.08	764.75	1790.82
瑞士和列支敦士登	951.67	963.78	1915.44	906.95	956.71	1863.67
比利时	767.68	673.62	1441.30	771.35	694.75	1466.10
加拿大	604.74	605.81	1210.55	649.56	638.60	1288.16
意大利	502.79	622.36	1125.15	487.58	598.82	1086.41
韩国	394.14	509.20	903.34	423.95	535.35	959.30
瑞典	488.52	412.05	900.57	546.98	436.78	983.76
西班牙	478.91	401.94	880.85	503.38	426.26	929.65
以色列	353.36	120.64	474.00	396.23	128.82	525.04
奥地利	305.29	281.54	586.83	308.54	300.66	609.20
中国香港	424.23	242.52	666.75	407.44	239.46	646.90
波兰	261.85	220.98	482.84	278.57	223.33	501.90
俄罗斯	208.75	358.16	566.91	212.10	377.23	589.32
丹麦	195.88	211.75	407.63	223.54	238.31	461.85
巴西	213.20	377.29	590.49	212.60	375.64	588.24

续表

国家或地区	2018 年			2019 年		
	出口额	进口额	总额	出口额	进口额	总额
芬兰	196.95	189.98	386.93	222.84	209.34	432.18
中国台湾	195.79	191.74	387.53	208.85	195.65	404.50
挪威	173.44	205.01	378.44	165.50	212.80	378.30
澳大利亚	164.68	206.09	370.77	175.31	206.85	382.17
泰国	127.16	233.41	360.57	133.69	248.61	382.30

国家或地区	2020 年			2021 年		
	出口额	进口额	总额	出口额	进口额	总额
美国	5536.24	3250.94	8787.18	6130.12	3503.61	9633.73
爱尔兰	2585.90	3330.50	5916.39	3161.11	3238.04	6399.15
英国	3270.26	1533.48	4803.73	3533.70	1701.90	5235.60
德国	2036.59	1834.40	3870.99	2422.31	2124.83	4547.15
中国大陆	1543.75	1396.10	2939.85	1948.45	1648.45	3596.90
荷兰	1557.30	1553.98	3111.29	1642.31	1650.44	3292.75
法国	1514.03	1381.04	2895.07	1636.70	1487.66	3124.36
新加坡	1330.84	1221.03	2551.87	1484.15	1351.54	2835.69
日本	1161.73	1438.06	2599.80	1223.65	1525.40	2749.05
印度	1552.65	776.74	2329.40	1851.58	880.87	2732.45
卢森堡	1088.57	810.90	1899.47	1253.51	932.33	2185.84
瑞士和列支敦士登	853.84	1012.25	1866.09	993.82	1128.39	2122.21
比利时	784.52	726.60	1511.11	883.79	804.04	1687.83
加拿大	665.12	662.45	1327.56	752.77	738.66	1491.43
意大利	477.36	584.49	1061.86	549.53	686.80	1236.33
韩国	440.35	542.52	982.87	542.18	655.89	1198.06
瑞典	534.80	493.14	1027.94	592.84	567.53	1160.37
西班牙	484.34	394.34	878.68	574.26	447.93	1022.19
以色列	425.22	132.35	557.57	538.27	161.24	699.51
奥地利	304.34	298.28	602.62	350.64	334.16	684.81
中国香港	394.63	238.31	632.94	422.63	250.10	672.74
波兰	303.18	236.69	539.87	367.81	274.96	642.77
俄罗斯	204.47	327.81	532.27	243.21	378.30	621.51
丹麦	237.33	274.73	512.07	244.96	296.12	541.08
巴西	185.97	336.97	522.94	216.90	321.40	538.30
芬兰	225.16	215.27	440.43	258.14	237.06	495.20

国家或地区	2020 年			2021 年		
	出口额	进口额	总额	出口额	进口额	总额
中国台湾	222.41	203.31	425.71	251.16	231.91	483.07
挪威	159.47	214.82	374.29	188.69	225.38	414.08
澳大利亚	162.82	209.77	372.59	185.32	225.60	410.93
泰国	136.14	245.49	381.63	147.43	235.06	382.49

注：按照联合国贸易和发展会议数据库（UNCTAD）的定义，数字贸易是指通过数字化手段进行交易的服务贸易。

数据来源：根据联合国贸易和发展会议数据库（UNCTAD）数据整理。

附表 2 2020~2021年中国31个省区市数字贸易发展指标数据

2020年	A$_1$ 移动电话交换机容量（万户）	A$_2$ 长途光缆线路长度（万公里）	A$_3$ 邮政业务总量（亿元）	A$_4$ 移动电话普及率（部/百人）	A$_5$ 域名数（万个）	A$_6$ 互联网宽带接入端口（万个）	B$_1$ R&D人员全时当量（人年）	B$_2$ R&D项目平均经费（万元/件）	B$_3$ 有效发明专利数（件）	B$_4$ 技术市场成交额（万元）	C$_1$ 电信业务总量（亿元）
北京	9340.00	0.42	480.24	178.43	373.21	2084.10	46172	358.76	55261	6316.16	3247.63
天津	3036.00	0.46	194.60	123.40	33.66	1254.60	45227	190.63	24945	1089.56	1584.54
河北	15592.50	3.74	853.70	111.73	100.21	4598.20	86337	278.63	28135	554.96	5971.71
山西	7699.20	3.22	150.72	115.22	82.79	2322.30	32547	303.26	10218	44.98	3091.70
内蒙古	6136.30	7.08	63.68	123.17	19.52	1441.30	18393	420.17	5799	35.95	2584.73
辽宁	6795.17	2.31	278.34	114.43	79.51	3305.20	59978	267.32	28788	632.81	3388.94
吉林	5143.00	2.67	122.19	119.22	55.81	1651.20	11806	312.96	6696	462.15	2119.90
黑龙江	9117.76	5.18	143.34	120.70	53.61	2127.50	14272	243.14	8260	265.20	2092.50
上海	6464.00	0.50	848.14	171.99	140.69	2322.00	87957	426.09	62147	1583.22	2824.19
江苏	22838.08	4.04	1699.51	116.78	206.74	7224.90	538781	229.97	224512	2087.85	9188.72
浙江	15414.25	2.70	4310.94	132.96	167.50	6031.50	480493	118.29	93159	1403.32	8309.99
安徽	8224.30	3.56	608.43	98.74	154.83	3543.70	139988	213.65	70467	659.57	5053.59
福建	8861.60	2.50	856.48	114.09	324.90	3370.00	140850	261.49	44702	163.54	3908.46
江西	7285.89	3.34	311.34	94.04	130.67	2532.90	100473	150.08	18715	233.41	3537.88
山东	13193.38	3.94	993.72	107.43	181.99	6756.80	255281	216.55	78926	1903.89	7198.80
河南	14094.16	3.59	829.65	101.16	273.05	4934.50	145464	259.53	36500	379.78	8156.78
湖北	8592.30	3.21	471.77	98.37	180.39	3221.40	125066	296.21	49197	1665.81	4205.17
湖南	10695.00	4.27	429.22	101.13	184.81	3242.40	121470	260.50	39805	735.95	5671.25
广东	23803.81	5.78	5807.81	123.30	534.68	8653.20	700017	189.22	435509	3267.21	15025.30

续表

2020年	A_1 移动电话交换机容量（万户）	A_2 长途光缆线路长度（万公里）	A_3 邮政业务总量（亿元）	A_4 移动电话普及率（部/百人）	A_5 域名数（万个）	A_6 互联网宽带接入端口（万个）	B_1 R&D人员全时当量（人年）	B_2 R&D项目平均经费（万元/件）	B_3 有效发明专利数（件）	B_4 技术市场成交额（万元）	C_1 电信业务总量（亿元）
广西	12012.00	4.15	215.30	106.39	112.06	3356.20	20407	269.01	8667	91.67	4826.86
海南	2559.00	0.32	31.25	112.61	41.77	852.30	2050	169.35	1875	20.19	1146.73
重庆	5285.00	0.61	202.10	113.56	86.57	2368.80	69843	230.45	20650	117.79	3190.23
四川	16869.56	12.50	537.70	109.05	219.03	6284.70	90128	192.27	42114	1244.59	7526.73
贵州	6702.00	3.55	85.48	106.15	110.07	1744.50	26261	207.89	8487	249.11	5077.83
云南	6193.95	5.95	158.10	104.92	89.87	2218.00	28894	239.32	9515	49.95	5647.84
西藏	2820.00	4.06	4.99	88.24	1.62	219.00	190	175.37	185	0.78	429.09
陕西	5071.28	4.03	236.78	116.11	98.75	2576.50	48809	328.08	21932	1758.72	4148.73
甘肃	5549.60	4.00	47.13	106.87	42.69	1460.60	8614	324.21	4017	233.16	2557.64
青海	927.00	4.36	9.59	111.31	4.54	412.80	1557	363.86	1061	10.56	827.54
宁夏	1633.00	1.05	24.98	116.51	7.74	550.00	8333	241.09	3126	16.81	924.34
新疆	6618.03	4.71	45.97	110.11	13.17	1943.80	4752	320.74	4580	15.11	3092.05

2020年	C_2 企业每百人使用计算机数（台）	C_3 每百家企业拥有网站数（个）	C_4 有电子商务交易活动的企业数比重（%）	C_5 电子商务销售额（亿元）	D_1 地区生产总值/年末人口数（万元）	D_2 各省份人均第一产业增加值（亿元）	D_3 各省份人均第二产业增加值（亿元）	D_4 各省份人均第三产业增加值（亿元）	D_5 各省份城镇单位就业人口占总人口比例（%）	D_6 人均进出口总额（千美元，按经营单位所在地）	D_7 全体居民人均消费支出（元）
北京	77	58	22.80	25831.80	16.42	0.05	2.62	13.75	0.34	336478080	38903
天津	43	40	6.80	4342.00	10.10	0.15	3.54	6.41	0.18	106321816	28461

续表

2020年	C₂ 企业每百人使用计算机数（台）	C₃ 每百家企业拥有网站数（个）	C₄ 有电子商务交易活动的企业数比重（%）	C₅ 电子商务销售额（亿元）	D₁ 地区生产总值/年末人口数（万元）	D₂ 各省份人均第一产业增加值（亿元）	D₃ 各省份人均第二产业增加值（亿元）	D₄ 各省份人均第三产业增加值（亿元）	D₅ 各省份城镇单位就业人口占总人口比例（%）	D₆ 人均进出口总额（千美元，按签署单位所在地）	D₇ 全体居民人均消费支出（元）
河北	31	51	7.70	4402.30	4.83	0.52	1.84	2.46	0.08	64470226	18037
山西	26	32	6.50	2322.60	5.11	0.33	2.21	2.57	0.13	21842015	15733
内蒙古	35	38	6.90	2799.90	7.18	0.84	2.87	3.46	0.11	15222701	19794
辽宁	38	45	5.80	4326.00	5.88	0.54	2.20	3.14	0.11	94828320	20672
吉林	36	41	5.50	525.80	5.11	0.65	1.80	2.66	0.11	18526325	17318
黑龙江	46	38	5.50	687.20	4.30	1.09	1.09	2.13	0.10	22230921	17056
上海	63	57	11.20	23624.80	15.66	0.04	4.12	11.49	0.26	503831363	42536
江苏	29	55	10.40	13189.10	12.13	0.54	5.26	6.33	0.16	642831839	26225
浙江	32	48	12.20	12124.50	10.00	0.33	4.08	5.59	0.16	488542806	31295
安徽	27	57	13.30	6281.10	6.23	0.52	2.49	3.22	0.09	78704041	18877
福建	22	40	11.90	5082.20	10.48	0.66	4.85	4.98	0.15	203580822	25126
江西	24	49	10.20	3294.20	5.71	0.50	2.46	2.75	0.10	58025836	17955
山东	30	50	12.60	13819.80	7.16	0.53	2.80	3.83	0.11	320210390	20940
河南	21	43	7.50	4254.20	5.46	0.54	2.24	2.68	0.10	97266709	16143
湖北	30	59	11.10	5078.70	7.49	0.72	2.77	3.99	0.11	62245676	19246
湖南	25	47	10.90	4185.80	6.25	0.64	2.40	3.21	0.09	70684462	20998
广东	43	57	11.30	30533.80	8.80	0.37	3.47	4.95	0.17	1024024456	28492

续表

2020年	C_2 企业每百人使用计算机数（台）	C_3 每百家企业拥有网站数（个）	C_4 有电子商务交易活动的企业数比重（%）	C_5 电子商务销售额（亿元）	D_1 地区生产总值/年末人口数（万元）	D_2 各省人均第一产业增加值（亿元）	D_3 各省人均第二产业增加值（亿元）	D_4 各省份人均第三产业增加值（亿元）	D_5 各省份城镇单位就业人口占总人口比例（%）	D_6 人均进出口总额（千美元，按经营单位所在地）	D_7 全体居民人均消费支出（元）
广西	29	27	10.10	2116.50	4.41	0.73	1.40	2.28	0.08	70414050	16357
海南	42	45	13.90	941.70	5.50	1.12	1.06	3.32	0.11	13586831	18972
重庆	27	47	13.70	5810.30	7.80	0.56	3.11	4.13	0.12	94181104	21678
四川	29	49	12.60	5901.60	5.79	0.66	2.09	3.04	0.10	116898171	19783
贵州	29	41	10.60	1628.10	4.63	0.66	1.62	2.35	0.09	7910689	14874
云南	34	38	11.60	2324.40	5.20	0.76	1.78	2.66	0.08	39128383	16792
西藏	36	47	9.60	75.20	5.20	0.41	1.95	2.83	0.11	310532	13225
陕西	38	47	11.60	2118.60	6.58	0.57	2.84	3.17	0.12	54595811	17418
甘肃	28	43	8.80	543.90	3.59	0.48	1.13	1.99	0.10	5529729	16175
青海	42	43	10.30	201.60	5.08	0.57	1.93	2.58	0.11	332800	18284
宁夏	34	45	8.90	235.50	5.49	0.47	2.26	2.76	0.10	1782446	17506
新疆	30	24	6.20	731.30	5.33	0.76	1.85	2.72	0.12	21373811	16512

2021年	A_1 移动电话交换机容量（万户）	A_2 长途光缆线路长度（万公里）	A_3 邮政业务总量（亿元）	A_4 移动电话普及率（部/百人）	A_5 域名数（万个）	A_6 互联网宽带接入端口（万个）	B_1 R&D人员全时当量（人年）	B_2 R&D项目平均经费（万元/件）	B_3 有效发明专利数（件）	B_4 技术市场成交额（万元）	C_1 电信业务总量（亿元）
北京	10750.00	0.41	283.00	181.49	566.01	2030.80	41496	353.69	70538	7005.65	512.96
天津	3036.00	0.40	138.75	127.10	30.28	1352.50	49404	189.22	26326	1256.83	207.71

续表

2021年	A₁ 移动电话交换机容量（万户）	A₂ 长途光缆线路长度（万公里）	A₃ 邮政业务总量（亿元）	A₄ 移动电话普及率（部/百人）	A₅ 域名数（万个）	A₆ 互联网宽带接入端口（万个）	B₁ R&D人员全时当量（人年）	B₂ R&D项目平均经费（万元/件）	B₃ 有效发明专利数（件）	B₄ 技术市场成交额（万元）	C₁ 电信业务总量（亿元）
河北	15549.67	3.74	528.09	116.05	81.31	5012.50	83401	266.95	34240	747.32	756.64
山西	7699.20	3.27	130.79	118.55	34.92	2478.70	35468	306.88	12336	134.47	374.63
内蒙古	6049.70	6.81	62.86	125.71	12.40	1750.10	15433	412.73	6847	41.15	296.92
辽宁	6795.17	2.35	219.96	117.63	42.51	3274.00	63156	267.44	31740	755.12	414.06
吉林	5143.00	2.66	108.59	124.88	21.61	1743.10	16124	341.46	7109	108.15	244.07
黑龙江	8661.76	5.10	133.38	120.30	25.11	2260.40	15444	223.09	9611	350.14	246.83
上海	7099.00	0.48	1691.92	176.70	148.42	2340.40	93966	434.85	66509	2545.49	574.58
江苏	22838.08	3.96	972.66	119.68	172.46	7464.30	612676	239.30	242423	2606.17	1328.81
浙江	15413.68	2.80	2231.46	135.47	130.81	6237.80	482140	127.48	120873	1855.78	1105.39
安徽	8224.30	3.92	393.55	101.30	133.43	3889.00	170421	215.15	78480	1787.71	602.42
福建	8861.60	2.62	474.78	115.22	433.07	3546.60	186328	249.52	45695	196.80	530.53
江西	6718.00	3.35	210.69	99.54	57.26	2642.30	97497	163.62	21690	409.38	428.00
山东	14692.38	3.35	642.80	110.60	193.44	7037.00	349379	178.70	103410	2477.79	1016.13
河南	15761.76	3.93	545.24	104.75	130.08	5631.00	162562	244.84	42849	607.33	994.71
湖北	8690.04	3.41	366.57	100.70	85.93	3667.80	147504	319.99	61986	2090.78	528.89
湖南	10695.00	4.10	295.84	104.84	99.41	3513.00	143908	215.70	46937	1261.26	636.50
广东	23803.81	5.79	3021.10	128.25	496.71	9333.70	709119	197.62	511717	4099.61	1932.37
广西	11187.00	4.37	162.01	109.42	66.31	3579.20	28508	176.85	14995	940.58	536.25

续表

2021年	A_1 移动电话交换机容量（万户）	A_2 长途光缆线路长度（万公里）	A_3 邮政业务总量（亿元）	A_4 移动电话普及率（部/百人）	A_5 域名数（万个）	A_6 互联网宽带接入端口（万个）	B_1 R&D人员全时当量（人年）	B_2 R&D项目平均经费（万元/件）	B_3 有效发明专利数（件）	B_4 技术市场成交额（万元）	C_1 电信业务总量（亿元）
海南	1964.00	0.29	30.97	113.56	17.47	1096.00	2911	131.55	2348	28.42	135.77
重庆	5285.00	0.60	163.19	116.77	54.50	2612.10	83845	214.44	24388	184.52	374.15
四川	16727.56	12.54	374.18	111.55	126.21	6708.50	95650	180.21	48898	1388.69	947.43
贵州	6702.00	3.40	87.81	110.85	230.26	2045.10	26717	205.42	9357	289.27	437.54
云南	6193.95	6.02	125.15	107.58	42.57	2431.90	28234	259.13	11021	106.10	523.73
西藏	2390.00	4.64	5.16	91.10	1.34	254.20	266	258.15	227	1.73	61.85
陕西	5071.28	4.10	168.51	120.83	59.26	2943.80	50997	383.92	24226	2343.44	442.80
甘肃	4802.68	4.05	49.80	110.23	14.64	1622.60	12547	292.12	4842	280.39	300.63
青海	927.00	3.63	10.90	114.56	2.32	438.30	1626	314.03	1224	14.10	86.14
宁夏	1503.00	1.09	22.46	119.46	4.69	596.60	10930	211.43	3397	25.09	104.64
新疆	6455.16	4.93	46.18	114.54	11.69	2251.60	8995	304.74	5670	18.85	371.43

2021年	C_2 企业每百人使用计算机数（台）	C_3 每百家企业拥有网站数（个）	C_4 有电子商务交易活动的企业数比重（%）	C_5 电子商务销售额（亿元）	D_1 地区生产总值/年末人口数（万元）	D_2 各省份人均第一产业增加值（亿元）	D_3 各省份人均第二产业增加值（亿元）	D_4 各省份人均第三产业增加值（亿元）	D_5 各省份城镇单位就业人口占比（%）	D_6 人均进出口总额（千美元，按经营单位所在地）	D_7 全体居民人均消费支出（元）
北京	80	57	23.50	31239.80	18.40	0.05	3.32	15.02	0.35	470990000	29176
天津	45	39	7.30	5403.40	11.43	0.16	4.26	7.00	0.19	132570000	20419

续表

2021年	C_2 企业每百人使用计算机数（台）	C_3 每百家企业拥有网站数（个）	C_4 有电子商务交易活动的企业数比重（%）	C_5 电子商务销售额（亿元）	D_1 地区生产总值/年末人口数（万元）	D_2 各省份人均第一产业增加值（亿元）	D_3 各省份人均第二产业增加值（亿元）	D_4 各省份人均第三产业增加值（亿元）	D_5 各省份城镇单位就业人口占总人口比例（%）	D_6 人均进出口总额（千美元，按经营单位所在地）	D_7 全体居民人均消费支出（元）
河北	32	50	7.50	3790.80	5.42	0.54	2.20	2.68	0.08	83850000	10872
山西	27	30	6.60	3420.80	6.49	0.37	3.22	2.90	0.13	34530000	10118
内蒙古	36	37	7.50	3145.50	8.55	0.93	3.91	3.71	0.11	19140000	14878
辽宁	40	44	5.90	4785.70	6.52	0.58	2.57	3.37	0.11	119460000	14950
吉林	37	39	5.60	587.10	5.57	0.65	2.01	2.91	0.11	23260000	12054
黑龙江	42	37	6.00	801.70	4.76	1.11	1.27	2.38	0.10	30850000	12037
上海	66	57	11.30	29122.50	17.36	0.04	4.60	12.72	0.27	628520000	30400
江苏	31	53	10.40	13386.10	13.68	0.56	6.09	7.04	0.15	806470000	17926
浙江	32	47	11.90	14913.50	11.24	0.34	4.77	6.13	0.16	640930000	20610
安徽	28	55	12.50	7461.90	7.03	0.55	2.88	3.60	0.09	107000000	10544
福建	23	39	11.80	6397.20	11.66	0.69	5.46	5.50	0.14	285250000	16177
江西	25	48	10.60	3807.70	6.56	0.52	2.92	3.12	0.10	77020000	10053
山东	32	47	14.80	17145.50	8.17	0.59	3.26	4.31	0.11	453870000	11897
河南	22	40	7.10	5088.30	5.96	0.57	2.46	2.93	0.09	127010000	10002
湖北	33	58	10.80	6126.90	8.58	0.80	3.25	4.53	0.11	83080000	11761
湖南	27	49	11.00	5065.80	6.96	0.65	2.74	3.57	0.09	92400000	11946
广东	43	55	11.30	37886.00	9.81	0.39	3.96	5.45	0.17	1279570000	17421
广西	30	28	9.80	2616.60	4.91	0.80	1.63	2.49	0.08	91720000	9596

续表

2021年	C_2 企业每百人使用计算机数（台）	C_3 每百家企业拥有网站数（个）	C_4 有电子商务交易活动的企业数比重（%）	C_5 电子商务销售额（亿元）	D_1 地区生产总值/年末人口数（万元）	D_2 各省份人均第一产业增加值（亿元）	D_3 各省份人均第二产业增加值（亿元）	D_4 各省份人均第三产业增加值（亿元）	D_5 各省城镇单位就业人口占总人口比例（%）	D_6 人均进出口总额（千美元，按经营单位所在地）	D_7 全体居民人均消费支出（元）
海南	42	42	13.80	1250.10	6.35	1.23	1.21	3.90	0.11	22750000	11193
重庆	28	47	13.60	6723.40	8.68	0.60	3.48	4.60	0.11	123820000	12600
四川	31	48	12.60	7364.40	6.43	0.68	2.38	3.38	0.10	147430000	11055
贵州	30	41	10.70	1746.60	5.08	0.71	1.81	2.56	0.09	10130000	8288
云南	35	37	11.50	2461.70	5.79	0.83	2.04	2.92	0.08	4868000	8824
西藏	39	45	9.90	152.20	5.68	0.45	2.07	3.17	0.12	620000	6307
陕西	39	48	11.90	3048.60	7.54	0.61	3.49	3.44	0.12	73560000	11217
甘肃	29	45	9.30	771.10	4.11	0.55	1.39	2.17	0.10	7610000	8943
青海	44	43	12.70	665.20	5.63	0.59	2.24	2.80	0.11	490000	11576
宁夏	35	45	9.30	317.20	6.24	0.50	2.79	2.95	0.10	3320000	11292
新疆	32	26	6.00	917.70	6.17	0.91	2.30	2.96	0.13	24300000	11392

数据来源：根据历年《中国统计年鉴》计算整理。

参考文献

白洁、苏庆义：《〈美墨加协定〉：特征、影响及中国应对》，《国际经济评论》2020 年第 6 期。

陈阿兴、谢敏：《中国数字贸易国际竞争力的实证分析——基于邓宁的"国际化钻石模型"》，《池州学院学报》2021 年第 6 期。

陈海波、张琳琳、刘洁：《数字贸易是否驱动了外贸高质量发展——兼论科技创新的中介效应》，《价格月刊》2022 年第 10 期。

陈寰琦、周念利：《从 USMCA 看美国数字贸易规则核心诉求及与中国的分歧》，《国际经贸探索》2019 年第 6 期。

陈靓：《数字贸易自由化的国际谈判进展及其对中国的启示》，《上海对外经贸大学学报》2015 年第 3 期。

陈维涛、朱柿颖：《数字贸易理论与规则研究进展》，《经济学动态》2019 年第 9 期。

范鑫：《数字经济发展、国际贸易效率与贸易不确定性》，《财贸经济》2020 年第 8 期。

冯冬发、张涛、李奥、宫汝娜：《异质性空间随机前沿模型的参数估计及应用》，《统计研究》2023 年第 1 期。

冯宗宪、段丁允：《数字贸易发展指数评价及影响因素分析——基于 49 个国家的面板数据》，《北京工业大学学报》（社会科学版）2022 年第 4 期。

高媛、王涛：《TISA 框架下数字贸易谈判的焦点争议及发展趋向研判》，《国际商务（对外经济贸易大学学报）》2018 年第 1 期。

国务院发展研究中心“国际经济格局变化和中国战略选择”课题组、李伟、隆国强、张琦、赵晋平、王金照、赵福军：《未来 15 年国际经济格局变化和中国战略选择》，《管理世界》2018 年第 12 期。

韩剑、蔡继伟、许亚云：《数字贸易谈判与规则竞争——基于区域贸易协定文本量化的研究》，《中国工业经济》2019 年第 11 期。

何爱平、李清华：《数字经济、全劳动生产率与区域经济发展差距》，《经济问题》2022 年第 9 期。

贾怀勤、高晓雨、许晓娟、方元欣：《 数字贸易测度的概念架构、指标体系和测度方法初探》，《 统计研究》2021 年第 12 期。

江天骄：《新型自由贸易协定与越南国有企业的渐进改革：以 TPP 和 CPTPP 为中心》，《复旦国际关系评论》2019 年第 1 期。

江小涓：《高度联通社会中的资源重组与服务业增长》，《经济研究》2017 年第 3 期。

焦帅涛、孙秋碧：《我国数字经济发展测度及其影响因素研究》，《调研世界》2021 年 7 期。

金泽虎、蒋婷婷：《数字贸易助力制造业高质量发展的机理与实证研究——基于长三角样本的分析》，《工业技术经济》2022 年第 6 期。

鞠雪楠、赵宣凯、孙宝文：《跨境电商平台克服了哪些贸易成本？——来自“敦煌网”数据的经验证据》，《经济研究》2020 年第 2 期。

克彪、韩延玲、蔡青青：《中国数字贸易发展水平测算与动态演进分析》，《统计与决策》2022 年第 20 期。

李兵、李柔：《互联网与企业出口：来自中国工业企业的微观经验证据》，《世界经济》2017 年第 7 期。

李强、徐斌、魏建飞：《长三角地区经济发展的时空演化与影响因素研究——基于 307 个县域单元数据的实证分析》，《城市问题》2020 年第 12 期。

李晓钟、毛芳婷：《“一带一路”沿线国家数字经济发展水平比较与分析》，《统计与决策》2021 年第 16 期。

李扬子、杨秀云、高拴平：《后疫情时代数字贸易发展新趋势、困境及中国对策》,《国际贸易》2022 年第 11 期。

李杨、陈寰琦、周念利:《数字贸易规则"美式模板"对中国的挑战及应对》,《国际贸易》2016 年第 10 期。

李忠民、周维颖、田仲他:《数字贸易:发展态势、影响及对策》,《国际经济评论》2014 年第 6 期。

林创伟、白洁、何传添:《高标准国际经贸规则解读、形成的挑战与中国应对——基于美式、欧式、亚太模板的比较分析》,《国际经贸探索》2022 年第 11 期。

林福辰、杜玉琼:《发展与蜕变:多边视域下数字贸易规则建构路径之审思》,《江海学刊》2020 年第 5 期。

林琳、吕文栋:《数字化转型对制造业企业管理变革的影响——基于酷特智能与海尔的案例研究》,《科学决策》2019 年第 1 期。

刘斌、甄洋:《数字贸易规则与研发要素跨境流动》,《中国工业经济》2022 年第 7 期。

刘斌、甄洋、李小帆:《规制融合对数字贸易的影响:基于 WIOD 数字内容行业的检验》,《世界经济》2021 年第 7 期。

刘典、蔺雪芹:《京津冀地区经济协同发展的时空演化特征及影响因素》,《城市问题》2020 年第 3 期。

刘洪愧:《数字贸易发展的经济效应与推进方略》,《改革》2020 年第 3 期。

刘杰:《发达经济体数字贸易发展趋势及我国发展路径研究》,《国际贸易》2022 年第 3 期。

马慧莲、康成文:《我国数字贸易国际竞争力及其影响因素》,《中国流通经济》2022 年第 11 期。

马述忠、房超:《跨境电商与中国出口新增长——基于信息成本和规模经济的双重视角》,《经济研究》2021 年第 6 期。

宁浩妃、任重、高昊琛:《基于文献计量分析的数字贸易国内外研究综述》,《昆明理工大学学报》(社会科学版)2022 年第 5 期。

彭磊、姜悦:《数字贸易规则本质与中国数字贸易规则体系构建研究》,

《国际贸易》2022 年第 9 期。

彭羽、杨碧舟、沈玉良：《RTA 数字贸易规则如何影响数字服务出口——基于协定条款异质性视角》，《国际贸易问题》2021 年第 4 期。

彭岳：《贸易规制路径下的数字贸易中国方案》，《郑州大学学报》（哲学社会科学版）2022 年第 4 期。

邵秀燕、陈思华：《数字经济发展是否促进了中国区域经济增长收敛?》，《南京社会科学》2022 年第 8 期。

沈玉良、李墨丝、李海英等著《全球数字贸易规则研究》，复旦大学出版社，2018。

沈玉良、彭羽、高疆、陈历幸：《是数字贸易规则，还是数字经济规则?——新一代贸易规则的中国取向》，《管理世界》2022 年第 8 期。

盛斌、高疆：《数字贸易：一个分析框架》，《国际贸易问题》2021 年第 8 期。

汤扬、武悦、董晓颖：《全球数字贸易规则发展趋势及我国基本对策》，《互联网天地》2022 年第 3 期。

汪晓风、周骁：《数字贸易壁垒：美国的认知与政策》，《复旦国际关系评论》2019 年第 1 期。

汪晓文、宫文昌：《国外数字贸易发展经验及其启示》，《贵州社会科学》2020 年第 3 期。

王健、巨程晖：《互联网时代的全球贸易新格局：普惠贸易趋势》，《国际贸易》2016 年第 7 期。

王俊、王青松、常鹤丽：《自由贸易协定的数字贸易规则：效应与机制》，《国际贸易问题》2022 年第 11 期。

王岚：《数字贸易壁垒的内涵、测度与国际治理》，《国际经贸探索》2021 年第 11 期。

王晓红、朱福林、夏友仁：《"十三五"时期中国数字服务贸易发展及"十四五"展望》，《首都经济贸易大学学报》2020 年第 6 期。

文洋、王霞：《DEPA 规则比较及中国加入路径分析》，《国际商务研究》2022 年第 6 期。

吴翌琳：《国家数字竞争力指数构建与国际比较研究》，《统计研究》2019 年第 11 期。

林僖、鲍晓华：《区域服务贸易协定如何影响服务贸易流量？——基于增加值贸易的研究视角》，《经济研究》2018 年第 1 期。

肖宇、夏杰长：《数字贸易的全球规则博弈及中国应对》，《北京工业大学学报》（社会科学版）2021 年第 3 期。

谢谦、姚博、刘洪愧：《数字贸易政策国际比较、发展趋势及启示》，《技术经济》2020 年第 7 期。

徐金海、周蓉蓉：《数字贸易规则制定：发展趋势、国际经验与政策建议》，《国际贸易》2019 年第 6 期。

杨晓娟、李兴绪：《数字贸易的概念框架与统计测度》，《统计与决策》2022 年第 1 期。

杨晓娟、李兴绪：《数字贸易的概念框架与统计测度》，《统计与决策》2022 年第 1 期。

尹响：《印度数字经济的发展特征、挑战及对我国的启示》，《南亚研究季刊》2022 年第 2 期。

岳云嵩、陈红娜：《数字贸易发展趋势、特征和国际比较——基于 FATS 视角的分析》，《上海经济研究》2021 年第 10 期。

岳云嵩、李兵：《电子商务平台应用与中国制造业企业出口绩效——基于"阿里巴巴"大数据的经验研究》，《中国工业经济》2018 年第 8 期。

岳云嵩、李柔：《数字服务贸易国际竞争力比较及对我国启示》，《中国流通经济》2020 年第 4 期。

张春飞、岳云嵩：《我国数字贸易创新发展的现状、问题与对策研究》，《电子政务》2023 年第 2 期。

张国峰、蒋灵多、刘双双：《数字贸易壁垒是否抑制了出口产品质量升级？》，《财贸经济》2022 年第 12 期。

张洪胜、潘钢健：《跨境电子商务与双边贸易成本：基于跨境电商政策的经验研究》，《经济研究》2021 年第 9 期。

张令仪：《数字贸易规则对中国嵌入全球价值链的影响》，《中国商论》2022 年第 23 期。

张茉楠：《全球数字贸易战略：新规则与新挑战》，《区域经济评论》2018 年第 5 期。

张蕴洁、冯莉媛、李铮、艾秋媛、邱泽奇：《中美欧国际数字治理格局比较研究及建议》，《中国科学院院刊》2022 年第 10 期。

张正荣、魏吉、顾国达：《疫情背景下数字贸易体制对国际贸易稳定作用的比较——基于 30 个"一带一路"沿线国家的 FSQCA 分析》，《经济社会体制比较》2022 年第 5 期。

赵瑾：《数字贸易壁垒与数字化转型的政策走势——基于欧洲和 OECD 数字贸易限制指数的分析》，《国际贸易》2021 年第 2 期。

赵静媛、何树全、张润琪：《RTA 数字贸易规则对数字行业增加值贸易的影响研究》，《世界经济研究》2022 年第 9 期。

赵文霞：《全球数字贸易网络结构及其与数字贸易限制的关系》，《中国流通经济》2022 年第 10 期。

赵旸頔、彭德雷：《全球数字经贸规则的最新发展与比较——基于对〈数字经济伙伴关系协定〉的考察》，《亚太经济》2020 年第 4 期。

周超、刘夏、任洁：《外商直接投资对于东道国营商环境的改善效应研究——来自 34 个"一带一路"沿线国家的证据》，《国际商务》（对外经济贸易大学学报）2019 年第 1 期。

周念利、陈寰琦：《基于〈美墨加协定〉分析数字贸易规则"美式模板"的深化及扩展》，《国际贸易问题》2019 年第 9 期。

周念利、陈寰琦：《数字贸易规则"欧式模板"的典型特征及发展趋向》，《国际经贸探索》2018 年第 3 期。

周念利、吴希贤：《日本参与国际数字贸易治理的核心诉求与趋向分析》，《日本研究》2020 年第 3 期。

Aaronson S. A. ，"What are We Talkingtionism？" Institute for International Economic Policy Working Paper，No. 2018-12，2018.

Aaronsons A. ，"Information Please：A Comprehensivee Approach to Digital

Trade Provisions in NAFTA 2.0," CIGI Papers, No. 154, 2017.

Abelianskva Hilbert, "Dioital Tetrade: Is It the Ouantity of Subscriptions or the Quality of Data Speed that Matters?" *Telecommunications Policy*, 2016(1).

Adam Segal, "Cyber Week in Review," Council on Foreign Relations, February 8, https://www.cfr.org/blog/cyber-week-review-february-8-2019, 2019.

Aguiar L., Waldfogel J., "Digitof Music Trade," Institute for Prospective Technological Studies Digital Economy Working Paper, No. 2014-05, 2014.

Aouerre C., "Digital Trade in Latin America: Mapping Issues and Approaches," *Digital Policy, Requlation and Governance*, 2019, 21(1).

Carlsson B., "The Digital Economy: What is New and What is Not," *Structural Change and Economic Dynamics*, 2004, 15(3).

Deardorff A. V., "Sensitive Sectors in Free Trade Agreements," *East Asian Economic Review*, 2018(22).

Duval Y., Utoktham C., Kravchenko A., "Impact of Implementation of Digital Trade Facilitation on Trade Costs," ARTNeT Working Paper Series, 2018.

Eric Geller, "Trump Likely to Sign Executive Order Banning Chinese Telecom Equipment Next Week," https://www.politico.com/story/2019/02/07/trump-ban-chinese-telecom-1157090, February 2019.

Ferracane M., Marel E., "Do Data Policy Restrictions Inhibit Trade in Services?" Robert Schuman Centre for Advanced studies Research Paper, No. RSCAS, 29, 2019.

Gao H., "Digital or Trade? The Contrasting Approaches of China and US to Digital Trade," *Journal of International Economic Law*, 2018, 21(2).

González J. L., Jouanjean M. A., "Digital Trade: Developing a Framework for Analysis," OECD Trade Policy Papers, No. 205, 2017.

González J. L., Ferencz J., "Digital Trade and Market Openness," OECD Trade Policy Papers, No. 217, 2018.

Maria Bas, Vanessa Strauss - Kahn, "Input - Trade Liberalization, Export Prices and Quality Upgrading ," *Journal of International Economics*, 2014(1).

Meltzer J., "Supporting the Intert as a Platform for Inteational Trade Opportunities for Smal and Medium-sized Enterorises and Deveoping Countries," IJ/OL1. SSRN Electronic Journal, https: /papers. ssrn. com/sol3/papers. cfm? abstract id = 2400578151, 2021-09-26.

Monteiro Jose-Antonio, Robert Teh. , "Provisions on Electronic Commerce in Regional Trade Agreements," Working Paper ERSD-2017-11, Geneva: World Trade Organization, 2017.

OECD, "Measuring Digital Trade: Towards a Conceptual Frar Nework," OECD Working Party on International Trade in Goods and Trade in Services Statistics, STD /CSSP /WPTGD (2017) 3, 2017a.

Claudia Loebbecke, Arnold Picot, "Reflections on Societal and Business Model Transformation Arising from Digitization and Big Data Analytics: A Research Agenda ," *Journal of Strategic Information Systems*, 2015 (3).

Jens Matthias Arnold, Beata Javorcik, Molly Lipscomb, Aaditya Mattoo, "Services Reform and Manufacturing Performance: Evidence from India ," *Econ J.*, 2016 (590).

Cosimo Beverelli, Matteo Fiorini, Bernard Hoekman, "Services Trade Policy and Manufacturing Productivity: The Role of Institutions ," *Journal of International Economics*, 2017(2).

Suh J., Roh J., "The Effects of Digital Trade Policies on Digital Trade," SSRN Working Paper, 2022, No. 4073187.

Susan Ariel Aaronson, "The Digital Trade Imbalance and Its Implications for Internet Goverancel," *Global Commission on Internet Gcvernence*, 2016 (25).

Haichao Fan, Yao Amber Li, Stephen R. Yeaple, "Trade Liberalization, Quality, and Export Prices ," *Review of Economics and Statistics*, 2015 (5).

USITC, "Digital Trade in the US and Global Economies, part2," https: //www usitc gov/publications/332/p ub4485 pdf, 2014-08-01.

USITC, "Digital Trade in the US and Global Economies part1," https：//www usitc gov/publications/332/p ub4415 pdf, 2021-09-20.

Weberr H. , "Digital Trade in WTO-law Taking Stock and Looking Ahead," *Asian Journal of WTO International Health Law and Policy*, 2010,5(1).

图书在版编目（CIP）数据

　数字贸易的国际规则、中国实践与发展研究／王微
微著 . --北京：社会科学文献出版社，2024.3（2025.9 重印）
　（中国社会科学院大学文库）
　ISBN 978-7-5228-2231-0

　Ⅰ.①数… 　Ⅱ.①王… 　Ⅲ.①国际贸易-电子商务-
研究-中国 　Ⅳ.①F724.6

　中国国家版本馆 CIP 数据核字（2023）第 138182 号

中国社会科学院大学文库
数字贸易的国际规则、中国实践与发展研究

著　　者／王微微

出 版 人／冀祥德
责任编辑／吴　敏
责任印制／岳　阳

出　　版／社会科学文献出版社
　　　　　地址：北京市北三环中路甲 29 号院华龙大厦　邮编：100029
　　　　　网址：www.ssap.com.cn
发　　行／社会科学文献出版社（010）59367028
印　　装／北京盛通印刷股份有限公司

规　　格／开 本：787mm×1092mm　1/16
　　　　　印 张：13.75　字 数：208 千字
版　　次／2024 年 3 月第 1 版　2025 年 9 月第 3 次印刷
书　　号／ISBN 978-7-5228-2231-0
定　　价／89.00 元

读者服务电话：4008918866